Thomas d’Ansembourg

Endlich ICH sein

HERDER spektrum
Band 6162

Das Buch

Warum sagen wir so selten, was wir wirklich denken? Am Arbeitsplatz, bei Freunden, in Familie und Partnerschaft: Wer es immer allen recht machen will, bleibt auf der Strecke. Thomas d'Ansembourg hat bei Marshall Rosenberg, dem Begründer der weltweit erfolgreichen Methode der Gewaltfreien Kommunikation, gelernt, wie man die eigenen Wünsche und Bedürfnisse authentisch ausdrückt, ohne die Grenzen anderer zu verletzen. Anhand zahlreicher Alltagsbeispiele und Übungen zeigt er, wie wir bei uns selbst bleiben und das, was wir denken, so sagen, dass andere es anerkennen. Der erfolgreiche Ratgeber für alle, die sich selbst treu bleiben wollen: einfühlsam, verständlich und humorvoll.

Der Autor

Thomas d'Ansembourg, geb. 1957, arbeitete nach dem Studium zunächst als Jurist. Anschließend Ausbildung zum Therapeuten bei Marshall Rosenberg, dem Begründer der Gewaltfreien Kommunikation. Thomas d'Ansembourg ist heute als Autor, Ausbilder und Therapeut in Europa und Nordamerika tätig.

Thomas d'Ansembourg

Endlich ICH sein

Wie man mit anderen zusammenleben und gleichzeitig man selbst bleiben kann

Aus dem Französischen von Mechthild Ochsenmeier und Stefanie Windfelder

HERDER

FREIBURG · BASEL · WIEN

Titel der französischen Originalausgabe:
Cessez d'être gentil, soyez vrai. Être avec les autres en restant soi même,

Titel der deutschen Ausgabe: Endlich ICH sein. Wie man mit anderen zusammenleben und gleichzeitig man selbst bleiben kann

ISBN 3-451-28856-7

www.herder.de

Umschlagkonzeption und -gestaltung:
Agentur R·M·E Eschlbeck / Hanel / Gober
Umschlagmotiv: Kornelia Bunkofer
Autorenfoto: © Hélène de Mévius

Satz: Dtp-Satzservice Peter Huber, Freiburg
Herstellung: fgb · freiburger graphische betriebe
www.fgb.de

Gedruckt auf umweltfreundlichem, chlorfrei gebleichtem Papier
Printed in Germany

ISBN 978-3-451-06162-2

Inhalt

Für Valérie
und unsere Kinder Camille und Anna,
in Liebe und Respekt.

Vorwort

Schluss mit nett – seien wir ehrlich!

Die Wahrheit sagen lernen, und dabei sich selbst und andere zu respektieren, dazu möchte uns Thomas d'Ansembourg mit diesem Buch anregen. Er lädt uns dazu ein, endlich unser Ich wieder zu entdecken und wieder zu lernen, mit den anderen zu sprechen, ohne zu vergessen, wer wir sind. Wir lernen hier, über *uns selbst* zu sprechen und *uns selbst* auszudrücken. Am Ende dieses Weges steht die Freude, den anderen *und* sich selbst näher zu sein und das Glück, für die anderen offen zu sein. Und auf der Mitte des Weges lernen wir, auf die bequemen Unklarheiten zu verzichten, mit denen wir uns so oft zufrieden geben, anstatt aus den tausend Möglichkeiten der weiten Welt zu wählen und Freiheit zu erleben.

Was für ein schönes Vorhaben und was für ein Programm! könnte man hinzufügen. Und was für ein anspruchsvolles Unternehmen: Um das, was in uns vorgeht, klar formulieren zu können, müssen viele unbewusste Konditionierungen aufgelöst werden. Ein revolutionäres Unternehmen, da wir auf dem Weg entdecken werden, dass das Projekt, *uns selbst* klar auszudrücken, unsere Verletzlichkeit offen legt und unseren Stolz auf die Probe stellt. Ein aufwühlendes Unternehmen, da es unseren Hang, die Dinge so zu lassen, wie sie sind, aufdeckt – weil wir Angst davor haben, die anderen zu stören, und davor, dass die anderen uns stören, wenn wir es wagen, ehrlich zu sein. Ein provozierendes und stimulierendes Unternehmen, weil es jeden einlädt, an seiner eigenen Veränderung zu arbeiten, anstatt darauf zu warten, dass der andere sich verändert.

Das ganze Potential der Gewaltfreien Kommunikation habe ich auf einer Reise durch die Sahara erkannt. Mit Jean-Marie Delacroix als Assistent leitete ich eine Gruppe von 24 jungen

Männern, die an einem Seminar unter dem Titel *Die innere Flamme* teilnahmen. Ich war auf einen Vorschlag von Thomas d'Ansembourg eingegangen und hatte mich bereit erklärt, Jugendliche der Vereinigung „Flics et Voyous" (etwa: „Cops und Harte Jungs") und einige ihrer Betreuer mitzunehmen. Ich hatte diese Vereinigung, die sich um Jugendliche kümmert, die auf der Straße leben, einige Jahre zuvor kennen gelernt. Der Leiter Pierre-Bernard Velge und seine rechte Hand, Thomas d'Ansembourg, hatten damals mich eingeladen, als psychologischer Berater an einer Expedition in die Wüste mit Jugendlichen, die als Problemfälle galten, teilzunehmen. Ich hatte Gefallen an diesem Abenteuer gefunden, das die soziale Reintegration dieser Jugendlichen zum Ziel hatte.

Aber ich begann meine Entscheidung zu bereuen, als einer dieser Jugendlichen einen Erwachsenen mit einem Messer bedrohte. Wir waren etliche Autostunden von der Zivilisation entfernt und ich hatte Angst. Ich wollte jede Gefahr für die Teilnehmer meiner Gruppe unbedingt vermeiden und sah nur eine Lösung: den Unruhestifter so schnell wie möglich nach Hause zu schicken. In Wirklichkeit wollte ich mich auf einfachem Weg dieses Problems entledigen.

Ich teilte Thomas meine Absicht mit. Ohne meinen Vorschlag zurückzuweisen, bat er um einige Stunden Aufschub. Lange Diskussionen wurden auf der großen Sanddüne geführt, ein wenig abseits von unserem Lager. Und, zu meinem großen Erstaunen, war nach Beendigung der Gespräche der Frieden wiederhergestellt. Außerdem wurde der weitere Verlauf der Reise nie mehr durch einen Zwischenfall gestört. Ich bewunderte Thomas' Geduld und sagte mir, dass seine Methode der Gewaltfreien Kommunikation es wert war, näher betrachtet zu werden.

Später nahm Thomas d'Ansembourg regelmäßig als Assistent und Mitarbeiter an meinen Seminaren teil. Im Rahmen der Vereinigung *Coeur.com* zog ich ihn oft zu Rate, um heikle Situationen zu entspannen. Ich habe an seinem Einführungsseminar über Gewaltfreie Kommunikation teilgenommen und ich wende genau diese Grundprinzipien in meinen Seminaren an.

Warum? Weil mir bewusst geworden ist, dass die meisten von uns – ich an erster Stelle – stammeln und lallen, wenn wir versuchen zu kommunizieren. Wir sind es gewohnt, die anderen abzuschätzen, sie zu beurteilen und sie in Schubladen zu stecken, ohne ihnen zu zeigen, was unsere eigenen Gefühle sind, ohne zu wagen *uns selbst auszudrücken*. Wer von uns kann von sich behaupten, dass er zuerst die Gefühle wahrnimmt, die seinen Urteilen zugrunde liegen, bevor er diese ausspricht? Wer nimmt schon die Anstrengung auf sich, seine Bedürfnisse zu benennen, die sich hinter dem, was wir sagen, verstecken? Wer bemüht sich, in seinen Beziehungen mit den anderen realistische und verhandelbare Bitten zu stellen?

Diese Art der Kommunikation ist umso interessant als sie meiner Meinung nach andere Methoden, insbesondere die von Jacques Salomé und von Thomas Gordon ergänzt. Alle betonen zu Recht die Notwendigkeit, dass wir lernen, „Ich-Botschaften" zu senden, ausgehend von unserer eigenen Lebenserfahrung und zuzugeben, dass unsere Bedürfnisse an sich legitim sind. Diese Legitimität hat jedoch ihre Grenzen. Sie muss ihren Ausdruck in der Formulierung von verhandelbaren Bitten finden, sonst droht uns das Eingeschlossensein in einer Blase der Egozentrik. Denn auch wenn alle unsere Bedürfnisse an sich rechtens sind, können sie doch nicht alle befriedigt werden. Annehmbare Kompromisse für jeden müssen gefunden werden. Meiner Meinung nach zeigt hier die gewaltfreie Kommunikation ihre ganze Stärke.

Eine solche Technik würde in der Politik Wunder bewirken. Sie sollte eigentlich den Schülern ab der ersten Klasse beigebracht werden, um zu verhindern, dass sie sich schlechte Gewohnheiten aneignen, weil sie sich von sich selbst entfernen und von ihrer eigenen, persönlichen Ausdrucksweise. Im Spannungsfeld der Partnerschaft, wo Reibungspunkte manchmal schmerzhaft und gefährlich werden können, findet sie ihren Platz par excellence und entfaltet ihre ganze Wirksamkeit. Die gewaltfreie Kommunikation scheint mir insofern das Vorzimmer der Psychologie zu sein, als sie das psychologische

Verständnis unserer menschlichen Funktionsweise unterstützt und eine sehr praktische Anwendung im alltäglichen Leben findet.

Denn um ehrlich zu sein, wenn auch die Prinzipien jeder Kommunikationsmethode im allgemeinen leicht zu begreifen sind, ist es genau die Praxis, die schwierig bleibt. In diesem Sinn ist dieses Werk wirklich ein Handbuch. Es offenbart das Talent und die geistige Offenheit eines Autors, dem es gelingt, einen Zugang zur Welt der Gefühle und Bedürfnisse zu eröffnen, indem er sich zweier Stärken seiner langjährigen Praxis als Jurist bedient: die Genauigkeit der Analyse und die ganz konkrete Sorge um die Umsetzbarkeit.

Von den Leuten, die den Mut besitzen, *sich selbst auszudrücken,* ist für mich Thomas d'Ansembourg derjenige, dem dies mit der größten Gewandtheit gelingt. Dieser Poet der Kommunikation, dieser Erforscher der inneren und äußeren Wüsten hat verstanden, dass für eine echte zwischenmenschliche Kommunikation ein Verzicht auf alle Machtbestrebungen notwendig ist und das Wagnis, zur eigenen Wahrheit zu stehen. Ich habe gesehen, wie er sich innerhalb weniger Jahre von einem braven Jungen, der vor engen Bindungen zurückschreckte, zu einem verliebten Ehemann und hingebungsvollen Vater gewandelt hat. Ich habe gesehen, wie er Schritt für Schritt seine Aufgaben als Anwalt und Berater im Bankwesen niederlegte, um sich selbst treu zu bleiben und anderen zu helfen, es zu werden. Es macht mich glücklich, wenn ich sehe, wie er in diesem Buch aus dem eigenen Leben schöpft, um uns zu zeigen, dass es letztlich keine Nähe zu unseren Mitmenschen ohne Nähe zu sich selbst gibt. Mit der Zartheit und der Eleganz des Kleinen Prinzen von Saint-Exupéry erinnert uns Thomas d'Ansembourg daran, dass wir unserem Nächsten begegnen können, ohne aufzuhören, wir selbst zu sein.

Guy Corneau

Einleitung

Alleine habe ich keine Hoffnung, meiner Einsamkeit zu entkommen. Der Stein hat keine Hoffnung, etwas anderes zu sein als Stein. Aber durch Zusammenwirken fügt sich einer zum anderen und wird zum Tempel.

ANTOINE DE SAINT-EXUPÉRY[1]

Ein Rechtsanwalt, der unter der netten und höflichen Oberfläche deprimiert und ohne jede Motivation war – das war ich. Heute leite ich mit Begeisterung Konferenzen, Seminare und begleitende Gespräche. Ich war Single, bin vor jeder emotionalen Bindung zurückgeschreckt und habe versucht, meine Einsamkeit mit Arbeit auszufüllen. Heute bin ich verheiratet, Vater und glücklich. Meine innere Traurigkeit hielt ich zwar gut versteckt, aber sie war immer präsent – heute bin ich erfüllt von Vertrauen und Freude. Was ist passiert?

Ich bin mir *bewusst geworden*, dass ich mir über lange Zeit Gewalt angetan hatte, indem ich meine eigenen Bedürfnisse ignorierte und dass ich dazu neigte, diese Gewalt auf andere zu übertragen. Ich habe *akzeptiert*, dass ich Bedürfnisse habe, ich kann sie wahrnehmen, sie voneinander unterscheiden, sie nach ihrer Wichtigkeit ordnen und mich *selbst* darum kümmern, anstatt mich darüber zu beklagen, dass sich niemand darum kümmert. Die ganze Energie, die es mich früher kostete, mich zu beklagen, mich aufzulehnen und wehmütig zu sein, habe ich nach und nach auf den inneren Umwandlungsprozess, die schöpferische Kraft und die zwischenmenschlichen Beziehungen konzentriert. Ebenso habe ich erkannt und akzeptiert, dass meine Mitmenschen auch Bedürfnisse haben und dass ich nicht unbedingt die einzige kompetente und verfügbare Person bin, die diese Bedürfnisse befriedigen kann.

Die gewaltfreie Kommunikation war und ist für mich immer noch wie ein Lichtstrahl, der den Weg der Umwandlung, den ich beschritten habe, erleuchtet und mir Mut macht. Ich hoffe, dass er dem Leser im Verständnis der eigenen Beziehungen, beginnend mit der Beziehung zu sich selbst, Wegweiser und Ermutigung sein kann.

Mit diesem Buch möchte ich also den Prozess (der Kommunikation) veranschaulichen, den Marshall Rosenberg[2] im Geiste der Arbeiten von Carl Rogers entwickelt hat. Wer unter den Lesern die Werke von Thomas Gordon kennt, wird hier ebenso bekannte Begriffe finden. Ich bin zuversichtlich: Wenn jeder unter uns sich darauf einlässt die Gewalt zu beobachten, die er häufig unbewusst und sehr subtil auf sich selbst und die anderen ausübt – oft übrigens mit den besten Absichten – und sich bemüht zu verstehen, wie diese Gewalt entsteht, bietet sich jedem von uns die Möglichkeit, sie zu entschärfen, sie im Keim zu ersticken. Jeder könnte somit dazu beitragen, dass befriedigendere Beziehungen zwischen Menschen geschaffen werden, die dadurch selbst freier werden und gleichzeitig für ihr Tun Verantwortung übernehmen.

Marshall Rosenberg nennt seine Methode die Gewaltfreie Kommunikation (GFK). Ich selbst nenne sie bewusste und gewaltfreie Kommunikation. Gewalt ist in der Tat die Folge unseres fehlenden Bewusstseins. Wenn wir uns klar darüber wären, was wirklich in uns vorgeht, wäre es uns eher möglich unsere Stärke auszudrücken, ohne uns gegenseitig anzugreifen. Ich glaube, dass ab dem Moment Gewalt ins Spiel kommt, wo wir unsere Kraft nicht dafür verwenden, schöpferisch tätig zu sein, Anregungen zu geben und zu beschützen, sondern dafür, uns selbst und anderen Zwänge aufzuerlegen. Solche Zwänge können emotionaler, psychologischer, moralischer, hierarchischer oder institutioneller Art sein. So ist die subtile Gewalt, die sich in Samthandschuhe kleidet, insbesondere die Gewalt auf der emotionalen Ebene, sehr viel mehr verbreitet als die Gewalt, die sich in Schlägen, Beschimpfungen und Verbrechen äußert, und sie ist umso gefährlicher, als man nicht über sie spricht.

Der Grund dafür ist, dass sie sich in die Worte eingeschlichen hat, die wir täglich unbewusst gebrauchen. Wir haben die Wahl, ob wir unsere Gedanken und unser Bewusstsein mit

Worten weitergeben, die trennen, vergleichen, kategorisieren und verdammen – oder mit Worten, die vereinen, versöhnen, vorschlagen und anregen. Wenn wir an unserem Bewusstsein und an unserer Sprache arbeiten, können wir sie von dem befreien, was unsere Kommunikation stört und die alltägliche Gewalt verursacht.

Die Prinzipien der gewaltfreien Kommunikation sind nichts Neues. Seit Jahrhunderten sind sie Teil der Weltweisheit, dieser Weisheit, die so selten in die Praxis umgesetzt wird, zweifellos weil sie oft wenig praktisch erscheint. Ein neuer Aspekt, den ich jeden Tag auf seine praktische Umsetzbarkeit testen kann, ist für mich bei Marshall Rosenberg die Verknüpfung der beiden bekannten Begriffe Kommunikation und Gewaltfreiheit. Diese beiden Begriffe und die Werte, die sie beinhalten, werden zwar von uns geschätzt, aber sie hinterlassen oft ein Gefühl der Hilflosigkeit: Ist es immer möglich ohne Gewalt zu kommunizieren? Wie können wir diese Werte, mit denen jeder grundsätzlich übereinstimmt, in unseren zwischenmenschlichen Begegnungen konkret und wirksam werden lassen: Respekt, Freiheit, gegenseitige Wertschätzung und Verantwortungsbewusstsein?

Außerdem werden in der GFK die einzelnen Komponenten der Kommunikation bewusst gemacht und miteinander verknüpft. Diese vier Komponenten beinhalten, dass wir immer auf ein Ereignis oder eine Situation reagieren (Punkt 1, die Beobachtung), dass diese Beobachtung in uns immer ein Gefühl hervorruft (Punkt 2), dass dieses Gefühl auf einem Bedürfnis beruht (Punkt 3), woraufhin wir aufgefordert werden, eine Bitte auszusprechen (Punkt 4). Zugrunde liegt die Überzeugung, dass es entscheidend zu unserer Lebensqualität beiträgt, wenn wir klar sehen, worauf wir reagieren, wenn wir sowohl unsere Gefühle als auch unsere Bedürfnisse wirklich verstehen, und wenn es uns gelingt, verhandelbare Bitten in dem Gefühl der Sicherheit zu formulieren, dass wir die Reaktion des anderen, wie auch immer sie sein mag, annehmen können. Die andere Seite gehört genauso dazu: klar zu sehen, auf was sich unser Gegenüber bezieht oder reagiert, seine Gefühle und Bedürfnisse richtig zu verstehen und eine verhandelbare Bitte zu hören, die uns die Freiheit lässt, *nicht* einverstanden zu sein und gemeinsam nach einer Lösung zu suchen, bei der die Bedürfnisse beider Parteien berücksichtigt werden, weder auf Kosten des einen noch des anderen. Somit bietet die GFK mehr als eine Kommunikationsmethode, nämlich die Kunst, Beziehungen in Achtung vor sich selbst, vor dem anderen und vor der Welt um uns herum zu leben.

Im Informationszeitalter kommunizieren immer mehr Menschen immer schneller und immer schlechter miteinander! Immer mehr Menschen leiden unter Einsamkeit, unter mangelndem Verständnis, unter dem Verlust von Orientierung und Sinn. Das Organisieren und Funktionieren im Alltag ist uns wichtiger als die Sorge um die Qualität unserer Beziehungen. Wir müssen Wege finden, wie wir anders miteinander umgehen können.

Denn auch wenn wir mit unseren heutigen Möglichkeiten viele Informationen austauschen, sind wir doch unfähig, uns *wahrhaftig* auszudrücken und zuzuhören. Aus dieser Hilflosigkeit resultieren viele Ängste, die alte Reflexe wie Fundamentalismus, Nationalismus und Rassismus auslösen. Bei allen Vorteilen der neuen Technologien, insbesondere der weltweiten Kommunikationsmittel, und inmitten der heutigen Verflechtung und Mischung von Volksstämmen, Sprach- und Kulturgemeinschaften sowie Religionen, Modeströmungen, politischen und wirtschaftlichen Modellen – laufen wir da nicht Gefahr, unbemerkt etwas ganz Persönliches und Wahrhaftiges zu verlieren, etwas so Kostbares, dass sich jede andere Suche als hoffnungslos herausstellen könnte? Die echte Begegnung von Mensch zu Mensch, ohne Spiel, ohne Maske; eine Begegnung, die nicht belastet ist von unseren Ängsten, Gewohnheiten, Klischees, die nicht die Last der Automatismen und alten Reflexe trägt, die uns aus der Isolation unserer Mobiltelefone, Bildschirme und virtuellen Bilder befreit.

Es scheint, als gelte es hier einen neuen Kontinent zu erobern, der bis heute kaum erforscht worden ist, und der bei vielen Ängste hervorruft: *die wahrhaftige Beziehung zwischen freien und verantwortungsbewussten Menschen.* Diese Erobe-

rung macht uns Angst, weil wir befürchten, uns selbst in
Beziehung zu verlieren. Wir haben in der Tat gelernt, uns s
zu verleugnen, um dem anderen nahe zu sein.

Ich lade Sie ein, mit mir diesen Weg zu erkunden, der zu wahrhaftigen Beziehungen zwischen freien und verantwortungsbewussten Menschen führt. Diesen Weg möchte ich mit dieser doppelten Frage, die meines Erachtens bei vielen Menschen der Kernpunkt ihrer Schwierigkeiten ist, skizzieren: *Wie kann ich wirklich ich selbst sein ohne aufzuhören, dem anderen nahe zu sein, wie kann ich dem anderen nahe sein ohne aufzuhören, wirklich ich selbst zu sein?*

Beim Schreiben dieses Buches war mir folgender Gedanke immer wieder besonders wichtig: Ich weiß, dass Bücher Wissen vermitteln und zu unserer Entwicklung beitragen können, ich weiß aber auch, dass über den Kopf allein das Herz nicht gewonnen werden kann. Die Veränderung des Herzens entsteht aus emotionalem Begreifen, das heißt, aus der praktischen Erfahrung über einen längeren Zeitraum. Dieses Buch ist dafür übrigens ein gutes Beispiel: Es gründet sich vor allem auf die Erfahrung in der Praxis.

Seit meinem ersten Kontakt mit der GFK habe ich versucht, mein Wissen aus der Praxis einzubeziehen, und war vor allem jenem Aspekt des Bücherwissens gegenüber misstrauisch, der uns oft glauben lässt, dass wir alles verstanden haben – was in geistiger Hinsicht zutreffen mag –, obwohl wir gar nichts davon in unser Leben aufgenommen haben. Diese Fehleinschätzung hindert uns daran, uns wirklich und dauerhaft zu verändern.

Das erklärt auch, warum ich in der Bibliographie außer dem Buch von Marschall Rosenberg keine weitere Literatur vorschlage, obwohl ich mich darüber freue, dass die Begriffe, die ich zur Sprache bringe und die ja an sich nicht neu sind, auch von anderen Autoren aufgegriffen werden.

Indem ich also in zwangsläufig starren Worten und Begriffen das zu Papier bringe, was eigentlich nur durch das Erleben in Workshops und Seminaren, in der Erfahrung von Rollenspielen, im gegenseitigen Zuhören, im Wahrnehmen von Gefühlen, in der Stille und im Widerklang der Gruppe erlernt werden kann, nehme ich das Risiko in Kauf, dass dieser Prozess einigen leicht utopisch vorkommen mag. Ich nehme dieses Risiko in Kauf, weil es sich um einen Prozess und nicht um ein schnelles Rezept handelt – das heißt, es handelt sich um einen Bewusstseins-Zustand, der eingeübt werden muss, so wie man eine Fremdsprache üben muss. Und jeder weiß, dass es nicht ausreicht, ein englisches Wörterbuch von A bis Z zu lesen, um an einem Rhetorik-Wettbewerb in Oxford teilzunehmen oder sich an einer gehobenen Konversation zu beteiligen! Man muss zunächst bescheiden die Grundlagen üben. Und steckt nicht in dem Wort „Utopie" die Sehnsucht nach einem unbekannten Land?

Dieses Buch richtet sich genau an Menschen, die zu neuen Ufern aufgebrochen sind – zu dem Ort der *wahrhaftigen* Begegnung. In meiner Arbeit lerne ich jeden Tag solche Menschen aus unterschiedlichsten Umfeldern kennen: leitende Manager, Jugendliche in Schwierigkeiten, Ehepaare und Familien aus allen sozialen Schichten, Menschen in sozialen und pädagogischen Berufen, in Krankenhäusern und in Unternehmen. Und ich stelle jeden Tag fest, dass dieser Ort existiert, wenn wir es nur wollen.

1. Warum wir von uns selbst, unseren Gefühlen und unseren Bedürfnissen getrennt sind

Unsere intellektuelle Welt besteht aus Kategorien, sie ist von willkürlichen und künstlichen Grenzen umzäunt.

Wir müssen Brücken bauen, aber dafür brauchen wir Wissen, eine Vision, die größer ist als wir selbst und unser Schicksal.

YEHUDI MENUHIN

Ich kann meine Einsamkeit, meine Traurigkeit und meinen Zorn nicht in Worte fassen.

Mir fehlen die Worte um auszudrücken, wie sehr ich mich nach Austausch, nach Verständnis und Anerkennung sehne.

Also kritisiere ich, beschuldige oder schlage.

Also setze ich mir eine Spritze, greife zum Glas oder versinke in Traurigkeit.

Wenn die passenden Worte fehlen, kann Gewalt, ob sie nach innen oder nach außen gerichtet ist, ein Ausdrucksmittel sein: Sie ist Ausdruck der Frustration, sich nicht in Worten äußern zu können.

Und aus gutem Grund: Wir haben es niemals gelernt, unseren inneren Zustand mit Worten zu beschreiben. Wir haben es nicht gelernt, unsere Gefühle genau zu beschreiben und auch nicht, welche Bedürfnisse wir haben. Zwar haben wir seit unserer Kindheit viele Wörter gelernt: Wir können über Geschichte reden, über Geographie, Mathematik, Naturwissenschaften oder

Literatur, wir können eine bestimmte Technik der Datenverarbeitung oder aus dem Sport beschreiben, wir können uns lang und breit über die Wirtschaft oder das Recht auslassen, aber wann haben wir es gelernt, unser Innenleben zu beschreiben? Als wir heranwuchsen, haben wir uns von unseren Gefühlen und unseren Bedürfnissen getrennt, um auf diejenigen von Papa und Mama, Brüdern und Schwestern, der Erzieherin und anderen zu hören: „Mach, was Mama dir gesagt hat …; Mach, was dein kleiner Cousin von dir möchte, der heute Nachmittag zum Spielen kommt …; Mach, was von dir erwartet wird."

Und so haben wir auf die Gefühle und Bedürfnisse von allen anderen – Chef, Kunde, Nachbar, Arbeitskollege – geachtet, nur nicht auf unsere eigenen! Wir haben gedacht, dass wir uns von uns selbst abwenden müssen, um überleben zu können und kein Außenseiter zu sein.

Und plötzlich müssen wir dafür bezahlen! Angstzustände, Depressionen, Zweifel, Unfähigkeit, Entscheidungen zu treffen oder sich festzulegen, Verlust der Lebensfreude. Hilfe! Wir drehen uns im Kreis, wie das Wasser in einem Becken, das ausgelassen wird. Bald werden wir in dem Strudel ertrinken. Wir warten darauf, dass uns jemand herauszieht, dass uns jemand sagt, was wir machen sollen und gleichzeitig können wir keine Ermahnungen mehr hören! Wir haben sie satt, diese Sätze „Du musst …; Es ist höchste Zeit, dass du …; Du solltest …"

Wir müssen uns unbedingt selbst finden, selbst in uns verwurzelt sein, im Innern spüren, dass wir unsere eigene Stimme hören, wenn wir reden, wir müssen selbst entscheiden und nicht unsere Gewohnheit, unsere Konditionierungen, unsere Angst vor der Reaktion des anderen entscheiden lassen. Aber wie?

Zur Einführung der Methode, die ich in diesem Buch beschreibe, möchte ich als Illustration eine Figur vorstellen, die sich Hélène Domergue, eine Trainerin der GFK in Genf, im Laufe ihrer Arbeit ausgedacht hat.

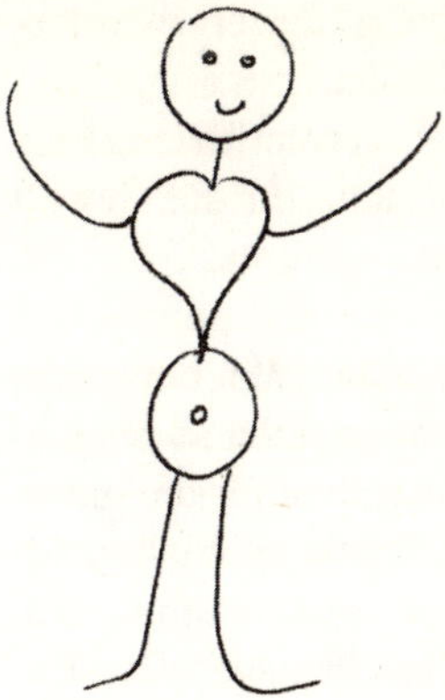

- **Mentaler Bereich**
- **Gefühle**
- **Bedürfnisse** *(oder Werte)*
- **Bitte** *(oder konkrete, verhandelbare Handlung)*

1.1 Der mentale Bereich

Mental

- *Bewertungen, Kategorisierungen …*
- *Vorurteile, vorgefasste Meinungen*
- *Schwarz-Weiß-Denken*
- *Verantwortung ablehnende Sprache*

Der Kopf symbolisiert den mentalen Bereich. Von der ganzen Erziehung, die wir erhalten haben, hat dieser am meisten profitiert. Diesen Bereich haben wir trainiert und diszipliniert, damit er leistungsfähig, produktiv und schnell ist. Unser Herz dagegen, unser Gefühlsleben, unser Innenleben hat nicht diese ganze Aufmerksamkeit erhalten. Wir haben vielmehr gelernt, brav und vernünftig zu sein, wohlüberlegte Entscheidungen zu treffen, zu analysieren und zu kategorisieren und alle Dinge mit Etiketten zu versehen und in säuberlich getrennte Schubladen zu stecken. Wir sind Meister in Logik und Argumentation geworden, denn seit unserer Kindheit ist unser intellektuelles Verstehen angeregt und verfeinert worden. Unser emotionales Verstehen ist dagegen wenig oder gar nicht gefördert worden, wenn es nicht sogar offen entmutigt worden ist.

Es lassen sich vier Merkmale dieses vernunftbezogenen Funktionierens beobachten, die oft die Ursache für die Gewalt sind, die wir uns selbst oder anderen antun.

■ *Bewerten, Etikettieren und Kategorisieren:* Wir bewerten. Wir beurteilen den anderen oder eine Situation anhand des wenigen, das wir gesehen haben und wir halten dies für die ganze Realität. Wir sehen zum Beispiel auf der Straße einen Jugendlichen mit orange gefärbten Haaren, die zu einem Kamm nach oben gestellt sind und der Piercings im Gesicht trägt. „Oh! Ein Punk, noch einer von diesen Revoluzzern, ein Außenseiter, ein Parasit der Gesellschaft ...“ In Sekundenschnelle haben wir geurteilt. Schneller als unser Schatten. Wir wissen nichts von diesem Menschen, der sich vielleicht leidenschaftlich in einer Organisation von Jugendlichen, in einer Theater-AG oder in einem Forschungsprojekt engagiert und somit mit seinem Wissen, seinen Fähigkeiten und seiner Leidenschaft dazu beiträgt, die Welt zu verändern. Aber da etwas an seinem Aussehen, seiner Andersartigkeit in uns Angst, Misstrauen und Bedürfnisse erweckt, die wir nicht entschlüsseln können (das Bedürfnis, die Andersartigkeit anzunehmen, das Bedürfnis nach Integration, das Bedürfnis nach der Bestätigung, dass die Andersartigkeit nicht zum Bruch führt), fällen wir ein Urteil. Sehen Sie, wie unser Urteil der Schönheit, der Großzügigkeit, dem inneren Reichtum, über die dieser Mensch sicherlich verfügt und die wir nicht gesehen haben, Gewalt antut!

Ein weiteres Beispiel. Wir sehen eine elegante Dame mit Pelzmantel in einem dicken Auto vorbeifahren. „So eine stinkreiche Kuh! Die denkt nur daran, mit ihrem Reichtum zu protzen!“ Wieder haben wir bewertet, haben das wenige, das wir gesehen haben, für die ganze Realität gehalten. Wir haben ihr einen Stempel aufgedrückt und sie in eine Schublade gesteckt. Wieder haben wir der ganzen Schönheit dieser Person, die wir nicht gesehen haben, weil sie im Innern ist, Gewalt angetan. Diese Person ist vielleicht sehr großzügig mit ihrer Zeit und ihrem Geld, engagiert sich in der Nachbarschaftshilfe und im sozialen Bereich, und wir wissen nichts davon. Wieder hat ein Aspekt dieser Person in uns Angst, Misstrauen, Zorn oder Traurigkeit geweckt und Bedürfnisse, die wir nicht entschlüsseln können (das Bedürfnis nach Austausch und Teilen, das Bedürfnis, dass Menschen aktiv zum Gemeinwohl beitragen), deswegen haben wir geurteilt.

Wir halten die Spitze des Eisbergs für den ganzen Eisberg, obwohl wir alle wissen, dass 80 Prozent des Eisbergs sich unter dem Meeresspiegel befinden, außerhalb unserer Sichtweite. Erinnern wir uns: „Man sieht nur mit dem Herzen gut, das Wesentliche ist für die Augen unsichtbar", schrieb Saint-Exupéry. Sehen wir den anderen wirklich mit dem Herzen?

■ *Vorurteile, vorgefasste Meinungen, Pauschalurteile und Automatismen:* Wir haben gelernt, *aus Gewohnheit* zu handeln, *gedankliche Automatismen, vorgefasste Meinungen*, Vorurteile in uns aufzunehmen, in einer Welt der Konzepte und fertigen Ideen zu leben, und *Pauschalurteile* zu formulieren oder zu verbreiten, die *nicht auf ihren Wahrheitsgehalt überprüft wurden* – zum Beispiel: „Männer sind Machos. Frauen können nicht Auto fahren. Beamte sind faul. Alle Politiker sind korrupt. Das Leben ist ein einziger Kampf. Manche Dinge muss man machen, ob man will oder nicht. Das haben wir immer so gemacht. Von einer guten Mutter, einem guten Ehemann, einem guten Sohn wird erwartet, dass … Meine Frau würde es nie ertragen, dass ich so mit ihr rede. Auf diese Art kann man das Thema bestimmt nicht angehen. Mein Vater ist einer, der …" Diese Ausdrucksweisen spiegeln vor allem unsere Ängste wider. Mit dieser Denkweise fällen wir ein Pauschalurteil, sperren uns und die anderen in eine Gewohnheit, in ein Konzept ein.

Erneut tun wir damit Männern Gewalt an, die alles andere als Machos sind, sondern offen sind für ihre Gefühle, ihre Empfindsamkeit, ihre innere Weiblichkeit. Wir tun Frauen Gewalt an, die viel besser Auto fahren als die Mehrzahl der Männer, die gleichzeitig mehr Rücksicht auf andere Autofahrer nehmen und besser im Verkehr vorankommen. Wir tun den Beamten Gewalt an, die ihre Arbeit liberal und sehr engagiert ausüben. Wir tun den Politikern Gewalt an, die ihr Amt mit Loyalität und Integrität und im Sinne des Gemeinwohls ausüben. Wir tun uns Gewalt an durch all das, was wir nicht zu sagen oder zu tun wagen, obwohl es uns wirklich wichtig ist. Oder mit allem, was wir glauben tun zu müssen, ohne zu überprüfen, ob es wirklich wichtig ist und ob wir uns nicht lieber auf eine andere Weise um die echten Bedürfnisse der betreffenden Personen (oder um unsere eigenen) kümmern sollten.

■ *Das Schwarz-Weiß-Denken*: Aus Unsicherheit haben wir die Gewohnheit angenommen, alles schwarz-weiß, positiv oder negativ auszudrücken. Eine Tür muss offen oder geschlossen sein, etwas ist richtig oder falsch, jemand hat Recht oder nicht, das macht man oder das macht man nicht, das ist in oder out, jemand ist super nett oder echt zum Vergessen. Mit subtilen Varianten: jemand ist intellektuell oder handwerklich begabt, Mathematiker oder Künstler, verantwortungsvoller Familienvater oder egozentrischer Träumer, gerne auf Reisen oder Stubenhocker, Dichter oder Ingenieur, Homo oder Hetero, immer auf der Höhe der Zeit oder hoffnungslos altmodisch. Das ist die Falle *des Schwarz-Weiß-Denkens*.

Als ob wir nicht gleichzeitig brillant denken *und* handwerklich geschickt, ein scharf denkender Mathematiker *und* ein phantasievoller Künstler, verantwortungsbewusst *und* voller Phantasie, ein empfindsamer Poet *und* ein gewissenhafter Ingenieur sein könnten. Als ob wir einander nicht über die Grenzen der Geschlechter hinaus lieben könnten, in einigen Bereichen sehr traditionell und in anderen ganz innovativ sein könnten.

Als ob die Wirklichkeit nicht immer unendlich reicher und farbenfroher wäre als unsere armseligen Kategorien, diese winzigen Schubladen, in die wir das hineinzuzwängen versuchen, was uns mit seiner Beweglichkeit, Vielfalt und schillernden Lebenskraft verwirrt und Angst macht! Aus Unsicherheit ziehen wir es vor, alles in gut etikettierte Apothekendöschen in den Fächern unseres Intellekts einzusperren.

Wir praktizieren diese Logik des Ausschließens und der Teilung, die auf „entweder – oder" basiert. Wir spielen „Wahr oder gelogen?" – ein tragisches Spiel, das alles anprangert, was uns trennt, anstatt das hervorzuheben, was uns verbindet. Wir werden später sehen, wie sehr wir diesem zweigeteilten System in die Falle gehen und welche Gewalt es auf uns selbst und auf die anderen ausübt. Das häufigste Beispiel ist folgendes: Entweder kümmern wir uns um andere und trennen uns von uns selbst oder wir kümmern uns um uns selbst und wenden uns von den anderen ab. Als ob wir uns nicht *gleichzeitig* um andere *und* um uns selbst kümmern könnten, den anderen nahe sein könnten ohne uns selbst aufzugeben.

■ *Sprachlich Verantwortung abschieben:* Wir haben uns angewöhnt, in unserem Sprachgebrauch die Verantwortung für das, was wir erleben oder was wir tun, von uns abzuschieben. Wir haben als Erstes gelernt, die Verantwortung für unsere Gefühle auf andere oder auf einen externen Faktor abzuschieben. „Ich ärgere mich, weil du … („le tu qui tue", das „du, das tötet" von Jacques Salomé), „Ich bin traurig, weil meine Eltern …; Ich bin deprimiert, weil die Welt, die Umweltverschmutzung, die Ozonschicht ..." Wir übernehmen in keiner Weise Verantwortung für das, was wir fühlen. Im Gegenteil, wir finden einen Sündenbock, wir laden unser Unbehagen auf den anderen, der als Blitzableiter für unsere Frustrationen dient! In der Folge haben wir es auch nicht gelernt, für unsere Taten die Verantwortung zu übernehmen. „So sind die Vorschriften ...; Das sind die Anweisungen ...; Die Tradition verlangt, dass ...; Ich konnte das nicht anders machen ...; Man muss ...; Ich habe keine andere Wahl ...; Es ist an der Zeit ...; Es ist (nicht) normal, dass ..."

Wir sehen, wie sehr uns dieser Sprachgebrauch von uns selbst und von den anderen entfernt und uns umso mehr beherrscht, als es sich scheinbar um eine verantwortungsbewusste Sprache handelt.

1.2 Unsere Gefühle

Wenn wir im traditionellen Sinne „funktionieren“, ist es, als stünde eine Betonwand zwischen uns und unseren Gefühlen.

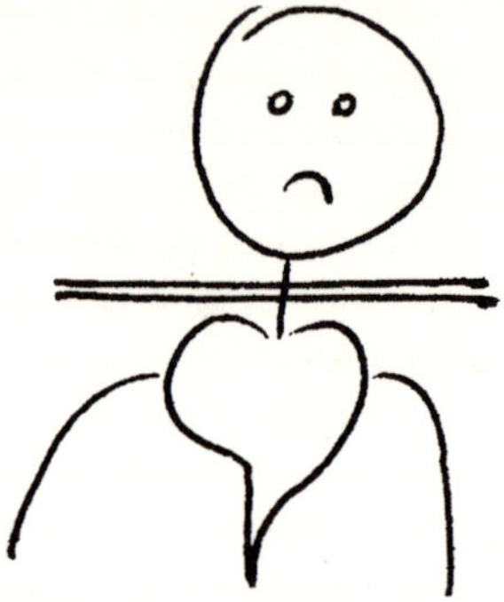

Vielleicht finden Sie sich in den nachfolgenden Beobachtungen wieder: Ich persönlich habe gelernt, ein braver und vernünftiger kleiner Junge zu sein, der immer auf die anderen hört. Als ich Kind war, war es nicht gern gesehen, wenn man über sich selbst oder das, was man empfand, redete. Man konnte einfühlsam ein Gemälde oder einen Garten beschreiben, von einem Musikstück, einem Buch oder einer Landschaft reden, aber über sich selbst zu sprechen, und noch dazu mit Gefühl, das klang nach Selbstverliebtheit und Nabelschau. „Es ist nicht gut, sich um sich selbst zu kümmern, du musst dich um die anderen kümmern“, bekam ich zu hören.

Wenn ich manchmal sehr zornig war und dies auch zeigte, bekam ich zu hören: „Es ist nicht gut, zornig zu sein. Ein braver kleiner Junge wird nicht zornig. Geh in dein Zimmer und komm wieder, wenn du darüber nachgedacht hast.“ Also, zurück zur Vernunft.

Schließlich habe ich mich von meinen Gefühlen getrennt, habe meinen Zorn in die Hosentasche gesteckt und bin wieder zu meiner Familie hinuntergegangen, um meinen Platz mit einem aufgesetzten Lächeln zurückzukaufen. Wenn ich an einem anderen Tag traurig war und nicht wusste, wohin mit meinen Tränen, wenn mich ein tiefer Schmerz schüttelte, der uns auf einmal befallen kann, ohne dass wir wissen warum, und ich einfach das Bedürfnis hatte, getröstet und ermutigt zu werden, bekam ich zu hören: „Es ist unrecht von dir, traurig zu sein, bei all dem, was wir für dich tun! Außerdem gibt es viele Menschen, denen es viel schlechter geht. Geh in dein Zimmer und komm zurück, wenn du darüber nachgedacht hast." Wieder fortgeschickt!

Ich ging hoch in mein Zimmer und der rationale Prozess gewann die Oberhand: „Es stimmt, ich habe kein Recht, traurig zu sein, ich habe einen Papa, eine Mama, Brüder und Schwestern, ich habe Bücher, um in der Schule lernen zu können, und Spielsachen, ein Dach über dem Kopf und genug zu essen, worüber beklage ich mich? Ich bin egoistisch und ein Nichtsnutz!" Erneut verurteilte ich mich, machte mir Vorwürfe, verschloss mein Herz. Die Traurigkeit kam zum Zorn in die Hosentasche und ich ging wieder hinunter zu meiner Familie, um meinen Platz mit einem aufgesetzten Lächeln zurückzukaufen. Sie sehen, man lernt es früh, eher nett zu sein als ehrlich.

Wenn ich schließlich an einem anderen Tag voller Freude war, vor Glück schier platzte und dies zeigte, indem ich herumsprang, Musik auf volle Lautstärke drehte und jedem von meiner Freude erzählte, bekam ich diesen Satz zu hören: „Mach mal halb lang, das Leben besteht nicht nur aus Spaß!" Also das war der Gipfel! Sogar die Freude ist in der Welt der Erwachsenen nicht willkommen! Was blieb mir, einem zehnjährigen Jungen, zu tun übrig? Ich speicherte auf meiner inneren Festplatte folgende zwei Botschaften:

- Erwachsen zu sein bedeutet, sich so weit wie möglich von seinen Gefühlen zu entfernen und sie nur gelegentlich zu erwähnen, ohne dabei jemandem zu nahe zu treten.
- Um geliebt zu werden und meinen Platz in dieser Welt zu finden, muss ich nicht das tun, was ich empfinde oder möchte, sondern das was die anderen wollen. Wirklich ich selbst zu sein, bedeutet, die Liebe der anderen aufs Spiel zu setzen.

Was halten Sie von diesen Einstellungen? Laufen wir nicht Gefahr, von unseren Gefühlen manipuliert zu werden? Sicher denken Sie an bestimmte Personen, die seit fünfzig Jahren zornig sind, und die sich in ihrem Zorn im Kreis drehen, ohne je einen Schritt nach vorne zu machen. Oder an andere, die traurig oder wehmütig sind und immer wieder ihren Gram hervorholen, ohne ihn je loszuwerden. Oder wiederum an andere, die gegen alles protestieren und ihre Auflehnung zur Schau tragen, ohne Frieden zu finden. Es stimmt, wer in seinen Gefühlen im Kreis schwimmt wie der Goldfisch in seinem Glas, kommt nicht vorwärts und wird nur seekrank.

Unser Gefühlsleben besteht aus Wellen von Emotionen, angenehmen und unangenehmen, und es ist wichtig, sie bestimmen und unterscheiden zu können. Da unsere Gefühle uns fremd geworden sind, verfügen wir nur über wenige Worte, um sie zu beschreiben: Einerseits können wir uns gut fühlen, glücklich, erleichtert, entspannt, andererseits können wir Angst haben, uns hässlich fühlen, enttäuscht sein, traurig oder zornig. In den Kursen für GFK wird den Teilnehmern eine Liste mit mehr als 250 Gefühlen ausgehändigt, damit sie ihren Wortschatz und damit ihr Bewusstsein für das, was sie empfinden, erweitern können. Diese Liste wurde nicht anhand eines Wörterbuchs aufgestellt, sondern aus der alltäglichen Umgangssprache gewonnen, wie wir sie in Zeitschriften lesen oder im Fernsehen hören. Schamgefühle und Zurückhaltung, die von Generation zu Generation weitergegeben worden sind, hindern uns jedoch daran, diese Begriffe zu gebrauchen, um von uns selbst zu reden.

Den Wortschatz vergrößern, um bewusster erleben zu können.

Alles, was wir seit unserer Kindheit gelernt haben, war nur dazu da, ein Bewusstsein für äußerliche Dinge oder Bereiche zu entwickeln: In der Schule lernen wir Geschichte, Geographie, Mathematik und später machen wir eine Ausbildung zum Installateur oder Elektriker oder wir studieren Informatik oder

Medizin. Wir entwickeln unseren Wortschatz in allen möglichen Fächern und wir erwerben damit Fertigkeiten und eine Sicherheit im Umgang mit diesen Dingen.

Der Erwerb des (Fach)Wortschatzes geht Hand in Hand mit der Entwicklung unseres Bewusstseins: Weil wir gelernt haben, die Elemente zu benennen und sie zu unterscheiden, können wir die wechselseitigen Reaktionen verstehen und nach unserem Bedarf beeinflussen. Ich persönlich verstehe nicht viel von Installationen und wenn mein Warmwasserkessel nicht mehr funktioniert, lasse ich den Installateur kommen und sage ihm, dass etwas nicht stimmt. Mein Kenntnisstand über die beteiligten Elemente und meine Fähigkeit, diese zu beeinflussen, tendieren gegen Null. Der Installateur dagegen identifiziert die betreffenden Teile und das Problem und drückt dies in konkreten Begriffen aus: „Der Brenner ist kaputt“ oder „Der Wasserkreislauf ist verkalkt, die Gaszuleitung ist überaltert“. Der Installateur verfügt damit über die Fähigkeit zu handeln, in diesem Fall die Fähigkeit zu reparieren.

Früher, als ich als Rechtsanwalt arbeitete und manchmal Leute in die Beratung kamen, die angesichts ihrer Rechtsschwierigkeiten vollkommen durcheinander und handlungsunfähig waren, machte es mir Freude, die kritischen Punkte einzeln zu definieren, ihre wechselseitige Abhängigkeit aufzuzeigen, Prioritäten zu setzen und somit eine bestimmte Vorgehensweise vorzuschlagen. Die Macht zu handeln ist also an das Bewusstsein gebunden und an die Fähigkeit, die einzelnen kritischen Punkte zu benennen und zu unterscheiden. Jeder von uns verfügt somit über ein bestimmtes Handlungspotential in einem „äußeren“ Bereich, den er erlernt hat.

Wann, an welchem Punkt in unserer Erziehung aber haben wir gelernt, die Elemente unseres inneren Lebens zu benennen, wann haben wir gelernt, wahrzunehmen, was in uns vorgeht, unsere Gefühle zu differenzieren und von unseren Grundbedürfnissen zu unterscheiden? Wann haben wir gelernt, unsere Bedürfnisse zu benennen und einfach und unverkrampft konkrete und verhandelbare Bitten zu formulieren, die auch die Bedürfnisse der anderen berücksichtigen? Wie oft fühlen wir uns unfähig und rebellieren gegen die Unfähigkeit, die wir empfinden, wenn Zorn, Traurigkeit oder Wehmut unser ganzes Leben vergiften? Zu dem Unbehagen und dem Gefühl des Zorns, der Traurigkeit oder der Wehmut kommt noch das Unbehagen der Handlungsunfähigkeit hinzu: „Nicht genug damit, dass ich traurig oder zornig bin, ich weiß auch nicht, was ich machen soll, um da wieder herauszukommen."

Oft haben wir keine andere Lösung, als uns gegen eine andere Person zu wenden: Papa, Mama, die Schule, Freunde, später die Kollegen, die Kunden, den Beruf, die Regierung, die Umweltverschmutzung, die schlechte wirtschaftliche Lage. Weil wir nicht verstehen, was in uns vorgeht und daher auch nicht unser Innenleben steuern können, suchen wir einen Verantwortlichen außerhalb, der als Sündenbock für unser Problem dient. „Ich bin zornig, weil *du* ...; Ich bin traurig, weil *Sie* ...; Ich protestiere, weil die *Welt* ..." Wir tragen unsere Schwierigkeiten nach außen, wir laden unsere Last auf dem anderen ab, weil wir nicht wissen, was wir selbst zur Lösung des Problems tun könnten. Es geht also darum, *benennen* zu können, um reagieren zu können und einen Wortschatz der Gefühle und der Bedürfnisse zu entwickeln, damit gut umgehen zu können und diesen Bereich nach und nach zu beherrschen. Beherrschen bedeutet jedoch nicht unterdrücken, sondern steuern.

Gefühle funktionieren wie Leuchtanzeigen an einem Armaturenbrett, sie zeigen den Zustand eines Bedürfnisses an: Ein als angenehm empfundenes Gefühl zeigt an, dass das Bedürfnis erfüllt wird, ein als unangenehm empfundenes Gefühl zeigt an, dass es nicht erfüllt wird. *Es ist also von großem Wert, diese zentrale Unterscheidung zu kennen, um festzustellen, welches Bedürfnis ich habe. Denn anstatt mich darüber zu beklagen, dass ich etwas nicht möchte und dies jemandem mitzuteilen, der mir nicht helfen kann, kann ich klar sehen, was ich möchte (mein Bedürfnis formulieren, nicht meinen Mangel) und dies einer Person mitteilen, die mir helfen kann, wobei ich oft selbst diese Person bin!*

Gefühle funktionieren wie Leuchtanzeigen an einem Armaturenbrett, sie zeigen an, ob ein Bedürfnis erfüllt wird oder nicht.

Hier ein Beispiel, das ich oft auf Konferenzen anführe. Wenn ich mit dem Auto auf einer Landstraße unterwegs bin, können folgende drei Situationen eintreten:

■ **1.** Ich fahre in einem uralten Auto mit defekter Tankanzeige. Ich fahre zuversichtlich, ohne mir Sorgen zu machen, dass ich Benzin brauchen könnte (weil kein Signal es mir bewusst macht) und früher oder später bleibe ich mit leerem Tank mitten in der Landschaft stehen. Keine Anzeige, kein Bewusstwerden des Bedürfnisses, kein Handlungspotential.

■ **2.** Typischstes Beispiel: Ich fahre in einem modernen Auto mit intakter Tankanzeige. Irgendwann sehe ich, dass der Zeiger der Tankanzeige im roten Bereich ist. Sofort fange ich an zu schimpfen: „Wer hat schon wieder vergessen zu tanken? Es ist unglaublich, das passiert immer bei mir! In dieser Familie denkt niemand daran, das Auto voll zu tanken". Ich schimpfe und schimpfe und bin so in meinen Ärger vertieft, dass ich keine der Tankstellen entlang der Straße sehe, die in regelmäßigen Abständen auftauchen, und früher oder später bleibe ich mitten in der Landschaft mit leerem Tank stehen. Es gab ein Signal, aber ich habe nichts unternommen, um die Panne zu verhindern. Meine ganze Energie habe ich damit verbraucht, zu schimpfen und einen Schuldigen zu suchen, auf den ich meinen Frust abladen kann.

■ **3.** Die Möglichkeit, zu der uns die GFK einlädt: Ich fahre wieder in einem modernen Auto mit intaktem Armaturenbrett. An der Tankanzeige sehe ich, dass der Tank fast leer ist. Ich erkenne mein Bedürfnis: „Aha, ich brauche Benzin. Ich sehe gerade keine Tankstelle. Was kann ich tun?"

Ich handle also konkret und positiv. Ich werde *aufmerksam* beobachten, wann die nächste Tankstelle auftaucht, sie ansteuern und mich um mein Bedürfnis kümmern. Ich leiste mir sozusagen selbst Pannenhilfe. Da mir mein Bedürfnis *bewusst* ist, ich es genannt habe, bin ich für eine mögliche Lösung offen. Die Lösung ist nicht sofort da, aber weil ich mir das Bedürfnis bewusst gemacht habe, ist die Wahrscheinlichkeit unendlich viel höher, dass ich eine Lösung finde, als wenn ich, wie im ersten Fall, das Problem gar nicht erst bemerkt hätte.

Wenn ich meine Panne selbst behebe, indem ich mein Auto voll tanke, gebe ich deswegen trotzdem nicht mein Bedürfnis nach Rücksichtnahme oder Respekt auf. Wenn ich wieder zu Hause angekommen bin, kann ich zu meiner Frau oder meinen Kindern sagen: „Ich habe mich geärgert, weil ich das Auto voll tanken musste, nachdem ihr mit dem Auto gefahren seid (Gefühl). Ich möchte, dass ihr Rücksicht darauf nehmt, dass ich wenig Zeit habe und ich brauche Respekt dafür, dass ich euch das Auto geliehen habe (Bedürfnis). Seid ihr damit einverstanden, dass ihr in Zukunft das Auto wieder voll tankt (Bitte)?"

Wenn wir von unseren Gefühlen durch Erziehung oder Gewohnheit getrennt sind, sind wir es umso mehr von unseren Bedürfnissen.

1.3 Unsere Bedürfnisse

Noch weiter als von unseren Gefühlen haben wir uns von unseren Bedürfnissen entfernt. Wir haben es eher gelernt, die Bedürfnisse der anderen zu verstehen und darauf einzugehen, als unsere eigenen Bedürfnisse wahrzunehmen. In sich selbst hineinzuhören, gilt fast schon als Todsünde, auf jeden Fall als selbstsüchtig: „Es ist nicht gut, so in sich hineinzuhören. Aha – noch jemand, der sich übertrieben wichtig nimmt." Schon die Vorstellung an sich, man könnte „Bedürfnisse haben", wird oft als unverschämt angesehen.

Es ist wahr, dass der Begriff „Bedürfnis" oft falsch verstanden wird. Es handelt sich hier nicht um ein momentanes Lust-

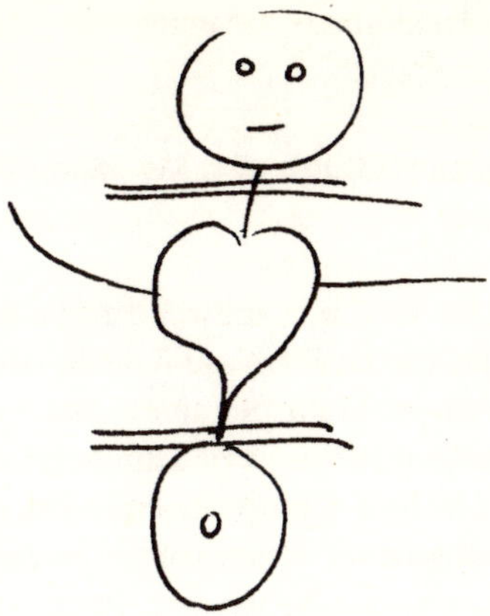

gefühl, einen vorübergehenden Trieb, ein ausgefallenes Verlangen. Es handelt sich um unsere Grundbedürfnisse, die für unseren Lebenserhalt unbedingt notwendig sind, die wir erfüllen müssen, um ein befriedigendes Gleichgewicht zu finden, um die Bedürfnisse, die an die grundlegendsten menschlichen Werte rühren: Identität, Respekt, Verständnis, Verantwortung, Freiheit, gegenseitige Hilfe. Im Laufe meiner Arbeit wurde mir immer mehr klar: Wenn wir unsere Bedürfnisse besser verstehen, können wir unsere Werte besser erkennen und begreifen.

In einem meiner Workshops erklärte eine Mutter voller Unmut, dass sie ihre Kinder nicht verstehen könne. Es gebe ständig Streit mit ihnen und sie habe es satt, „sie zu tausend Sachen zu zwingen, die sie offensichtlich nicht verstehen oder die sie dazu reizen, genau das Gegenteil zu tun". Als ich sie bat, ihre Bedürfnisse in Verbindung mit dieser Situation zu beschreiben, explodierte sie und sagte:

– Aber wir sind doch nicht auf der Welt, um uns um unsere Bedürfnisse zu kümmern! Wenn jedermann auf seine Bedürfnisse achten würde, gäbe es überall nur noch Streit. Was Sie da vorschlagen, ist ein grauenhafter Egoismus!
– Sind Sie zornig (Gefühl), weil Sie es sich wünschen, dass die Menschen gegenseitig auf ihre Bedürfnisse achten (Bedürfnis),

sam befriedigende Lösungen für ihre Bedürfnisse

Sie sich (Gefühl) also Verständnis und Harmonie unter den Menschen?

– Natürlich.

– Gut, sehen Sie, es fällt mir schwer zu glauben, dass sie in angemessener Weise die Bedürfnisse ihrer Kinder wahrnehmen können, wenn Sie nicht damit beginnen, auf ihre eigenen Bedürfnisse in angemessener Weise zu achten. Es fällt mir schwer zu glauben, dass Sie ihre Kinder in ihrer Unterschiedlichkeit und Widersprüchlichkeit verstehen können, wenn Sie sich nicht die Zeit nehmen, um sich selbst mit Ihren vielfältigen und widersprüchlichen Eigenschaften zu verstehen und zu lieben. Was empfinden Sie, wenn ich Ihnen dies sage?

Sie war bestürzt und sprachlos, den Tränen nahe. Dann schien es, als ob sich in ihrem Herzen allmählich etwas löste. Die Gruppe begleitete sie schweigend, mit tief empfundener Empathie. Dann stellte sie mit einem strahlenden Lächeln fest: „Es ist unglaublich, aber mir wird bewusst, dass ich niemals gelernt habe, auf mich selbst zu hören. Also höre ich auch nicht auf meine Kinder und zwinge ihnen meine Regeln auf! Natürlich lehnen sie sich dagegen auf, das habe ich in ihrem Alter auch getan!“

Können wir wirklich und angemessen auf die anderen hören, wenn wir nicht genauso auf uns selbst hören? Können wir für die anderen offen sein und auf sie achten, ohne das gleiche für uns selbst zu tun? Können wir den anderen in seiner Andersartigkeit und mit seinen Widersprüchen lieben, ohne zuerst uns selbst mit all unseren Stärken und Schwächen zu lieben?

Wenn wir uns von unseren Bedürfnissen zu weit entfernen, wird jemand den Preis dafür zahlen, wir selbst oder ein anderer.

Die Trennung von unseren Bedürfnissen rächt sich auf unterschiedliche Art. Hier die häufigsten Konsequenzen:

■ **1.** Wir haben Schwierigkeiten, *Entscheidungen zu treffen*, die unser persönliches Engagement betreffen. Im Wirtschaftsleben, bei der Arbeit, haben wir keine Probleme. Aber in unserem Gefühlsleben, im privaten Bereich, bei den ganz persönlichen Entscheidungen – wie schwer fällt uns das! Wir hüpfen von einem Fuß auf den anderen, wissen nicht, was wir wählen sollen, hoffen schließlich, dass die Ereignisse oder andere Menschen für uns entscheiden. Oder wir zwingen uns zu einer Entscheidung („das ist vernünftiger, das ist klüger"), unfähig wie wir sind, unsere echte, tiefe Motivation wahrzunehmen und zu verstehen.

■ **2.** Wir sind abhängig vom „Blick" der anderen. Weil wir unfähig sind, unsere eigenen, echten Bedürfnisse zu identifizieren, werden wir oft abhängig von der Meinung der anderen. „Was meinst du dazu, was würdest du an meiner Stelle machen?" Oder, noch schlimmer, wir passen uns den Erwartungen der andern oder dem, was wir dafür halten, an, ohne diese überprüft zu haben. „Was werden sie von mir denken …; Ich muss unbedingt dies oder das machen …; Wenn ich mich nicht so verhalte, dann …" Wir verausgaben uns bis zur Erschöpfung in dieser Anstrengung, werden abhängig von der Anerkennung anderer und im Extremfall drehen wir uns wie das Fähnchen im Wind nach der Mode, einem Trend (alle machen dies, also mache ich es auch), wir sind Spielball verschiedener Abhängigkeiten (Geld, Macht, Sex, Fernsehen, Glücksspiel, Alkohol, Medikamente, Drogen und heutzutage auch Internet) oder offizieller Anweisungen (ich ordne mich der Autorität eines ehrgeizigen Unternehmens unter, oder einer strikten politischen Bewegung oder einer Sekte).

Ich habe viele Menschen persönlich kennen gelernt, die bewusst oder unbewusst unter Abhängigkeiten, die als solche anerkannt sind, litten. Meiner Ansicht nach ist die am weitesten verbreitete, aber am wenigsten als solche anerkannte Abhängigkeit die, die uns von dem Blick der anderen abhängig macht. Wir kennen unsere Bedürfnisse nicht, und das aus gutem Grund: Wir haben nie gelernt, sie wahrzunehmen. Wir erwarten deshalb, dass irgendjemand oder irgendetwas (Drogen, Alkohol, andere Menschen) sie uns diktieren. Wir besitzen uns selbst nicht mehr.

■ **3.** Da wir es gelernt haben, die Bedürfnisse der anderen zu erfüllen, ein lieber Junge oder ein braves Mädchen zu sein – höflich, nett und zuvorkommend (wie Guy Corneau schreibt)[3] –, auf alle zu achten außer auf uns selbst, und wir dann trotz allem verwirrt feststellen, dass unsere Bedürfnisse nicht erfüllt werden, kommen wir zu dem Schluss, dass es einen Schuldigen geben muss, jemanden, der sich nicht um uns gekümmert hat. Wir steigen damit in den vorhin erwähnten Prozess der *Gewalt durch Aggression oder Projektion* ein, das heißt, ein Prozess, in dem Kritik, Urteilen, Beschuldigungen und Vorwürfe überwiegen.

■ **4.** Meistens haben wir zu diesem Zeitpunkt die Erfahrung gemacht, dass wir uns den Bedürfnissen der anderen unterworfen fühlen. Oder wir befürchten zu diesem Zeitpunkt, dass wir nicht in der Lage sind, unsere eigenen Bedürfnisse geltend zu machen, so dass wir sie den anderen ohne Aufforderung und in autoritärer Weise aufzwingen. „So ist das bei mir und nicht anders. Und jetzt räumst du dein Zimmer auf und zwar sofort!" Wir steigen damit in den Prozess der *Gewalt durch Autorität* ein.

■ **5.** Wir sind es müde, vergeblich zu versuchen, unsere Bedürfnisse geltend zu machen. Schließlich geben wir auf. „Ich gehe zugrunde! Ich kündige mir selber. Mir bleibt nur noch Rückzug oder Flucht." In diesem Fall richtet sich die Gewalt gegen uns selbst.

Ja, werden Sie sagen, aber was bringt es, seine eigenen Bedürfnisse zu kennen, wenn man dann doch in einer ständigen Frustration lebt? Und sicher denken Sie an eine bestimmte Person, die sehr wohl ihr Bedürfnis nach Zugehörigkeit oder Anerkennung wahrgenommen hat und ihr Leben damit verbringt, nach allen Seiten nach Zugehörigkeit und Anerkennung zu suchen, in Treffen und Vernissagen, in Sportvereinen und humanitären Aktivitäten. Oder an jemand anderen, der sich danach sehnt, seinen Platz, seine Identität, seinen inneren Halt zu finden und diesem Wunsch überall nachjagt, von Workshop zu Workshop läuft, Therapien ausprobiert, ohne Ruhe zu finden.

Wir werden im nächsten Kapitel sehen, dass allein die Tatsache, dass wir unser Bedürfnis erkennen, ohne es gestillt zu haben, schon Erleichterung und ein überraschendes Wohlgefühl verursacht. Wenn wir leiden, besteht in der Tat das größte Leid darin, dass wir nicht wissen, woran wir leiden. Wenn wir die innere Ursache unseres Unwohlseins herausfinden können, klärt sich vieles. Wenn Sie körperliche Beschwerden haben, wenn Sie verdächtige Schmerzen im Bauch, im Kopf oder im Rücken spüren, machen Sie sich verrückt: „Was ist los mit mir? Das könnte vielleicht sogar ein Tumor sein …“ Wenn Sie Ihren Arzt aufsuchen und er die Ursache Ihres Leidens feststellt und Ihnen mitteilt, dass Sie eine Magenverstimmung haben, Ihre Leber vergrößert ist oder Sie sich den Rücken verrenkt haben, hören Ihre Beschwerden damit nicht sofort auf. Aber weil Sie wissen, was mit Ihnen los ist, fühlen Sie sich beruhigt, weil Sie sich keine absurden Vorstellungen mehr machen. Genauso ist es auch mit einem Bedürfnis: Wenn wir es erkannt haben, können wir wieder klar denken.

Schließlich – und darin liegt vor allem das Interesse, ein Bedürfnis zu identifizieren – wissen wir nicht, wie wir unser Bedürfnis erfüllen können, solange wir es nicht kennen. Wir erwarten deshalb oft, dass andere (Eltern, Partner, Kinder) spontan unsere Bedürfnisse erraten und erfüllen. Hier zwei Beispiele von Paaren, die wegen Beziehungsproblemen in die Beratung gekommen sind. Ich möchte ihnen einige Anmerkungen vorausschicken:

- Die Beispiele aus der Praxis, die in diesem Buch zitiert werden, sind bewusst gekürzt, um unnötige Längen für den Leser zu vermeiden. Ich habe natürlich versucht, den Kern des Gesprächs beizubehalten. Die Zeiten der Stille und des Innehaltens werden in dem Text nicht wiedergegeben, obwohl sie ein wesentlicher Teil der Arbeit sind.

- Der Tonfall oder die Wortwahl mögen naiv klingen. Das mache ich in meinen Gesprächen jedoch bewusst so, um zum Punkt zu kommen. Ich will damit auch so weit wie möglich verhindern, dass rein intellektuelle Überlegungen das innere Zuhören und Bewusstwerden verdrängen. In einem Klima des aufmerksamen Zuhörens und des tiefen gegenseitigen Respekts haben oft der schlichteste Tonfall und die einfachste Wortwahl die größte Überzeugungskraft. Ich beobachte, dass schnörkelloses Reden das Bewusstsein schärft, weil die Aufmerksamkeit wenig oder gar nicht vom intellektuellen Verstehen in Anspruch genommen wird, und somit dem emotionalen Verständnis ganz zur Verfügung steht.

- Die Namen der Personen sind geändert und manchmal sind die Rollen vertauscht, um die Vertraulichkeit der Situationen zu wahren.

Im ersten Beispiel beschwerte SIE sich über das mangelnde Verständnis ihres Partners:

– Er versteht meine Bedürfnisse nicht.
– Können Sie mir eines Ihrer Bedürfnisse nennen, das er verstehen sollte?
– Aber nein! Er ist doch mein Ehemann, er muss meine Bedürfnisse verstehen!
– Wollen Sie damit sagen, dass Sie von ihm erwarten, dass er Ihre Bedürfnisse versteht, obwohl Sie selbst Schwierigkeiten haben, diese auszudrücken?
– Genau.
– Und wie lange spielen Sie dieses Ratespiel schon?
– Wir sind seit dreißig Jahren verheiratet.
– Dann sind Sie mittlerweile sicher am Ende Ihrer Kräfte.

– (Sie bricht in Tränen aus) Oh ja! Total am Ende.
– Sie fühlen sich erschöpft, weil Sie das Bedürfnis nach Verständnis und Unterstützung durch Ihren Partner haben und Sie darauf schon so lange warten.
– Genau so ist es.
– Nun gut, ich befürchte, dass Sie darauf noch lange warten müssen, wenn Sie sich nicht die Mühe machen, sich selbst über Ihre Bedürfnisse klar zu werden.

Nach einer langen, tränenreichen Pause sagte sie dann:

– Sie haben Recht, das Problem liegt bei mir. Sehen Sie, in meiner Familie hatte man nicht das Recht, Bedürfnisse zu haben. Ich kenne also meine Bedürfnisse nicht und natürlich gebe ich ihm immer die Schuld, ohne ihm zu erklären, was ich wirklich möchte. Und ich bin davon überzeugt, dass er sein Bestes tut. Er ärgert sich natürlich und ich bin beleidigt. Es ist die Hölle!

Wir haben lange daran gearbeitet, die Bedürfnisse beider Partner zu verstehen und zu klären. Wer immer erwartet, dass andere ihn an die Hand nehmen, findet nur mühsam zur Selbstannahme, und der Weg kann zu Beginn schmerzhaft sein. Die Arbeit an der Beziehung zu sich selbst ist jedoch der Preis, den man zahlen muss, damit sich die Beziehung zum Partner bessern kann.

Im zweiten Beispiel beschwerte ER sich:

– Meine Frau gibt mir kein Zeichen von Anerkennung.
– Sie ärgern sich, weil Sie Anerkennung von ihrer Seite brauchen.
– Genau.
– Könnten Sie mir sagen, was Sie von ihr genau erwarten – was sie sagen oder tun soll, um Ihnen die Anerkennung zu zeigen, die Sie erwarten?
– Ich weiß nicht.
– Nun, SIE weiß es auch nicht! Sehen Sie: Sie erwarten verzweifelt – so scheint es jedenfalls –, dass sie Ihnen gegenüber

ihre Anerkennung ausdrückt, ohne ihr zu sagen, wie das konkret aussehen soll. Es ist für Ihre Frau sicher sehr anstrengend, dass sie von Ihrer Seite die Forderung nach Anerkennung spürt und sich nicht in der Lage sieht, diese Forderung zu erfüllen. Ich nehme an, dass sie sich immer weiter zurückzieht, je mehr Sie von ihr Anerkennung fordern, ohne ihr zu sagen, wie sie es ausdrücken soll.
– Genau so ist es!
– Dann nehme ich an, dass Sie diese verzweifelte Suche satt haben.
– Ich bin völlig am Ende.
– Sie sind am Ende, weil Sie das Bedürfnis nach Anteilnahme und Nähe zu Ihrer Frau haben.
– Ja.
– Dann schlage ich Ihnen vor, dass Sie Ihrer Frau mitteilen, wie und für was sie Ihnen gegenüber Anerkennung ausdrücken soll, ganz konkret.

Mit diesem Ehepaar haben wir nicht nur das Bedürfnis definiert, sondern auch die konkrete Forderung erarbeitet. Dieser Mann fühlte sich verletzt, weil er nicht die Anerkennung für seine Leistung erhielt, für die finanzielle Sicherheit seiner Familie unter äußerst schwierigen wirtschaftlichen und beruflichen Bedingungen zu sorgen. Er machte seiner Frau immer wieder Vorwürfe: „Du weißt meine ganzen Anstrengungen nicht zu schätzen, du hast keine Ahnung, welche Kraft mich das kostet." Sie dagegen wurde bei jedem Vorwurf verschlossener, unfähig, ihn hinter so viel Bitterkeit noch zu erreichen. Schließlich habe ich ihm folgende Formulierung vorgeschlagen:

– Sie wollen wissen, ob Ihre Frau sich Ihrer Anstrengungen bewusst ist und sie Ihren enormen Einsatz zu schätzen weiß?
– Ja, genau das würde ich sie gerne fragen.
– (Zu seiner Frau gewandt): Sie hören, dass Ihr Mann sich nach Anerkennung für seine Arbeit sehnt. Konkreter, er möchte wissen, ob Sie sich bewusst sind, wie viel er gearbeitet hat und ob Sie dies zu schätzen wissen.
– Natürlich bin ich mir dessen bewusst und weiß es zu schät-

zen. Ich weiß nicht mehr, wie ich es ihm sagen soll, ich fürchte, dass er es gar nicht hört, und es stimmt, dass ich nach einer Weile gar nicht mehr antworte oder ausweiche, indem ich mich etwas anderem zuwende.

– Wollen Sie damit sagen, dass Sie Ihrerseits sich wünschen, dass er versteht, dass Sie seine Anstrengungen anerkennen, ja dass es Ihnen zu Herzen geht?

– Aber ja! Es bewegt mich sehr, ich bin gerührt. Aber er ist wohl so verletzt, dass er meine Versuche, ihm Aufmerksamkeit zu zeigen, gar nicht wahrnimmt.

– (Ich wandte mich wieder an den Mann:) Was empfinden Sie, wenn Sie hören, wie sehr Ihre Frau Ihre Arbeit zu schätzen weiß, und dass sie gerührt ist, dass es ihr zu Herzen geht?

– Ich bin sehr bewegt und erleichtert. Ich merke, dass ich so von meinen Vorwürfen besessen war, dass ich die Zeichen der Anerkennung, die sie mir im Grunde immer wieder entgegenbrachte, gar nicht mehr wahrgenommen habe. Ich habe mich selbst in einen Käfig gesperrt.

Dieser Bewusstwerdungsprozess hat die Beziehung dieses Paares von einer Last befreit, die sie letztlich zu ersticken drohte. Dieses Beispiel verdeutlicht zwei Punkte:

■ **1.** Wenn wir dem anderen nicht konkret mitteilen, *wie* wir uns die Erfüllung unseres Bedürfnisses vorstellen, riskieren wir, dass er von der Last eines unerfüllbaren Bedürfnisses erdrückt wird. Es ist, als ob wir ihm die ganze Verantwortung für dieses Bedürfnis aufladen würden. Angesichts einer solchen Bedrohung dreht der andere durch und sagt sich: „Ich kann nicht alleine die Last für so ein enormes Bedürfnis (an Liebe, Anerkennung, Zuhören, Unterstützung, etc.) tragen, ich fliehe oder ziehe mich schweigend oder beleidigt zurück." Guy Corneau beschreibt dies sehr zutreffend mit folgendem Satz: „Folg mir, dann entzieh ich mich! Entzieh dich, dann folg ich dir!"[4] ER verlangt verzweifelt nach Anerkennung. SIE versucht verzweifelt, dieser Forderung zu entkommen. Und je mehr SIE zu entkommen versucht, desto mehr fordert ER.

Dies funktioniert mit vertauschten Rollen genauso gut. Zum Beispiel sehnt SIE sich verzweifelt nach Zärtlichkeit und Nähe, ER bekommt Panik bei so einer Erwartungshaltung und flieht in die Arbeit, in den Sport, in seinen Papierkram. Je öfter ER flieht, desto häufiger fordert SIE. ER hat Angst, ein seit der Kindheit ungestilltes Bedürfnis nach Liebe erfüllen zu müssen. Das ist zu viel für einen einzigen Mann.

Fazit: Wenn das Bedürfnis nicht durch eine präzise Bitte, die räumlich und zeitlich festgelegt ist, konkret wird, (zum Beispiel das Bedürfnis nach Anerkennung: „Könntest du mir sagen, ob du dir bewusst bist, wie sehr ich mich in den letzten dreißig Jahren angestrengt habe?") wirkt es auf den anderen wie eine Bedrohung. Der andere fragt sich, ob er angesichts einer solchen Erwartungshaltung überleben kann, ob er *er selbst* bleiben kann, ohne von dem andern verschlungen zu werden. Erinnern Sie sich daran, dass wir oft in dem Schwarz-Weiß-Denken gefangen sind. Da wir weder wissen, wie wir auf das Bedürfnis des anderen achten können, ohne aufzuhören, auf unsere eigenen Bedürfnisse zu achten, noch darauf, wie wir unsere eigenen Bedürfnisse beachten können ohne aufzuhören, das Bedürfnis des anderen zu beachten, wenden wir uns oft zu unserem eigenen Schutz von unserem Gegenüber ab.

Wenn mir das Hören auf das Bedürfnis des anderen wie eine Bedrohung erscheint, wende ich mich ab und flüchte oder schließe mich in Schweigen ein.

Indem wir unserem Partner zeigen, dass unsere Bitte konkret ist (zum Beispiel: „Könntest du mich zehn Minuten lang in den Arm nehmen und hin- und herwiegen?"), nehmen wir dem Bedürfnis die Bedrohlichkeit (ich brauche Liebe, Zärtlichkeit, Nähe, hilf mir!). Wir verankern es in der Realität, im alltäglichen Leben. Das Bedürfnis ist nicht mehr abstrakt, scheinbar unerfüllbar und daher bedrohlich. Es ist eine konkrete Bitte, in Raum und Zeit klar definiert und wir können in Bezug darauf unsere Position finden, eine Haltung einnehmen.

2. Solange wir von der Idee besessen sind, dass der andere unser Bedürfnis *nicht* erkennt, sind wir nicht in der Lage festzustellen, dass es doch wahrgenommen wird. In dem Beispiel hat SIE sich die größte Mühe gegeben, ihrem Mann Anerkennung zu zeigen. ER aber war von der Vorstellung, dass er nicht verstanden wird, so eingenommen, ja besessen, dass er nichts gehört hat. Dieses Phänomen kommt häufig vor. Durch ständiges Wiederholen der Einbildung, nicht verstanden oder anerkannt zu werden, ungerecht behandelt zu werden, formen wir uns eine neue Identität: „Ich bin derjenige, der nicht verstanden wird, nicht anerkannt wird, oder diejenige, die ungerecht behandelt oder zurückgewiesen wird." Wir sind so sehr davon überzeugt, dass das stimmt, dass wir Entgegenkommen, Verständnis und Annahme gar nicht mehr registrieren, wenn unsere Mitmenschen sie uns deutlich zeigen. Es ist in diesem Fall wichtig, die elementaren Bedürfnisse zu erarbeiten. Folgende Fragen können wir uns dazu stellen:

- Kann ich mir selbst die Wertschätzung, die Anerkennung und das Verständnis entgegenbringen, das ich so sehr von den anderen erwarte?
- Kann ich damit beginnen, diese Bedürfnisse selbst zu erfüllen, anstatt von der Reaktion und Akzeptanz der anderen abhängig zu bleiben? – und, vor allem,
- Kann ich meine Identität auch leben ohne anzuklagen oder zu protestieren?
- Kann ich mich sicher fühlen, ohne mich auf Dinge oder Personen zu stützen, ohne mich zu rechtfertigen oder zu widersprechen?
- Kann ich meine innere Stärke und Sicherheit in mir selbst wahrnehmen, ohne Macht ausüben zu müssen oder Widerstand zu spüren?

Sobald wir unser Bedürfnis identifiziert haben, können wir eine konkrete und verhandelbare Bitte formulieren, die zum Erfüllen des Bedürfnisses führen kann.

1.4 Die Bitte

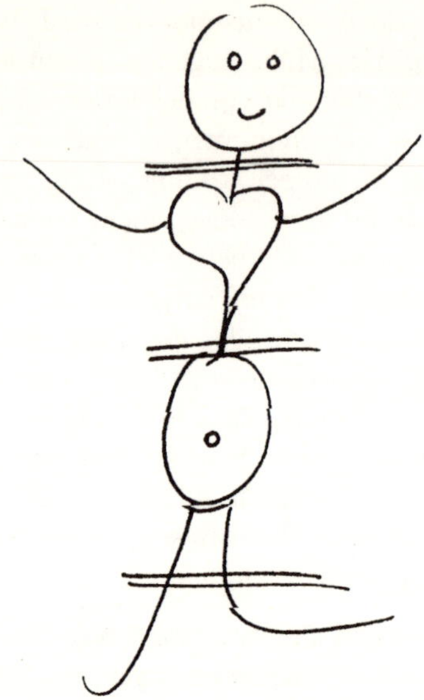

Wenn wir eine Bitte oder einen konkreten und verhandelbaren Handlungsvorschlag formulieren, können wir uns von der dritten Betonplatte befreien, die uns gefangen hält und uns den Weg zur Erfüllung unseres Bedürfnisses versperrt. Wenn wir eine konkrete Bitte formulieren, können wir uns von dem häufig verzweifelten Warten darauf lösen, dass der andere unser Bedürfnis versteht und erfüllen will. Denn dieses Warten kann eine Ewigkeit dauern und sich als äußerst frustrierend erweisen. Wir sind also selbst für unsere Bedürfnisse verantwortlich und somit auch dafür, dass sie gestillt werden. Allerdings stellen wir uns oft selbst eine Falle, wenn wir unsere Bitten für essentielle Bedürfnisse halten.

Folgendes Beispiel verdeutlicht gut den Unterschied zwischen einem Grundbedürfnis, das in allen Lebenslagen ein Teil von uns ist, und einer konkreten Bitte, die dagegen je nach äußeren Umständen variieren kann.

Das Beispiel von Thierry und Andrée

Im Verlauf eines Workshops kam ich auf die Bedürfnisse zu sprechen und erläuterte, dass meiner Ansicht nach alle Menschen im Grunde dieselben Bedürfnisse haben. Sicher drücken nicht alle ihre Bedürfnisse auf dieselbe Art und Weise aus, erleben sie nicht auf dieselbe Art und im selben Moment. Genau das verursacht die Unstimmigkeiten bei Ehepaaren, Familien oder in Schulen, den ganzen täglichen Kleinkrieg.

Ein Teilnehmer, Thierry, unterbrach mich und sagte: „Ich bin absolut nicht Ihrer Meinung. Meine Frau und ich haben nicht dieselben Bedürfnisse und das verursacht zwischen uns solche Spannungen, dass wir am Rand einer Scheidung stehen. Wir besuchen gemeinsam Ihren Workshop, um uns hinterher keine Vorwürfe machen zu müssen. Wir können dann sagen, dass wir alles versucht haben, aber wir glauben nicht wirklich daran. Vor allem wenn Sie behaupten, dass die Menschen im Grunde dieselben Bedürfnisse haben."

Ich bat ihn, mir eine konkrete Situation zu schildern, bei der er den Eindruck hatte, dass er nicht dieselben Bedürfnisse hatte wie seine Frau. Hier seine Antwort:

– Nun, vor einigen Monaten hat es zwischen uns gekracht. Wissen Sie, wir sind beide berufstätig und haben drei Kinder. An einem Wochenende waren die Kinder bei ihren Cousins und Cousinen eingeladen. Ich komme Freitagabend nach der Arbeit heim, müde und pffft (langer Seufzer), ich wollte unbedingt mit meiner Frau in ein Restaurant essen gehen. Und sie überhaupt nicht! Sie wollte zu Hause bleiben und einen Film anschauen. Da habe ich ihr gesagt, dass sie nie versteht, was ich brauche und sie hat mir genau dasselbe gesagt. Wir haben uns beide geärgert und ich habe schließlich im Kinderzimmer geschlafen. Seitdem haben wir ständig den Eindruck, dass wir nicht dieselben Bedürfnisse haben.
– Als Sie an diesem Abend nach Hause kamen, welches Gefühl bestimmte Sie da?
– Pffft (erneut ein Seufzer), ich war müde.

– Das war offensichtlich ein unangenehmes Gefühl in diesem Moment, das anzeigt, dass ein Bedürfnis nicht erfüllt wurde. Können Sie uns sagen, welches Bedürfnis?
– Das ist einfach, das Bedürfnis nach Ruhe. Daher die Idee, Essen zu gehen – niemand muss kochen, niemand muss Geschirr spülen!
– Ihr Gefühl zeigt in diesem Moment also ein Bedürfnis nach Ruhe, nach Entspannung an. Gleichzeitig habe ich beobachtet, dass Sie geseufzt haben, als Sie von Ihrer Müdigkeit sprachen; zweimal haben Sie einen langen Seufzer ausgestoßen. Ich habe den Eindruck, dass Sie damit ein anderes Gefühl ausdrücken wollen. Was bedeutet dieser Seufzer? Wenn Sie etwas tiefer in Ihr Seelenleben hinabsteigen, welches andere Gefühl finden Sie dann?

Thierry hielt einen Augenblick inne um nachzudenken.

– Ich glaube, neben der Müdigkeit am Ende der Woche, am Freitag, wenn man seit Montag am schuften ist, gibt es eine ältere Müdigkeit. Seit Monaten, seit Jahren schuftet man – die Arbeit, die Kinder, das Haus, und man hat kaum mehr Zeit füreinander.
– Ein Gefühl von Niedergeschlagenheit, von Überlastung?
– Ja, absolut, von Niedergeschlagenheit, tiefer Mutlosigkeit.
– Welches nicht befriedigte Bedürfnis signalisiert dieses unangenehme Gefühl?

Thierry hört erneut in sich hinein.

– Ich glaube, ich habe es bereits gesagt: Meine Frau und ich sehen uns kaum noch. Ich habe das Bedürfnis nach Nähe, danach, Zeit mit ihr zu verbringen, das Bedürfnis, dass wir uns wiederfinden und einander nah sind.

In dem Moment, als Thierry seine Bedürfnisse ausdrückte, begann seine Frau Andrée, die nicht weit entfernt von ihm im Kreis saß, zu weinen. „Das ist ja verrückt, ich hatte genau dasselbe Bedürfnis! Ich habe unser Lieblingsessen und eine Flasche Wein besorgt. Danach bin ich noch zur Videothek gefahren und habe den Film ausgeliehen, den wir nicht im Kino gesehen haben, weil wir nie Zeit hatten und habe einen romantischen Abend zu zweit geplant, weil die Kinder einmal nicht zu Hause waren. Genau damit wir wieder einander nahe sein können!"

Was war also passiert? Warum hat dieses Ehepaar, das das Glück hatte, dasselbe Bedürfnis im selben Moment zu haben, Streit bekommen? Nun, sie haben ihre Bitte für ein elementares Bedürfnis gehalten und haben sich hartnäckig daran festgeklammert. ER hat seine Bitte, ins Restaurant zu gehen, für ein Grundbedürfnis gehalten, das SIE nicht beachtet hat. SIE hat ihre Bitte, zu Hause zu bleiben, für ein Grundbedürfnis gehalten, das ER nicht verstanden hat! Jeder beharrt auf seiner Position, jeder sperrt sich damit unbewusst in seinen kleinen Käfig ein! Es stimmt nicht, dass SIE IHN nicht gehört hat, sondern dass ER nicht auf sich selbst gehört hat, bevor ER angefangen hat zu reden. Es stimmt nicht, dass ER SIE nicht versteht, sondern dass SIE sich nicht die Zeit genommen hat, sich selbst zu verstehen, bevor SIE gesprochen hat.

Ich schlug vor, die Szene nachzuspielen, jetzt da Thierry und Andrée ein bisschen geübt hatten und sich bewusst geworden waren, dass über ihre Bitte und ihre momentanen Neigungen hinaus immer ein Grundbedürfnis vorhanden ist. Wenn wir dieses Grundbedürfnis wahrnehmen und verstehen, werden wir frei, verschiedene Bitten zu formulieren, verschiedene Neigungen zu erforschen und wir entkommen der Falle, in die wir geraten, wenn wir Bedürfnis und Bitte vermischen.

Um das Verständnis der Beispiele zu erleichtern, gebe ich in Klammern die Komponenten des Prozesses an: Beobachtung (Bb), Gefühl (G), Bedürfnis (Bd), Bitte (Bt).

„Schatz" beginnt Thierry, „ich bin heute Abend so müde (G), ich habe einfach Lust, nichts zu tun, nicht kochen, einfach nichts und so weiter (Bd), und ich wollte wissen, ob du einverstanden bist, dass wir zusammen essen gehen (Bt)?"

– Liebling, ich bin auch völlig fertig. Ich freue mich (G), dass wir beide das Bedürfnis haben, nichts zu tun (Bd). Ich bin aber auch traurig (G), dass wir beide in letzter Zeit so beschäftigt waren. Ich möchte mit dir zusammen sein, einfach nur zu zweit

(Bd) und ich habe Angst (G), dass wir im Restaurant durch den Kellner gestört werden oder von Freunden abgelenkt werden. Ich würde lieber zu Hause bleiben. Für das Essen ist schon alles vorbereitet, wir können zusammen essen und danach, wenn du möchtest, ein Video anschauen. Das ist der Film, den wir nicht im Kino angeschaut haben, weil wir nie Zeit hatten (Bt).

– Ich merke, dass ich genau dasselbe Bedürfnis habe: Einmal wieder einen Abend zu zweit verbringen, um einander nahe zu sein, deswegen habe ich vorgeschlagen, in ein kleines Restaurant zu gehen. Wenn ich aber deinen Vorschlag höre, zu Hause zu bleiben, bin ich ein bisschen enttäuscht (G), weil ich Tapetenwechsel brauche, mal ausgehen möchte, wenn die Kinder nicht da sind (Bd). Jetzt wissen wir also, worum es geht: Bedürfnis nach Entspannung, nach Zweisamkeit und Tapetenwechsel, welche Lösung können wir finden, was können wir konkret unternehmen, um diese verschiedenen Bedürfnisse zu erfüllen?

Nachdem Andrée und Thierry in diesem Workshop ihr Gespräch nachgespielt und analysiert hatten, sind sie zu dem Schluss gekommen, dass sie an diesem Abend am meisten Lust gehabt hätten, bis zum Ufer eines Sees in der Nähe zu laufen, mit einem Picknickkorb und einem guten Weißwein. Früher, als verliebtes Paar, sind sie dort oft Arm in Arm spazieren gegangen. Dann haben sie sich vom Berufsleben so in Anspruch nehmen lassen, dass sie nicht einmal mehr daran gedacht haben. Und doch hätte so ein Spaziergang ihr Bedürfnis nach Zweisamkeit, Entspannung und Abwechslung angemessen erfüllt!

Dieses Beispiel verdeutlicht im Wesentlichen vier Punkte:

■ **1.** Wir stellen uns selbst eine Falle und wir neigen dazu, dem anderen eine Falle zu stellen, wenn wir nicht sorgfältig zwischen echtem Bedürfnis und Bitte unterscheiden. Wenn wir über unsere Bitte hinausschauen, um unser Bedürfnis zu identifizieren, *werden wir frei*. Wir stellen zum Beispiel fest, dass wir unser Bedürfnis nach Nähe und Zweisamkeit mit unserem Partner oder auch unser Bedürfnis nach Entspannung auf ganz unterschiedliche Art und Weise befriedigen können (Restaurantbesuch, Spaziergang, Video anschauen, Kino). Wir befreien uns von der Vorstellung, dass es nur eine einzige Lösung gibt.

■ **2.** Indem wir uns auf unsere echten Bedürfnisse konzentrieren, anstatt uns über unsere Bitten zu streiten, befreien wir uns gegenseitig aus der Falle und *geben uns Raum für Begegnung und Kreativität!* Andrée und Thierry, erschöpft von ihrem Lebensrhythmus, haben sich nicht die Zeit genommen, einander zu begegnen und kreativ zu sein, damit ihr gemeinsamer Abend wirklich gelingt. Die Lösung, die sie schließlich gefunden haben, nachdem sie sich auf ihre Bedürfnisse konzentriert hatten, ist überraschend anders und viel zufriedenstellender als die Lösungen, die sie beide vorher auf die Schnelle vorgeschlagen hatten.

■ **3.** Wir stürzen uns häufig auf die *schnelle* Lösung. Ich habe lange als Rechtsberater für eine amerikanische Firma gearbeitet; der Ausdruck *quick and dirty* („schnell und schmutzig") galt dort als gängige Bezeichnung für eine *schnelle* Lösung, die gewählt wurde, wenn der Termindruck zu groß war, um nach der optimalen Lösung zu suchen.

So hat Thierry, der müde aus dem Büro heimkam, *schnell* beschlossen, seine Frau Andrée ins Restaurant auszuführen und Andrée, genauso müde nach einem langen Arbeitstag, stürzt sich an der nächsten Straßenecke auf leckere Häppchen zum Mitnehmen und auf das Video in der Videothek. Diese beiden Initiativen haben natürlich ihren Wert. Trotzdem erkennen sie beide nicht, dass er/sie sich nicht wirklich die Zeit genommen hat, sich zu fragen: „Wie fühle ich mich eigentlich heute Abend, was würde mir wirklich gut tun?"

Das ist eine der Konsequenzen unserer Erziehung: Ein Problem soll vernunftorientiert und schnell gelöst werden! Wir strengen unseren Kopf an, fordern unsere Leistungsfähigkeit, um sofort ein Ergebnis zu erzielen, um so schnell wie möglich von der Feststellung eines Problems zu seiner Lösung zu kommen. *Wir nehmen uns keine Zeit, herauszufinden, was wirklich auf dem Spiel steht.*

■ **4.** *Unsere Missverständnisse beruhen auf falschem Zuhören*, was wiederum eine Folge von unklaren Formulierungen oder Ungesagtem ist. Wir können es lernen, gleichzeitig einfühlsam, kraftvoll und wahrhaftig zu reden.

Anmerkungen

1. *Es ist auch möglich, dass wir nicht dieselben Bedürfnisse zum gleichen Zeitpunkt haben.* Thierry und Andrée hatten das Glück, dasselbe Bedürfnis im selben Moment zu empfinden, was natürlich die Verhandlung der Bitten und die Annahme einer gemeinsamen befriedigenden Lösung erleichtert. Weil sie die Möglichkeit hatten, ihr Missverständnis auf eine Art zu lösen, über die sie schließlich lachen konnten, konnten sie intensiver an dem Training teilnehmen und haben wieder Freude an der Begegnung im gemeinsamen Leben gefunden.

Nicht alle Auseinandersetzungen laufen jedoch so ab! Ich kann ein Beispiel von einem Ehepaar anführen, das so weit gekommen war, dass die Teller flogen, bevor sie gemeinsam ein Training besuchten. Nach einiger Übungszeit hatten sie gelernt, sich gegenseitig zuzuhören. Sie hatten sogar unter sich ausgemacht, dass es in ihrem Wohnzimmer zwei „gewaltfreie Sessel" gab. Wenn im Haus ein Streit ausbrach, riefen sie sich zu: „Stop, zum Sessel!" wie in einem Kinder-Fangspiel, um sich in einer „gewaltfreien Kommunikations-Zone" zu treffen, wo die Regel galt: Hier reden wir nacheinander und hören uns gegenseitig zu.

Nach einiger Zeit haben sie festgestellt, dass sie überhaupt nicht denselben Rhythmus hatten, dass ihre jeweiligen Bedürfnisse zwar dieselben waren, sie diese aber nie zum selben Zeitpunkt empfanden, was das gemeinsame Leben unerträglich machte. Sie haben beschlossen, sich zu trennen, Arm in Arm zum Notar und Scheidungsrichter zu gehen, als gute Freunde, die sich schätzen und respektieren. Sie haben mir später erzählt, dass sie sich mindestens einmal in der Woche treffen, um ihre Freundschaft zu pflegen und das Vertrauen und die Offenheit zu genießen, von der sie immer geträumt hatten, die sie unter demselben Dach aber nie erreichen konnten.

Es ist oft schwierig, in Ruhe und in gegenseitiger Wertschätzung festzustellen, dass wir nicht einer Meinung sind. Unterschiede und Meinungsverschiedenheiten werden oft als Bedrohung empfunden.

2. *Nicht-verbale Kommunikation beobachten (wie der Seufzer von Thierry in diesem Beispiel).* Wir sind oft stolz, und das zu Recht, auf die nuancenreichen Ausdrucksmöglichkeiten unserer Sprache. Sie ist jedoch nur ein kleiner Teil unserer Kommunikation. Experten zufolge machen die nicht-verbalen Signale beinahe 90 Prozent unserer Kommunikation aus, nur etwa zehn Prozent werden der gesprochenen Sprache zugerechnet! Wenn wir uns dessen bewusst sind, können wir verstärkt auf unsere eigene Körpersprache (Tonfall, Sprechgeschwindigkeit, Gesichtsausdruck und Körperhaltung) und die des anderen achten. Denken sie nur daran, welche Wirkung ein einziger vorwurfsvoller oder anerkennender Blick einer Ihnen nahestehenden Person (Eltern, Partner, Chef, Lehrer) haben kann!

In der Schule hatten wir einen Lehrer in Latein und Französisch, den wir sehr schätzten, vor allem wegen seines Humors und seines Redetalents. Wenn er uns einmal im Monat ankündigte, dass er wegen einer Sitzung zehn Minuten später zur ersten Unterrichtsstunde nach der Mittagspause kommen würde, sagte er uns mit verschwörerischer Miene: „Wenn ich komme, höre ich nichts als ohrenbetäubende Stille!" Wir liebten sein Wortspiel, das unsere kleinen grauen Zellen anregte und in uns die Lust weckte, die Feinheiten der Sprache zu lernen. Aus Zuneigung und Respekt befolgten wir seine Anweisung. Wenn er von seiner Sitzung zurückkam und von hinten den Klassenraum betrat, lief er bis zur Tafel ohne ein Wort zu sagen, sah uns mit einem anerkennenden Blick an, eine Hand hinter dem Ohr, um zu zeigen, dass er keinen Ton hörte, mit der anderen Hand Zeigefinger und Daumen zu einem Kreis formend, um uns mitzuteilen, dass er die „Qualität der Stille" schätzte. Am Pult angekommen, begann er ohne Umschweife mit dem Unterricht. Wir benötigten kein weiteres Zeichen der Anerkennung für unser Bemühen. Ich war jedes Mal amüsiert über dieses kleine Ritual, aber noch viel mehr beeindruckten mich die Würde und der Ernst, die er ohne Worte durch seine bloße Anwesenheit ausstrahlte.

2. Wie wir erkennen, was wirklich in uns vorgeht

Ich liebe die nicht, die es sich als Verdienst anrechnen, wenn sie mühselig ihr Werk geschafft haben. Denn wenn es mühselig war, hätten sie besser anderes getan.
Freude zeigt an, dass eine Arbeit mir eigen ward, und die Echtheit meiner Wut, Nathanael, ist mir die wichtigste Wegweisung.

André Gide[5]

2.1 Nur wer bis zur Erschöpfung arbeitet, hat etwas geleistet

In einem meiner Workshops stellte sich einmal ein Teilnehmer mit den Worten vor:

– Ich habe keine Gefühle, und schon gar keine Bedürfnisse. Meine Frau dagegen hat Gefühle und Bedürfnisse, meine Kinder und mein Chef auch, aber ich – nichts. Aufgaben, ja, und Verpflichtungen, das kenne ich gut.
– Und was bewirkt das bei Ihnen, wenn Sie das feststellen?
– Das macht mich traurig.
– Sehen Sie, Sie können doch ein Gefühl empfinden: Traurigkeit.
– Oh ja!
– Und warum macht Sie das traurig?
– Weil ich auch gerne so leben möchte, es wirkt viel lebendiger.
– Sehen Sie, Sie können auch Grundbedürfnisse benennen: etwas mit den anderen gemeinsam haben und das Bedürfnis, lebendiger zu sein.
– Sie haben Recht, sagte er mit Tränen in den Augen, ich habe mich so oft sagen hören, dass ein Mann nicht weint, dass man

seine Gefühle unterdrückt und dass man seine Pflicht erfüllt. Schließlich habe ich mir nicht einmal mehr den Gedanken erlaubt, dass ich mich nach etwas sehnen könnte, einen persönlichen Wunsch haben könnte.

Auch wenn wir uns dessen oft nicht bewusst sind, können wir nicht völlig ohne Gefühle sein. Auch wenn wir glauben, dass wir ausschließlich auf die Bedürfnisse der anderen hören, können wir nicht völlig ohne eigene Bedürfnisse sein. Im Gegenteil, wir verbringen den größten Teil unserer Zeit oder vielleicht unsere ganze Zeit mit dem Versuch, unsere Bedürfnisse zu befriedigen, die wir gar nicht wahrnehmen.

Wenn wir meinen, wir würden ausschließlich auf die Bedürfnisse der anderen achten und nicht auf unsere eigenen, merken wir einfach nicht, dass wir eines der stärksten und am weitesten verbreiteten menschlichen Bedürfnisse befriedigen: sich um andere zu kümmern, zu ihrem Wohlbefinden beizutragen.

Die alte und unselige Gewohnheit des Schwarz-Weiß-Denkens verführt zum Glauben, sich um sich selbst zu kümmern bedeute, sich nicht mehr um die anderen kümmern zu können; und viele meinen, man müsse sich selbst aufgeben, um sich um andere kümmern zu können.

Warum sollte es sich widersprechen, sich um sich selbst *und* um andere zu kümmern? Wenn ich an die vielen Menschen denke, die ihre Selbstaufopferung mit ihrer eigenen Person bezahlt haben oder die andere dafür bezahlen lassen, werde ich sehr traurig. Diese Traurigkeit zeigt mir, was ich mir am meisten wünsche: Menschen sollten sich eine andere Aufgabe suchen, wenn sie sich nicht aus eigener Freude daran und wegen ihres eigenen Wohlergehens um ihre Mitmenschen kümmern.

Wie viele Menschen, insbesondere in Lehr- und Pflegeberufen (Lehrer, Sozialarbeiter, Erzieher, Ärzte, Krankenschwestern und Krankenpfleger, Therapeuten), haben selbstvergessen andere gepflegt und bis zur Erschöpfung gearbeitet, bis zur Depression. Sie richten oft eine solche Gewalt gegen sich selbst, um „es gut zu machen“, dass sie nicht mehr in der Lage sind, einfach nichts zu tun. Sie haben sich so sehr von sich selbst abgewandt, dass ihre Energie, ihre Lebenskraft erschöpft ist, die Feder überdreht ist – und manchmal führt das Leben sie durch einen Schock (Depression, Unfall, Trauerfall, Verlust des Arbeitsplatzes) zu sich selbst zurück. Die Bereiche in uns, die nicht beachtet werden, bringen sich uns mit Kraft wieder in Erinnerung. Genauso ruft die unterdrückte Gewalt uns selbst gegenüber, oft völlig unbewusster Art, eine gewaltsame Reaktion des Lebens hervor. Wenn wir „in der Gewalt leben", uns selbst oder dem Leben gegenüber (zu hohe Ansprüche, Kontrolle, Überbelastung, Schuldkomplexe), laufen wir Gefahr, eine gewaltsame Reaktion des Lebens hervorzurufen (Unfall, Krankheit, Depression).

Andere Menschen lassen auch unbewusst andere für diese Selbstaufgabe bezahlen. Wie viele Menschen, die im sozialen Bereich arbeiten, sind so überbeansprucht, dass sie dabei ihre innere Bereitschaft, ihren Humor und ihre Menschlichkeit verlieren und schließlich, trotz ihres guten Willens, mehr Schaden anrichten als Gutes tun? So kann im medizinischen Bereich eine Vernachlässigung der Aufgaben, ein Nachlassen der Aufmerksamkeit die Folge körperlicher Erschöpfung sein; im schulischen Bereich kann die Überlastung durch zu viele Ansprüche dazu führen, dass ein Schüler, der besondere Aufmerksamkeit benötigt, abgelehnt oder ignoriert wird.

Aus meiner fast zehnjährigen Erfahrung als ehrenamtlicher Mitarbeiter in einer Vereinigung, die sich um Jugendliche mit unterschiedlichen Abhängigkeiten wie Kriminalität, Magersucht, Depression, Prostitution kümmert, kann ich zwei Dinge bezeugen:

- Um selbst zu überleben ist es dringend notwendig, genau zu unterscheiden, ob man sich um jemanden kümmert oder für jemanden Verantwortung übernimmt. Ich werde später darauf zurückkommen.
- Die einzige Möglichkeit, sich dauerhaft und angemessen um irgend etwas oder irgend jemanden zu kümmern, besteht meiner Ansicht nach darin, selbst eine tiefe Freude bei allem

> zu empfinden, was man für diese Person tut. Wenn auch nur ein Teil von uns nur aus Pflicht handelt, sich aufopfert, weil „es sein muss“ und eine Verpflichtung empfindet, einen Zwang, ein Schuldgefühl, frisst dieser Teil die restliche Energie und Lebenskraft und rächt sich früher oder später. Er manifestiert sich als Zorn, Auflehnung oder Depression.

In diesem Zusammenhang erinnere ich mich an jemanden, der mich anlässlich einer Reise mit etwa dreißig Jugendlichen in die Sahara ansprach.

– Im Grunde haben Sie viel Spaß auf diesen Reisen, es ist also keine große Leistung!
– Beschäftigt Sie das, weil Sie sich gern versichern würden, dass wir uns gut um die jungen Leute kümmern, mit denen wir unterwegs sind?
– Ja, denn Sie gehen deswegen, weil es *Ihnen* Spaß macht.
– Fällt es Ihnen schwer, sich vorzustellen, dass man *gleichzeitig* sich selbst und anderen eine Freude machen kann, dass man sich um sein eigenes Wohlergehen und *gleichzeitig* um das der anderen kümmern kann?
– Ich halte das in der Tat für unvereinbar: entweder kümmere ich mich um mich oder ich kümmere mich um die anderen und vergesse mich selbst.
– Und was empfinden Sie, wenn ich Ihnen sage, dass es mir beim Organisieren der Reise besonderen Spaß macht, dass ich *gleichzeitig* mein Bedürfnis nach Entdeckung, Weite, Erforschen befriedige *und* mein Bedürfnis, andere an dem teilhaben zu lassen, was ich liebe, indem ich zum Wohlergehen der anderen beitrage und sie mit auf das Abenteuer nehme?
– So habe ich die Dinge noch nie gesehen. Es ist neu für mich und ich bin wirklich erleichtert, dass ich mich von diesem Gegensatz befreien kann.
– Es ist nicht nur erleichternd, es mobilisiert auch alle meine Energien gleichzeitig. Ich gebe mich mit Haut und Haaren diesem Abenteuer hin, ich engagiere mich mit meiner ganzen Energie. Nicht ein Zipfelchen von mir sagt: Na gut, ich würde

gerne zu Hause bleiben und gemütlich beim Kamin in einem Buch lesen oder ich würde lieber mit Freunden zum Wintersport fahren. Nein. Ich habe keine gegensätzlichen Bedürfnisse, dessen bin ich mir bewusst, ich bin ganz bei der Sache und die Jugendlichen spüren meine Bereitschaft und die Freude, die aus dieser inneren Einheit entsteht. Das weckt in ihnen ihr eigenes Bedürfnis nach Einheit, Energie, Engagement, nach Lust am Leben.

Aber kommen wir zu den Bedürfnissen zurück. Wir können uns also völlig von unseren Gefühlen und unseren Bedürfnissen abwenden, das heißt, uns selbst verbieten, sie zu empfinden, auf sie zu hören und sie gut „einbetonieren". Wir können jedoch nicht völlig ohne Gefühle oder Bedürfnisse sein, auch wenn wir uns dessen oft überhaupt nicht bewusst sind. Dieses Bewusstsein ist aber wichtig und ich glaube immer mehr, dass bewusstes Empfinden und Sichmitteilen das ist, was am tiefsten unser menschliches Wesen am Leben hält. Genauso hängt unser innerstes und wesentlichstes Wohlbefinden von der Qualität der Beziehung zu uns selbst, zu unseren Mitmenschen und den Dingen ab, die uns umgeben.

Empfinden wir nicht dann das tiefste Glück, wenn wir mit uns selbst und den uns nahestehenden Menschen klar und deutlich kommunizieren, wenn wir im Einklang sind mit uns selbst und mit denen, die wir lieben, wenn die Beziehungen von gegenseitiger Wertschätzung und Vertrauen geprägt sind? Empfinden wir nicht umgekehrt dann den größten Schmerz, wenn wir nicht mehr klar sehen, was wir wirklich wollen, wenn wir uns von uns selbst getrennt fühlen, wenn wir in einer Beziehung nicht mehr klar sehen, wenn wir uns von einer Person, die wir lieben, wie durch eine Mauer getrennt fühlen? Somit hängt unser Glück, unser Wohlbefinden nicht von dem ab, *was* wir besitzen, oder dem, *was* wir machen, sondern *wie* wir unsere Beziehung zu anderen Menschen, Aktivitäten und Dingen *leben*.

Seitdem ich versuche, die Schwierigkeiten des Lebens zu verstehen und einen Sinn darin zu finden, stelle ich fest, dass die Menschen, die ein tiefes Wohlbefinden ausstrahlen, die Freude am Leben haben, diejenigen sind, die sich nicht um immer mehr Aktivitäten bemühen, um immer mehr Besitz, um immer mehr Kontakt, sondern um die Qualität der Beziehungen zu den Menschen, Dingen und Aufgaben, und die dabei mit der Qualität der Beziehung zu sich selbst beginnen. Diese Menschen suchen nicht danach, ihr Leben mit Aktivitäten oder Begegnungen auszufüllen, sondern ihre Beziehungen und ihre Aktivitäten mit Leben zu erfüllen.

Ich glaube daher, dass unser wahrer Reichtum, unser wahres Erbe, die Quelle tiefer und dauerhafter Freude genau darin besteht – in unserer Fähigkeit, tiefe, dauerhafte und erfüllte Beziehungen zu uns selbst, zu unseren Mitmenschen und der Welt um uns herum aufzubauen. Dies ist die offensichtlichste Sache und zugleich die schwierigste! Und aus guten Gründen:

■ **1.** *Wir haben in der Tat selten einen Bezug zur Realität, „wie sie ist“,* wir haben meistens einen Bezug zu dem, was wir für die Realität halten, oder genauer, was wir befürchten.

■ **2.** *Unsere Reaktionen basieren oft viel mehr auf unseren Eindrücken, unseren Annahmen und unseren Vorurteilen,* als auf dem, was wir wirklich und persönlich empfinden, weil wir uns selbst nicht angemessen zuhören. Wir werden also sehen, wie wir auf unsere eigenen Gefühle hören können, die uns zu uns selbst führen. Dazu müssen wir sie unterscheiden von den Gefühlen, die eine Schuldzuweisung, einen Vorwurf oder eine Kritik gegenüber dem anderen enthalten.

■ **3.** *Wir handeln aufgrund von äußeren Kriterien:* Gewohnheiten, Traditionen, auferlegter oder eingebildeter („ich glaube, ich müsste“) Zwang, die Angst vor dem Blick des anderen (sozialer Druck), wobei „der andere“ die Eltern, der Partner, die Kinder, das soziale oder berufliche Umfeld, oder, einfacher, der Teil von uns selbst sein kann, den wir nicht gut kennen, der uns nicht vertraut ist und von dem wir befürchten, er könne uns verurteilen oder anklagen. Wir werden sehen, wie wir unsere Grundbedürfnisse wahrnehmen, identifizieren, unterscheiden und Prioritäten festlegen können.

■ **4.** Weil wir unsere eigenen Bedürfnisse nicht unverkrampft und flexibel verstehen und steuern können, und wir deswegen auch die Bedürfnisse der anderen nicht unverkrampft und flexibel verstehen und steuern können, *verzichten wir schließlich oft auf unsere Bedürfnisse, um anderen einen Gefallen zu tun,* um „nett zu sein“. Und wenn wir es dann satt haben, immer nett zu sein oder weil wir beunruhigt sind, dass unsere Bedürfnisse nicht anerkannt werden, *bürden wir unsere Bedürfnisse den anderen auf* oder wir erwarten von den anderen, dass sie unsere Bedürfnisse erraten, die wir selbst nicht einmal formuliert, geschweige denn identifiziert haben. Und wenn sie diese Erwartung nicht erfüllen, machen wir ihnen Vorwürfe oder verurteilen sie.

Wir werden sehen, wie man klare und präzise Bitten formulieren kann, so dass unsere Bedürfnisse im Alltag konkret werden *und* die Bedürfnisse des anderen berücksichtigt werden. Wir wollen in diesem Kapitel so weit wie möglich ein Bewusstsein dafür entwickeln, was auf jeder der folgenden Stufen in uns vorgeht:

Beobachtung: Wir reagieren auf etwas, das wir beobachten, hören oder das wir uns einbilden.

Gefühl: Diese Beobachtung weckt in uns ein Gefühl oder mehrere Gefühle.

Bedürfniss: Diese Gefühle teilen uns etwas über unsere Bedürfnisse mit.

Bitte: Wenn uns unsere Bedürfnisse bewusst sind, können wir eine Bitte formulieren oder konkret handeln.

Es ist wichtig, dass wir nicht alles mit dem Kopf entscheiden. Ich stelle mir vor, dass wir zu unserem Intellekt sagen: „Danke für deine guten Dienste, ich brauche dich oft (um die Rechnung im Restaurant zu überprüfen, meine Steuererklärung zu machen, einen Vertrag aufzusetzen, eine Situation zu analysieren, mein Budget zu verwalten), aber nicht immer. Ich will nicht, dass du über mein ganzes Leben bestimmst, alle meine Entscheidungen wie von einem Kontrollturm aus regelst. Ich möchte auch meiner Intuition vertrauen können, auf meine Gefühle hören, auf meine Bedürfnisse unverkrampft und mit Respekt reagieren können. Im Grunde *habe ich das Bedürfnis, mich integer und versöhnt mit mir selbst zu fühlen, ich will nicht innerlich geteilt sein, hin- und hergerissen zwischen meinem Kopf und meinem Herzen.* Ich will kein Gehirn auf zwei Beinen sein!"

2.2 Beobachten – ohne zu urteilen oder zu interpretieren

Für den indischen Philosophen Krishnamurti war die Fähigkeit, zwischen der Beobachtung einer Tatsache und deren Interpretation zu unterscheiden, eines der höchsten Stadien menschlicher Intelligenz. Dies ist sicher eine sehr schwierige und ungewöhnliche Aufgabe: zwischen der Tatsache an sich und dem Gefühl, das sie in uns hervorruft, zu unterscheiden. Oft färbt unsere Wahrnehmung die Tatsachen. Unsere Interpretation der Fakten nimmt die Farbe der Ängste, der Hoffnungen, der Projektionen an, die wir in uns tragen. Wir haben keinen echten Bezug zur Realität, also zur Wahrheit der Tatsachen, sondern zu unseren Sorgen, unserer Interpretation, den mehr oder weniger fiktiven Vorstellungen, die wir uns von der Realität machen. Wir sind in der Lage, unser ganzes Leben davon bestimmen zu lassen, alle unsere Einstellungen, Überlegungen von einem subjektiven Wahrnehmen der Realität; und dies, ohne zu ahnen, in welches Unglück der Verwechslungen und Missverständnisse diese Einstellung führen kann.

Ich möchte Sie dazu einladen, aus dieser Falle der Interpretation und der Projektion zu entkommen und die Tatsachen auf ihren Wahrheitsgehalt zu überprüfen.

Ich mache folgende Beobachtung (jedenfalls glaube ich das): „Ein guter Freund ist seit Tagen beleidigt." Ich laufe Gefahr, ihm dieses Verhalten übel zu nehmen, verärgert zu sein oder meinerseits beleidigt zu sein. Ich mache mir schreckliche Sorgen, die in keiner Weise begründet sind. Aufgrund einer Interpretation bringe ich also einen Prozess, eine Kette der Gewalt in Gang.

Was weiß ich im Grunde davon, ob er beleidigt ist? Vielleicht ist er traurig oder macht sich um ganz andere Dinge Sorgen, vielleicht hat er eine Migräne-Attacke. Aber weil mich dieses Verhalten traurig macht oder beunruhigt, beschließe ich, dass er beleidigt ist, ohne mir Mühe zu geben, bei ihm nachzufragen, ob das stimmt. In meinem Kopf läuft ein Film ab, der völlig von der Realität losgelöst ist. Dieses „Kino im Kopf" birgt zwei Gefahren: 1) Ich gebe mich unnütz meinen Stimmungen hin, was meine ganze Energie verbraucht; 2) ich laufe Gefahr, den anderen anzugreifen und selbst Gewalt zu verursachen. Ich könnte tatsächlich auf ihn zugehen und ihm etwas sagen wie: „Ich habe es satt, dass du so beleidigt bist." Worauf der andere antworten könnte: „Aber nein, ich bin nicht beleidigt." – „Und ob du beleidigt bist!" – „Keineswegs." Oder, was auch häufig vorkommt: „Klar bin ich beleidigt und das natürlich deinetwegen." Und wir laufen Gefahr, wie bei einem Ping-Pong-Spiel den Ball der Argumentation hin- und herfliegen zu lassen: „Du hast nicht Recht, ich habe Recht" – „Und ob ich Recht habe" – „Nein" – „Doch", und dies ist oft der Beginn der Spirale der Gewalt.

Der Kernpunkt der gewaltfreien Methode ist, so neutral wie möglich zu beobachten: Erhebung der Tatsachen (was wurde gesagt, Körperhaltung, Gesichtsausdruck, Tonfall), als ob es sich um eine Filmaufnahme handeln würde. Wir müssen also sehr darauf achten, in welcher Form wir die Kommunikation mit dem anderen beginnen.

Anmerkungen

Hier ist eine vereinfachte Beschreibung des Vorgangs, um das Verständnis zu erleichtern.

1. *Ich beobachte*, dass mein Freund während des Mittagessens kein Wort gesagt hat. (Bb)

2. Diese Beobachtung ruft in mir *ein Gefühl* hervor: Ich fühle mich besorgt und hilflos. (G)

3. Dieses Gefühl zeigt mein *Bedürfnis* an: Ich habe das Bedürfnis zu wissen, wenn etwas nicht stimmt, ich will es verstehen und wenn möglich helfen. (Bd)

4. *Meine konkrete Bitte, meine Handlung:* Ich werde nachfragen, wie er sich fühlt, ob er Sorgen hat und ob ich etwas tun kann, um ihm zu helfen. (Bt).

Ich gehe also auf ihn zu und sage: „Wenn ich sehe, dass du den Raum nach dem Mittagessen ohne ein Wort verlässt (Bb), bin ich beunruhigt (G), und ich möchte gerne wissen, ob dir etwas fehlt und ob ich dir irgendwie helfen kann (Bd und Bt)."

Diese Formulierung klingt vielleicht etwas steif und ist im Alltag nicht anwendbar. Man könnte es umgangssprachlich auch so ausdrücken: „Du sagst nichts, stimmt etwas nicht?" Ich habe beobachtet, dass diese Art, ein Gespräch zu beginnen, das Thema ohne Bewertung anzugehen, ohne gleich zu interpretieren, uns offener für das macht, was uns der andere zu sagen hat. Darüber hinaus fordert es den anderen auf, das zu sagen, was er wirklich empfindet, ohne Kritik befürchten zu müssen.

Ein anderes Beispiel, das ich oft mit Schulkindern durchspiele: Stellt euch vor, ihr wärt ein zwölfjähriger Schüler, kommt um 16 Uhr von der Schule nach Hause, es regnet, der Bus hatte Verspätung und eure Mutter empfängt euch mit den Worten:

– „Jetzt hör mal zu, immer lässt du deine Schuhe im Treppenhaus rumstehen, deine Jacke hast du schon wieder aufs Sofa geworfen und deine Tasche liegt mitten im Wohnzimmer! Als ob du der einzige in diesem Haus wärst! Räum deine Sachen auf und zwar schnell! Und übrigens: In deinem Zimmer sieht es aus, als hätte eine Bombe eingeschlagen, da räumst du auch sofort auf!" Wie fühlt ihr euch jetzt?

Von den Schulkindern erhalte ich meistens die beiden folgenden Reaktionen:

– Ha, wenn sie mich so anmotzt, mache ich es bestimmt nicht, sondern ich werde immer wütender und motze zurück, und dann sind wir beide den ganzen Nachmittag lang beleidigt.

– Na ja, ich habe keine andere Wahl, ich werde meine Sachen aufräumen, aber ich knalle aus Rache sämtliche Türen zu, stampfe die Treppe bis zu meinem Zimmer hoch und drehe meine Musik (die sie nicht ausstehen kann) voll auf.

Ich schlage eine andere Formulierung vor. Die äußeren Umstände sind dieselben, es ist 16 Uhr nachmittags, es regnet, der Bus hatte Verspätung und eure Mutter empfängt euch mit diesen Worten:

– Wenn ich deine Schuhe im Treppenhaus, deine Jacke auf dem Sofa und deine Tasche mitten auf dem Wohnzimmerteppich sehe (Bb), bin ich traurig und entmutigt (G), weil ich mir Mühe gebe, für Ordnung im Haus zu sorgen und ich mir Respekt für meine Arbeit und Mithilfe wünsche. Ich brauche es, dass ihr meine Arbeit anerkennt und mithelft, das Haus in Ordnung zu halten. Ich möchte wissen, ob du einverstanden bist, deine Sachen jetzt aufzuräumen (konkrete und verhandelbare Bitte)?

Normalerweise erhalte ich die beiden folgenden Reaktionen:

– Hey, wenn meine Mutter immer *so* um etwas bitten würde, würde ich es sofort machen.

– Warum?

– Na, weil ich es nicht ausstehen kann, wenn sie mir ohne Grund irgendetwas aufdrückt, aber wenn sie mir sagt, warum und mir die Wahl lässt, mache ich es gern. Ich mag es, wenn das Haus aufgeräumt und sauber ist, wenn ich heimkomme.

– Na ja, das klingt schon viel freundlicher als das erste Mal. Es ist schon in Ordnung, wenn das Haus aufgeräumt ist und ich bin bereit zu helfen. Aber wenn ich gerade von der Schule heimkomme, will ich zuerst mal meine Ruhe haben und etwas essen und trinken.

Also machen wir ein Rollenspiel, ich spiele die Mutter:

– Willst du damit sagen, dass du gerne aufräumen möchtest, aber dass du einen anstrengenden Tag hattest (G) und du erst einmal ein bisschen abschalten möchtest (Bd)? – Genau, ich will etwas essen und danach räume ich auf. – Ich will eigentlich nur sicher sein (G), dass du danach daran denkst und ich also nicht die Einzige bin, die auf Ordnung im Haus achtet (Bd). Kannst du das verstehen? – Ja, ja. – Wenn du „Ja, ja" sagst und dabei schon zur Küche gehst, bin ich mir nicht sicher, ob du mein Bedürfnis verstanden hast (Bd). Wärst du damit einverstanden, das zu wiederholen, was ich meine ? (Bt). – Okay, du willst sicher sein, dass ich nicht vergesse, nachher aufzuräumen und dass du nicht als einzige alle Arbeit im Haus erledigst, war's das?
– Genau, danke.

Anmerkungen

1. Kinder reagieren oft besonders sensibel auf die Art und Weise, wie ein Gespräch eröffnet wird. Sie sind noch nicht an den schroffen Umgangston, der häufig in unserem Alltag herrscht, gewöhnt. Wenn die Mutter also, wie in der ersten Version, Worte wie „du lässt immer alles rumliegen" verwendet, fühlen sie sich regelrecht dazu aufgefordert zu antworten: „Das stimmt nicht, vorgestern habe ich meine Schuhe und meine Jacke aufgeräumt und dort, wo du sagst, habe ich sie noch nie hingelegt!" Wieder beginnen wir das Wortgefecht („Nein – doch!") und laufen Gefahr, erneut Ping-Pong mit Argumenten zu spielen („es ist immer das Gleiche mit dir", „du hast mich immer auf dem Kieker", „meine Schwester kann sich alles erlauben", „du siehst immer nur meine Fehler").

Mit der neutralen Beobachtung in der zweiten Version („Wenn ich deine Schuhe im Treppenhaus und deine Jacke auf dem Sofa sehe …"), ohne Bewertung, ohne Interpretation, ohne

Vorwurf oder Kritik im Tonfall oder Gesichtsausdruck (Achtung! Das ist schwierig, nicht-verbale Signale sind sehr wirkungsvoll!) können wir das Gespräch auf eine andere Art und Weise beginnen:

– Wir können unsere Gefühle und Bedürfnisse *für den anderen hörbar ausdrücken;*
– Der andere hört uns bereitwillig zu und versucht uns zu verstehen, so dass wir gemeinsam den Weg zu einer Lösung finden können, die für *beide* befriedigend ist. Also nicht nur für die Mutter, wie dies der Fall gewesen wäre, wenn sie ihr Bedürfnis nach Ordnung erzwungen hätte, ohne auf das Bedürfnis des Kindes nach einer Atempause zu achten; und auch nicht nur für das Kind, wie es der Fall gewesen wäre, wenn die Mutter ihr Bedürfnis nach Ordnung und Mithilfe unterdrückt hätte, um „nett" zu dem Kind zu sein.

Eine Beobachtung neutral zu formulieren bedeutet nicht, dass wir unsere Bedürfnisse verdrängen. Es bedeutet, ein Gespräch so zu eröffnen, dass die Realität und die Sichtweise des anderen (die ganz anders sein kann als unsere eigene) respektiert werden. Außerdem kann ich auf diese Weise dem anderen mein Gefühl in seinem ganzen Ausmaß mitteilen, ohne zu beurteilen und ohne ihn anzugreifen.

2. Jedes Mal, wenn ich diese Übung mit Kindern mache, ist die Reaktion praktisch dieselbe. Ob wir nun Kind oder erwachsen sind, im Grunde hassen wir es, aus Zwang zu handeln. Wir haben das Bedürfnis

- zu wissen, warum wir etwas tun und
- in unseren Handlungen frei zu sein.

Der Sinn ist hier durch die Formulierung des Bedürfnisses gegeben: „Ich kümmere mich darum, das Haus ordentlich zu halten, und ich habe das Bedürfnis, dass meine Arbeit respektiert wird."

Die *Freiheit* dagegen ist durch die Bitte gewährleistet, die immer in einer verhandelbaren Form ausgedrückt wird (sonst ist es keine Bitte mehr, sondern eine Forderung, und wir verlieren die Qualität der Beziehung, die wir erreichen wollen): „Wärst du damit einverstanden, deine Sachen jetzt aufzuräumen?“ *Genau das ist das Schwierigste:* zu akzeptieren, dass der andere *nicht* einverstanden sein könnte! Erinnern Sie sich: Oft zwingen wir unsere Bedürfnisse den anderen auf, weil wir befürchten, dass sie nicht anerkannt werden: „Räum dein Zimmer jetzt sofort auf!“ Das ist keine verhandelbare Bitte, sondern eine Forderung, die dem anderen keine Freiheit lässt; der andere wird sich also unterwerfen oder sich auflehnen, aber sicher nicht aus der Freude heraus handeln, zu unserem Wohlbefinden beizutragen! Vielleicht sagen Sie: „Aber manchmal muss man Dinge erzwingen, Grenzen setzen, man kann nicht alles durchgehen lassen“, und ich erkenne Ihr Bedürfnis nach Struktur und klaren Orientierungspunkten. Wir werden diesen Aspekt später noch genauer betrachten.

An diesem Punkt kann ich sagen, dass ich noch niemanden getroffen habe, Erwachsenen oder Kind, der nicht im Grunde Gefallen daran gehabt hätte, zum Wohlergehen der anderen beizutragen, auch wenn diese Freude manchmal versteckt ist, tief in einem Winkel des Herzens verborgen, oder wenn ihn bittere Erfahrungen daran hindern, dies zu empfinden. So habe ich Jugendliche kennen gelernt, die bekannt waren für tätliche Angriffe, besonders auf ältere Personen, und die mit Tränen in den Augen von ihren kranken oder in Not geratenen Eltern oder Großeltern sprachen. Ich bin also zuversichtlich, dass wir im Großen und Ganzen alle dieses Bedürfnis haben: zum Wohlergehen des anderen beizutragen. Die Erfahrung hat mir auch gezeigt, dass dieses Bedürfnis verkümmert oder erstickt sein kann, wenn andere Bedürfnisse, die für die betreffende Person lebensnotwendig sind, nicht erfüllt werden: anerkannt werden, angenommen und willkommen sein, seinen Platz im Leben finden, um seiner selbst willen geliebt werden. Viele Abwehrhaltungen sind Ausdruck dafür, dass eines dieser Bedürfnisse nicht befriedigt wird. So weigert sich z. B. ein Kind, seine Sachen aufzuräumen, weil dies seine einzige Möglichkeit ist, sich auszudrücken, seine Andersartigkeit oder Persönlichkeit zu leben,

Aufmerksamkeit auf sich zu ziehen, mehr Beachtung zu finden als der große Bruder oder die kleine Schwester.

3. Wenn ich diese Übung mit Müttern durchführe, stelle ich fest, dass sie praktisch immer das Bedürfnis des Kindes, erst einmal abzuschalten und etwas zu essen, respektieren, *solange* ihre eigenen Bedürfnisse nach Respekt und Mithilfe bei der Hausarbeit anerkannt, geteilt und konkret berücksichtigt werden. Im Grunde wollen sie nicht unbedingt, dass sofort aufgeräumt wird, es ist vielmehr so, dass sie es einfach leid sind, die Einzige zu sein, die Schuhe, Hefte und Spielsachen vom Boden aufhebt, die sich von der Unordnung betroffen fühlt. Und meistens haben sie keinen anderen Weg gefunden, ihr Ziel zu erreichen, als es zu erzwingen.

Ich beobachte radikale Veränderungen im Ablauf der familiären oder partnerschaftlichen Systeme, sobald die Einzelnen sich bemühen, ihre jeweiligen Bedürfnisse selbstbewusst *und* unter Rücksichtnahme auf den anderen deutlich zu machen und sich dabei vergewissern, dass der andere sie verstanden hat.

4. In der Formulierung „du lässt immer alles rumliegen", die viele für eine objektive Beobachtung halten, gibt es kein einziges objektives Wort, höchstens vielleicht das „du" – und selbst dieses wird wie eine Anklage ausgesprochen.

- Das Wort „lässt" beurteilt die Haltung, anstatt das Verhalten zu beobachten: Ich habe es satt, die Sachen des anderen an diesem Platz zu sehen, wo ich etwas anderes sehen möchte. Ich denke, dass der andere sie gedankenlos hat fallen lassen, obwohl dieser vielleicht ganz glücklich und zufrieden mit dieser Lösung ist.

- Das Wort „immer" lässt denselben Überdruss erkennen. Die Sachen liegen ja nicht immer herum, und mein Gesprächspartner wird sicher die Gelegenheit nutzen, um zu erwidern: „Aber nein, gestern habe ich alles aufgeräumt." Er wird sich ärgern, dass ich ihn falsch beurteilt habe und seine gestrigen Bemühungen nicht wahrgenommen habe.

- Das Wort „alles“ ist hier nicht korrekt verwendet. Natürlich liegt nicht „alles“ herum, und der andere wird es nicht versäumen zu bemerken: „Stimmt nicht, gestern habe ich alle meine Comics aufgeräumt“, und er wird wütend sein, dass ich dies nicht entsprechend gewürdigt habe, auch wenn Spielsachen, Schuhe und Sportutensilien an verschiedenen Stellen im Haus verstreut sind.
- Ein Jugendlicher wird heftig auf das Wort „rumliegen“ reagieren. „Hey, ich lebe, ich spiele, ich erfinde, ich bin lebendig und *du* findest, dass ‚es rumliegt‘. Ihr seid doch völlig verkalkt, ihr Erwachsenen!“

Sie sehen, wie jedes Wort dieser Formulierung im anderen Widerstand, Protest und Ablehnung hervorruft. Wenn wir ein Gespräch so beginnen, versichern wir uns *nicht der Mithilfe* des anderen, denn wenn er sich von vorne herein beurteilt und kritisiert fühlt, wird er seine ganze Energie darauf verwenden, sich zu verteidigen, uns die Stirn zu bieten und ganz und gar nicht auf unsre Bedürfnisse hören. Wir neigen in unserer verzweifelten Suche nach Anerkennung dazu, bei Meinungsverschiedenheiten schnell wieder Einigkeit herstellen zu wollen, entweder durch Streiten oder Zwang oder auch durch Nachgeben.

Wenn wir im Gegensatz dazu das Gespräch mit einem neutralen Hinweis auf das Objekt unserer Sorge eröffnen (neutrale Beobachtung: Ich sehe deine Comics auf dem Wohnzimmerteppich, deine Schuhe auf dem Teppich in der Diele und deine Spielsachen auf der Treppe), informieren wir unseren Gesprächspartner über unser Bedürfnis. Und damit er es nicht als Vorwurf oder Zwang aufnimmt, demgegenüber er keine Handlungsfreiheit mehr hat, bemühen wir uns, eine Bitte zu formulieren, die offen und verhandelbar ist, zum Beispiel: „Ich bin traurig und entmutigt, weil ich Ordnung und Mithilfe bei der Hausarbeit brauche (G-Bd). Und ich möchte wissen, ob du einverstanden wärst, deine Sachen in dein Zimmer zurückzubringen (Bt).“

Bei diesem Ansatz ist unser Kopf sehr nützlich, denn wir können mithilfe unserer Intelligenz die Tatsachen auf neutrale Art wahrnehmen und somit entweder die Aufmerksamkeit des anderen für unsere Sorge wecken ohne ihn im Vorhinein zu verärgern, oder wir selbst bringen die Dinge wieder in Ordnung, ohne uns in eine mehr oder weniger paranoide Interpretation hineinzusteigern, was wir leider häufig tun, wenn ich mir diese kleine Bemerkung erlauben darf!

Die Tatsachen an sich so objektiv wie möglich zu sehen, bedeutet: Die Dinge wieder in das richtige Verhältnis zu bringen, und aus den aufgeblasenen Phantomen der Vorurteile, Annahmen und Pauschalurteile die Luft rauszulassen, da sie sonst die Tendenz haben, schnell unsere ganzen mentalen Kapazitäten einzunehmen und unsere Gespräche zu beherrschen. Wie viele Diskussionen, Besprechungen und Mahlzeiten werden damit verbracht, nicht überprüfte Tatsachen zu kommentieren, im Konjunktiv und in Projektionen zu schwelgen, oft mit negativer Tendenz, auf der Basis von bloßen Hypothesen? Wir könnten uns viele Sorgen und Energie sparen, wenn wir bereit wären, mehr über das zu reden, was wir überprüft haben, als über das, was wir nur befürchten.

Übung

Ich lade Sie zu folgender Übung ein: Beobachten Sie, ohne zu bewerten, und hören Sie *dann* auf das, was in Ihnen vorgeht – welche Gefühle und Bedürfnisse haben Sie?

Sagen Sie nicht:	Sagen Sie besser:
– Du kommst zu spät. – Es ist immer das Gleiche mit dir! Man kann sich wirklich nicht auf dich verlassen.	– Wir hatten uns für 8 Uhr verabredet, jetzt ist es 10.30 Uhr (Bb). – Ich bin verärgert und habe mir Sorgen gemacht (G).

Sagen Sie nicht:	Sagen Sie besser:
	– Ich möchte wissen, was los ist, ich brauche die Bestätigung, dass ich mich in Zukunft auf dich verlassen kann (Bd). – Wärest du damit einverstanden, jetzt darüber zu reden (Bt)?
– Ich stecke ganz tief in der Sch… Alles ist aus. Mein Leben ist ein einziges Chaos. Ich bin gerade noch gut genug, um mich vor den Zug zu werfen.	– Ich habe gerade meinen Arbeitsplatz verloren und mein Partner hat mir gesagt, dass er sich von mir trennen will (Bb). – Ich bekomme Panik, fühle mich so hilflos und wütend, wie ich es nie für möglich gehalten hätte (G). – Ich brauche unbedingt Zeit, um die Dinge wieder klar zu sehen, und ich habe das große Bedürfnis, mir selbst vertrauen zu können und zu glauben, dass ich diese Krise überstehen werde (Bd). – Ich werde mir selbst Zeit geben, das alles zu verarbeiten, bevor ich irgendeine Entscheidung treffe (Bt).
– Ich bin ein Versager. Ich kann wirklich gar nichts. Eine Niederlage nach der anderen. Ich schaffe es nie!	– Ich habe die Punktzahl, mit der ich die Prüfungen bestanden hätte, nicht erreicht (Bb). – Ich bin entmutigt und zugleich zornig (G).

Sagen Sie nicht:	Sagen Sie besser:
	– Ich habe das Bedürfnis, dass meine Bemühungen anerkannt werden *und* ich brauche die Bestätigung, dass ich wertvoll bin, auch wenn ich diesen Wert selbst noch nicht richtig kenne (Bd). – Ich werde mir Zeit geben und überdenken, ob dieses Studium wirklich zu mir passt und geeignet ist, meine Fähigkeiten zu entwickeln (Bt).
– Du bist ein Versager! Du schaffst es nie. Du taugst wirklich zu gar nichts!	– Wenn ich dein Zeugnis anschaue und die 4 in Mathematik und die 5 in Chemie sehe (Bb), … – bin ich wirklich sehr beunruhigt (G). – Ich will mir sicher sein, dass du verstehst, warum es wichtig ist, diese Fächer zu lernen, dass du Freude am Lernen hast und dass du dich in deiner Klasse akzeptiert fühlst. – und ich möchte wissen, ob du einverstanden wärst, darüber zu reden, was du diesbezüglich empfindest und dir wünschst (Bt).

Sagen Sie nicht:	Sagen Sie besser:
– Ich bin sehr emotional.	– Wenn ich ein starkes Gefühl empfinde (Bb), fühle ich mich aufgewühlt und unwohl (G) … – weil ich das Bedürfnis habe, meine Gefühle besser zu verstehen, um befriedigender damit umgehen zu können und mich selbst besser im Griff zu haben (Bd). – Wenn ich das nächste Mal ein starkes Gefühl empfinde, werde ich mir die Zeit nehmen, es innerlich zu akzeptieren und darauf zu hören, was es mir über mich selbst und über die Bedürfnisse, die dahinter stehen, signalisiert (Bt).

Mit drei Überlegungen möchte ich diesen Abschnitt schließen:

■ **1.** Die Beschreibung der Tatsachen von deren Interpretation zu trennen, ist gängige Praxis bei polizeilichen Untersuchungen und juristischen Vorgängen. Bevor die Tatsachen den Wertvorstellungen der Gesellschaft, die in den Gesetzen ihren Ausdruck finden, gegenübergestellt werden, einigen sich alle Beteiligten (Polizeibehörden, Gerichte, Täter und Opfer, Ankläger und Verteidiger, beteiligte Dritte, etc.) *zuerst* über die Tatsachen. Es wäre für uns alle sehr nützlich, daran zu arbeiten, *wie* wir beobachten. Nicht um unsere Gefühle und Bedürfnisse zu verdrängen, sondern um sie in ihrer ganzen Tragweite zu erfassen.

■ **2.** Eine Beurteilung sperrt den anderen ein, die Wirklichkeit schließt uns selbst ein. Das Urteil trennt uns von unseren

Mitmenschen, von der Wirklichkeit und von uns selbst, das Objekt wird steril verpackt, fertig für den Tiefkühlschrank der vorgefertigten Meinungen und Pauschalurteile. Wenn ich urteile, hinterfrage ich weder mich selbst noch den anderen. Im Gegenteil, ich trenne mich von meinem innersten Wesen *und* dem des anderen, indem ich mich auf meinen mentalen, vernunftorientierten Bereich beschränke. Das Urteil lähmt, lässt die Wirklichkeit erstarren. Es sperrt sie in einem ihrer Aspekte ein. Aber Leben ist Bewegung. Von den unendlich großen Bewegungen der Planeten im Weltall bis zu den unendlich kleinen Bewegungen der Atome und Elektronen, alles ist immer in Bewegung. Einzig der Mensch ist auf diesem Planeten unbeweglich, wenn er einer fixen Idee anhängt! In der Natur gibt es nichts Unveränderliches. Der Mensch hat die endgültigen Urteile erfunden! In der Natur gibt es nichts Endgültiges. Alles unterliegt dem Wechsel der Jahreszeiten, ist Übergang und Umwandlung. Sogar Berge bewegen sich. Im Grunde *ist die Veränderung das einzig Beständige*, alles andere ist vorläufig, schwankend, vorübergehend. Alles ist Prozess, alles ist Bewegung: Neumond / zunehmender Mond / Vollmond / abnehmender Mond – Frühling / Sommer / Herbst / Winter – Kindheit / Jugend / Erwachsenenalter / hohes Alter – Same / Keim / Spross / Pflanze / Blüte / Reife / Frucht / Same / Keim und ewig so weiter… Wiederholen Sie ein paar Mal laut: „Same / Keim / Spross / Schössling / Pflanze!“ Neben der abwechslungsreichen botanischen Sprechübung fühlen oder erahnen Sie vielleicht die Bewegung, den Ablauf und darin das Weben und Lösen des Lebens selbst. Sie spüren die Verbundenheit und die Kraft des Samens für den Keim, des Schösslings für die Pflanze. Fühlen Sie die Dynamik und wie der Prozess des Lebens in Gang kommt: Zwischen den beiden Ausdrucksformen, die ich im vorherigen Beispiel vorgeschlagen habe („Ich stecke ganz tief in der Sch…, ich bin gerade noch gut genug, um mich von der Zug zu werfen“ und „Ich gebe mir Zeit, um das alles zu verarbeiten, bevor ich irgendeine Entscheidung treffe“) liegt da nicht ein himmelweiter Unterschied – wie zwischen Zerstörung und Schöpfung, Ablehnung und Akzeptanz, Stillstand und Bewegung?

■ **3.** Im Grunde haben wir als Geschöpfe, die mit einem Bewusstsein ausgestattet sind a) das tiefe Bedürfnis, *in Bezug auf Dinge und unsere Mitmenschen unseren Standpunkt zu finden* und *unser Unterscheidungsvermögen* auszuüben. Mit „unseren Standpunkt finden in Bezug auf Dinge“ meine ich: wissen, wo wir stehen, ob wir etwas als positiv oder negativ empfinden, ob das, was wir erleben oder sehen, mit unseren Wertvorstellungen übereinstimmt, mit unserer Weltsicht, ob wir so weitermachen oder etwas verändern wollen und wie wir eine Veränderung bewirken können. Wir haben darüber hinaus b) das tiefe Bedürfnis nach *gemeinsamen Werten*, vor allem dem der Sinnerfüllung. Wir möchten, dass das Leben einen Sinn hat.

Um diese beiden Bedürfnisse zu erfüllen, haben wir die fatale Gewohnheit angenommen, eher mit dem Verstand zu urteilen, als die Dinge mit dem Herzen aufzunehmen. Mein Wunsch ist es, in diesem Buch aufzuzeigen, wie wir unseren Standpunkt finden können ohne zu urteilen, wie wir die Puzzleteile unserer Umgebung wahrnehmen, Werte und Prioritäten differenzieren können ohne zu kritisieren, ohne Aggressionen und Zwänge auszuüben; wie wir den Sinn finden und mit anderen teilen können, ohne einzuengen oder auszugrenzen. Der erste Schritt in diesem Prozess besteht also darin, *zu überprüfen, was passiert:* wie ist die Wirklichkeit, was sind die Tatsachen?

Eine chinesische Erzählung

Wenn wir vorschnell urteilen, ist es sehr wahrscheinlich, dass wir uns irren – um dies anschaulich zu machen, erzähle ich gerne folgende chinesische Geschichte. Sie verdeutlicht den ersten Schritt in diesem Prozess, die *Beobachtung* oder das Annehmen der Wirklichkeit, wie sie *ist* (immer im Werden) und *nicht* wie sie sich als Wunschbild oder Zerrbild meiner Ängste darstellt. Diese Erzählung trägt jedoch dem Aspekt der Gefühle, Bedürfnisse und Bitten nicht Rechnung, also der Art und Weise, *wie wir unseren Standpunkt in Bezug auf die Dinge und Ereignisse finden*, ohne sie zu beurteilen. Der alte Chinese mag vielleicht kalt und gefühllos wirken. Ich erzähle diese Geschichte trotzdem gerne, weil der alte Chinese sich nicht in eine starre und einengende Sicht der Wirklichkeit einsperren lässt. Er bleibt immer in Bewegung, in der Akzeptanz dessen, was passiert, und seine Einstellung ist im Vergleich zu derjenigen der hektischen und lärmenden Dorfbewohner gekennzeichnet von einem großen, stillen und vertrauensvollen Frieden. Hier die Geschichte, die Lao Tse[7] zu erzählen liebte:

Ein armer Chinese erregte den Neid seiner reichen Landsleute, weil er ein außergewöhnliches weißes Pferd besaß. Jedes Mal, wenn jemand ihm ein wahres Vermögen für den Schimmel bot, antwortete er: „Das Pferd ist viel mehr für mich als nur ein Tier, es ist ein Freund, ich will es nicht verkaufen."

Eines Tages war das Pferd verschwunden. Die Nachbarn versammelten sich vor dem leeren Stall und verkündeten ihre Meinung: „Armer Dummkopf, wir haben ja geahnt, dass man dir eines Tages dieses Pferd stehlen würde. Warum hast du es nicht verkauft? Was für ein Unglück!" Der Bauer äußerte sich vorsichtiger: „Wir wollen nichts übertreiben", sagte er. „Sagen wir, dass das Pferd nicht mehr im Stall steht. Das ist eine Tatsache. Wie können wir wissen, ob das ein Glück oder ein Unglück ist? Wir kennen nur ein Bruchstück der Geschichte. Wer weiß, was kommen wird?"

Die Leute machten sich über den alten Mann lustig. Sie hielten ihn schon seit langem für einfältig. Zwei Wochen später kam der Schimmel zurück. Er war nicht gestohlen worden, er war nur in die Wildnis gelaufen und brachte von seinem Ausflug ein Dutzend wilder Pferde mit. Die Dorfbewohner versammelten sich erneut:

„Du hattest Recht, es war kein Unglück, es war ein Segen."

„So weit würde ich nicht gehen", erwiderte der Bauer. „Begnügen wir uns damit zu sagen, dass das weiße Pferd wieder da ist. Können wir wissen, ob das ein Glück oder ein Unglück ist? Es ist nur eine Episode. Kann man den Inhalt eines Buches kennen, wenn man nur einen einzigen Satz liest?"

Die Dorfbewohner gingen jeder ihrer Arbeit nach, überzeugt, dass der alte Mann Unsinn redete. Zwölf schöne Pferde geschenkt zu bekommen, das war doch ohne Zweifel ein Geschenk des Himmels. Wer konnte das leugnen? Der Sohn des Bauern übernahm die Aufgabe, die wilden Pferde zuzureiten. Eines der Pferde warf ihn ab und verletzte ihn schwer. Die Dorfbewohner kamen wieder und äußerten ihre Meinung:

„Armer Freund! Du hattest Recht, die wilden Pferde haben dir kein Glück gebracht. Jetzt ist dein einziger Sohn ein Krüppel. Wer wird dir dann in deinen alten Tagen helfen? Du bist wirklich zu bedauern."

„Wir werden sehen", antwortete der Bauer, „seid nicht voreilig. Mein Sohn kann seine Beine nicht mehr gebrauchen, das ist alles. Wer sagt, was uns das gebracht hätte? Das Leben zeigt sich uns in kleinen Abschnitten und keiner davon kann die Zukunft vorhersagen."

Einige Zeit später brach Krieg aus und alle jungen Männer wurden zur Armee eingezogen, außer dem Invaliden.

„Alter Mann", klagten die Dorfbewohner, „du hattest Recht, dein Sohn kann nicht mehr laufen, aber er bleibt bei dir, während unsere Söhne im Krieg sterben werden."

„Ich bitte euch", erwiderte der Bauer, „urteilt nicht so schnell. Eure Söhne werden zur Armee eingezogen, meiner bleibt zu Hause, mehr können wir nicht sagen. Gott allein weiß, ob es gut oder schlecht ist."

3.3 Fühlen – ohne zu beurteilen oder zu interpretieren

Wenn wir jemanden, der in einer schwierigen Situation steckt, darauf ansprechen und fragen: „Wie fühlen Sie sich?", bekommen wir meistens zur Antwort: „Ich habe das Gefühl, dass ich unbedingt dies oder jenes tun sollte ... Ich habe das Gefühl, dass die Verantwortlichen dies oder jenes machen sollten ... Ich habe das Gefühl, es ist alles vermasselt ..."

Dieser Mensch antwortet mit einem Gedanken, einem Konzept, einem Kommentar, *nicht mit einem Gefühl,* obwohl die Fragestellung ihn aufforderte, sich in Bezug auf seine Gefühle zu äußern. Dieser Mensch wäre ohne Zweifel davon überzeugt, dass er Ihnen sein Gefühl mitgeteilt hat, da er seine Antwort mit „Ich habe das Gefühl, dass …" begonnen hat.

Wenn wir mehr über uns selbst erfahren wollen, wenn wir wissen wollen, was in einer Situation wirklich in uns vorgeht, sollten wir auf unser Gefühl hören und es so formulieren: „Ich fühle *mich* beunruhigt, traurig, enttäuscht." Dieses Gefühl wird uns helfen, unser Bedürfnis herauszufinden. Somit können wir in Bezug auf eine Situation oder eine Person unseren Standpunkt finden, ohne sie zu beurteilen, zu kritisieren oder unsere Verantwortung für das, was wir erleben, auf die Situation oder die Person abzuschieben. Solange wir dem anderen die Verantwortung für das, was wir erleben, zuschieben, tragen wir sie nicht selbst; solange wir ihm den Schlüssel für unser Wohlbefinden (oder unser Unglücklichsein) geben, sitzen wir in der Falle. Es ist also von Vorteil, im Sprachgebrauch aufmerksam auf Gefühle zu achten, die eine Beurteilung oder eine Interpretation dessen, was der andere sagt, macht oder ist, enthalten.

Häufig glauben wir, dass wir die Verantwortung für unser Gefühl übernehmen, wenn wir in der „Ich-Form" sprechen, nur weil wir Formulierungen verwenden, die normalerweise für Gefühle gehalten werden, wie „Ich fühle mich betrogen, verlassen, unter Druck gesetzt, abgelehnt". Sicher drücken diese Worte Gefühle aus, aber gleichzeitig tragen sie ein Bild über den anderen weiter, eine Interpretation, eine Beurteilung. Damit wird zwischen den Zeilen gesagt „du bist ein Betrüger, du manipulierst, du verlässt mich, du lehnst mich ab".

Am Ende des Buches finden Sie eine Liste mit Worten, die gewöhnlich verwendet werden, um Gefühle auszudrücken, die aber auch eine Einschätzung des anderen beinhalten. Warum machen wir diese Unterscheidung? Ich glaube, dass ihr eine Schlüsselfunktion in der gewaltfreien Methode zukommt.

Die Unterscheidung zwischen echten Gefühlen und Gefühlen, die eine Interpretation enthalten, hat zwei Vorteile.

■ **1.** Der erste Vorteil hängt mit unserem Wunsch zusammen, den Weg zu uns selbst zu finden *ohne* die Haltung des Opfers oder des Anklägers einzunehmen. Je mehr unsere Sprache – und damit unser Bewusstsein, das darin seinen Ausdruck findet – von der Abhängigkeit vom Tun des anderen befreit wird, desto mehr können wir uns unserer Bedürfnisse und Wertvorstellungen bewusst werden und sie wertschätzen lernen.

Ein Beispiel: Pierre, 36 Jahre alt, kommt zur Beratung und beschwert sich jedes Mal über die Beziehung zu seiner Partnerin.

– Ich fühle mich durch meine Partnerin immer manipuliert.
– Können Sie mir sagen, was Sie beobachten, warum bei Ihnen der Eindruck entsteht, dass Sie manipuliert werden?
– Sie sagt zu mir: ‚Du verstehst mich nie, wir sind nicht dafür geschaffen, einander zu verstehen.'
– Wenn Sie auf das Gefühl achten, das hinter diesem Eindruck der Manipulation steht, was empfinden Sie da?
– Zorn und Überdruss. Ich habe den Eindruck, dass immer ich es bin, der sie verstehen muss. Ich muss sie verstehen, sonst bin ich nichts wert. Im Grunde bin ich in ihren Augen nur etwas wert, wenn ich sie immer verstehe.
– Und wenn Sie auf die Bedürfnisse achten, die dieser Zorn und dieser Überdruss anzeigen, was nehmen Sie da wahr?
– Das Bedürfnis, respektiert zu werden, ich selbst als Person. Das Bedürfnis, so angenommen zu werden, wie ich bin und nicht, wie sie mich haben möchte.
– Ist das ein Eindruck, den Sie kennen, den Sie schon erlebt haben, nicht so angenommen zu werden, wie Sie wirklich sind?
– Natürlich, genauso habe ich mich meiner Mutter gegenüber gefühlt, ich stand vor ihr wie vor einem Richter und wurde zu Unrecht angeklagt. Ich war empört darüber, dass meine eigentliche Persönlichkeit nicht anerkannt wird und gleichzeitig war ich unfähig, sie geltend zu machen.
– Wenn Sie das in Gedanken wieder erleben, wie fühlen Sie sich dann?
– Ich habe es satt, ich bin enttäuscht.

– Zeigen diese Gefühle des Überdrusses und der Enttäuschung das Bedürfnis an, sich selbst mehr anzunehmen, sich selbst mehr Raum zu gewähren, sich zu erlauben, Ihre Persönlichkeit mehr zu leben?
– (Bewegt.) Ja, ganz genau.
– Wenn Sie den Eindruck haben, dass dies wirklich Ihre Bedürfnisse sind, schlage ich Ihnen vor, sie laut zu wiederholen, um sich die Gelegenheit zu geben, sie umzusetzen, sie innerlich schon zu leben.
– (Nach einem Moment des Schweigens): Okay, ich habe das Bedürfnis, mich selbst mehr anzunehmen, mir selbst mehr Platz zu geben und mir zu erlauben, meine Persönlichkeit mehr zu leben.

Anmerkungen

Ich schlage Personen, die ich therapeutisch begleite, sehr oft vor, ihre Bedürfnisse laut auszusprechen. Die Erfahrung hat mir gezeigt, dass eine Person, die ein Bedürfnis ausspricht, das dem augenblicklichen Erleben entspricht, entweder sagen wird:
– Das ist genau mein Bedürfnis, ich muss unbedingt nach unserem Gespräch noch darüber nachdenken, ich werde es mir aufschreiben.

Das Bedürfnis bleibt theoretisch, wie eine therapeutische Methode, die man in einem Buch oder einem Artikel liest, die man aber nie in die Praxis umsetzt.

Oder sie wird sofort einhaken und sagen:
– Aber das war schon immer so, ich sehe keinen Weg, wie sich das ändern könnte. Es gibt keine Lösung, was nützt es also, wenn ich meine Bedürfnisse herausfinde?

Damit begräbt die betreffende Person unter ihren eigenen negativen Gedanken das Bedürfnis, das gerade zu ihrem Bewusstsein aufsteigen will. Sie gibt ihm nicht einmal die Zeit, zu existieren und benannt zu werden, es wird sofort unterdrückt.

Ich achte also sehr genau auf diese beiden Risiken und bitte die jeweilige Person, in aller Ruhe ihr Bedürfnis *laut* zu formulieren, nachdem sie überprüft hat, dass es wirklich ihrem Empfinden entspricht.

Für manche ist dies eine leichte Übung, und sie empfinden dabei Freude, endlich ihre Bedürfnisse zu identifizieren und klar auszudrücken. Meistens stellt sich dabei ein Gefühl der Erleichterung, ein Wohlgefühl ein; und das Bedürfnis, das damit erfüllt wurde, ist das Bedürfnis nach Klarheit und Verstehen – eine Tür wurde geöffnet zu dem Weg, den es zu erforschen gilt. Für andere erweist sich dieser Wegabschnitt als sehr schwierig. Allein die Tatsache, Bedürfnisse zu haben und diese vor jemandem laut zu formulieren, ist für sie mit einem Tabu belastet, so dass sie sich nicht überwinden können, einen einfachen Satz wie „Ich brauche Respekt vor meiner Persönlichkeit" auszusprechen. Es ist schier unmöglich, die Worte kommen nicht über die Lippen. Die Person muss sich innerlich öffnen, was einige Sitzungen dauern kann, bis sie ihre Befangenheit ablegt und ihr Bedürfnis ausspricht, darüber spricht, es kommentiert, nuanciert – das heißt, es begreift. „Be-greifen" bedeutet: Es sich zu eigen zu machen.

Diese Momente, ob sie nun leicht oder schwierig sind, erlebe ich immer als heilige Augenblicke. Ein Mensch nimmt sein Leben wieder in Besitz, findet seine Mitte und sammelt sich, empfängt sich selbst wieder. Ist es nicht heilig für ihn, ins Leben zurückzukommen, wieder Lust am Leben zu haben, festzustellen, dass er lebt und dass das Leben ihn beseelt, dass er dem Leben zuhören und sich von ihm leiten lassen kann?

Aber kommen wir zu Pierre zurück und zur wesentlichen Unterscheidung zwischen echtem Gefühl und dem Gefühl, das von einer Interpretation gefärbt ist. Solange Pierres Bewusstsein sich ausdrückt in „Ich fühle mich manipuliert", bleibt er abhängig von seiner Einstellung seiner Partnerin gegenüber. Sie ist für sein Unglücklichsein verantwortlich. Das Wort „manipuliert" beinhaltet in der Tat die Interpretation, dass der andere manipuliert. Vielleicht gibt ihm das Verhalten des anderen allen Grund zu diesem Eindruck, das ist aber hier nicht die Frage.

Es ist interessant zu sehen, dass Pierre aus seiner anklagenden Haltung („Sie manipuliert mich, ich bin ihr Opfer") herauskommt, als er sein wahres Gefühl findet („Ich bin traurig und zornig") und damit sein Bedürfnis („Ich brauche Respekt vor meiner Persönlichkeit"). *Wenn er beginnt, wirklich von sich selbst zu reden, dann beginnt die Arbeit.* Sobald er wirklich über sich selbst spricht, kommt er voran. Der Psychoanalytiker Lacan (1901–1981) sagte einmal zu einer Patientin: „Sobald Sie mir ein Wort sagen, das wirklich aus Ihrem Innern spricht, werden Sie geheilt sein."

In der therapeutischen Begleitung, die man vielleicht als Versuch ansehen kann, den Konflikt zwischen Bewusstem und Unbewusstem zu lösen, ist es genau dieses Wort, das wir gemeinsam suchen, natürlich nicht um des Wortes selbst willen, sondern wegen des Bewusstseins, das befreit wird. So konnte Pierre sich dessen bewusst werden, was er erlebt, und anschließend mit der notwendigen Arbeit beginnen, sich von seinem Mutterkomplex zu lösen und endlich der Akzeptanz und dem Respekt für sich selbst zu öffnen. Innerhalb von zwei Jahren – in denen ich ihn therapeutisch begleitete – habe ich gesehen, wie er aus der Opferhaltung und der Alkoholabhängigkeit herausfand und zu einem selbstbewussten und verantwortungsvollen Mann wurde. Bei den Versuchen, immer wiederkehrende alltägliche Konflikte zu lösen, bietet die Suche nach dem echten Wort folgenden Vorteil: Es erhellt unser Bewusstsein für das, was um uns und in uns vorgeht und regt uns an, Verantwortung dafür zu übernehmen.

■ **2.** Der zweite Vorteil, den die Differenzierung zwischen echten Gefühlen und Gefühlen, die von Interpretation gefärbt sind, bietet, ist die Tatsache, dass unser Gegenüber uns besser verstehen kann, wenn wir Worte verwenden, die so wenig wie möglich Unbehagen, Angst, Widerstand, Argumentationen und Fluchtgedanken hervorrufen. Bedenken wir, dass unser Ziel die Qualität der gegenseitigen Begegnung ist. Wir wollen nicht nur, dass der andere unsere Worte hört, sondern dass er auch wahrnimmt, was in uns vorgeht. Umgekehrt genauso – wenn wir zuhören, wollen wir nicht nur die Worte hören, die der andere ausspricht, wir wollen wahrnehmen, was in ihm vorgeht.

Wir müssen versuchen, unsere Sprache und unser Bewusstsein von dem zu befreien, was Widerstand und Trennung hervorruft.

Wir entfernen Urteil, Interpretation, Vorwurf, Kritik, Vorurteil, Klischee, Kräftemessen und Vergleich *oder was als solches verstanden werden kann*, weil wir aus Erfahrung wissen, dass der andere *uns dann nicht mehr zuhört*, die Ohren verschließt – manchmal auf sehr höfliche Art und Weise – und seine Gegenantwort, seinen Gegenzug vorbereitet. Er sucht nicht den Kontakt mit dem, was in uns geschieht, sondern er bereitet seinen Gegenangriff oder seine Selbstverteidigung vor.

Wenn Pierre in einem klassischen Gespräch zu seiner Partnerin sagt: „Wenn du mir das sagst, fühle ich mich manipuliert …", ist die Gefahr groß, dass sie antwortet: „Stimmt doch gar nicht, ich manipuliere dich nicht. Du glaubst immer, du würdest manipuliert, das reicht mir allmählich." Was macht sie? Sie verteidigt sich, sie argumentiert, sie widerspricht. Sie hört Pierre und auch sich selbst nicht wirklich zu. Sie bleibt in ihrem mentalen, vernunftbezogenen Bereich.

Sie könnte auch so reagieren: „Aber du bist es, der manipuliert, hast du nicht gemerkt, wie du reagierst …" Was macht sie? Weil sie die Haltung von Pierre als Angriff aufgefasst hat, geht sie zum Gegenangriff über. Als Folge hört sie weder Pierre noch sich selbst weiter zu.

Nach der gewaltfreien Methode könnte Pierre Folgendes zu seiner Partnerin sagen: „Wenn du mir sagst, dass du mich nie verstehst und dass wir nicht dafür geschaffen sind, einander zu verstehen (Beobachtung), fühle ich mich mutlos und zornig (Gefühl), weil ich das Bedürfnis habe, so angenommen zu werden, wie ich bin und nicht so, wie du mich haben möchtest. Ich brauche auch Anerkennung für das Verständnis, dass ich dir regelmäßig entgegenbringe; und schließlich brauche ich Sicherheit in unserer Beziehung und die Gewissheit: Wenn ich dich nicht immer gleich verstehe oder nicht so gut und so schnell, wie du es dir wünschst (Bedürfnis), bedeutet das nicht, dass du nicht wichtig für mich bist oder für mich nicht zählst.

Ich möchte gerne wissen, was du fühlst, wenn ich dir das sage (konkrete und verhandelbare Bitte)."

Für seine Partnerin ist es weniger bedrohlich, wenn sie hört, dass Pierre mutlos und zornig ist, weil drei seiner Bedürfnisse, die er deutlich nennt, nicht erfüllt werden, und er sie ohne Beurteilung und Einschränkung bittet, ihren Standpunkt zu beziehen. Bedrohlich wirkt hingegen der Vorwurf der indirekten Manipulation, wie dies in der ersten Gesprächssituation der Fall war – die übrigens keinerlei Klarheit über das gab, was in der Beziehung wirklich passiert. Pierres Haltung lädt nun zu einem tieferen Gespräch über die grundlegenden Elemente der Beziehung ein: Respekt vor der Persönlichkeit des anderen, die Anerkennung und gegenseitige Wertschätzung für die Art und Weise, wie jeder seine Aufmerksamkeit und innere emotionale Sicherheit lebt, die somit weniger abhängig von äußeren Zeichen der Anerkennung ist.

Übung

Versuchen Sie, Ihre wahren Gefühle herauszufinden. Hier einige Vorschläge.

- Ich fühle mich verlassen (in anderen Worten: Du lässt mich im Stich).
  Wäre es nicht genauer und ehrlicher zu sagen:
  – Ich fühle mich allein und traurig, ich brauche die Gewissheit, dass ich dir wichtig bin, ich einen Platz in deinem Herzen habe, auch wenn du im Moment lieber etwas anderes machst, als Zeit mit mir zu verbringen.
- Ich fühle mich betrogen (anders gesagt: Du betrügst mich).
  Wäre es nicht genauer und ehrlicher zu sagen:
  – Ich habe Angst, ich habe wirklich Angst, ich muss unbedingt wissen, dass wir eine Vertrauensbasis haben und aufrichtig zueinander sind, dass Absprachen und Vereinbarungen eingehalten werden, und wenn das nicht möglich ist, dass wir offen darüber sprechen.

- Ich fühle mich abgewiesen (in anderen Worten: Du lehnst mich ab).

  Ist es nicht glaubhafter und informativer – für sich selbst wie für den anderen – zu hören:

  – Ich fühle mich unglücklich, enttäuscht und erschöpft (Gefühl), ich möchte meinen Platz finden (in der Partnerschaft, meiner Familie, meinem Freundeskreis, in der Gesellschaft, an meinem Arbeitsplatz) und es mir selbst zugestehen, dass ich meinen Platz einnehme; ich habe außerdem das Bedürfnis, dass die anderen verstehen, wie schwierig das für mich ist und wie sehr ich ihre Hilfe und Ermutigung schätzen würde (Bedürfnis). – Was kann ich konkret sagen oder tun, um diese Bedürfnisse zu erfüllen (Suche nach der Bitte)? Was kann ich selbst unternehmen, um die gewünschte Veränderung herbeizuführen?

  Dieses Bewusstsein hilft uns, aus der Haltung des Opfers – „Ich werde immer abgewiesen" – herauszufinden. Es wird klar, was wir selbst konkret tun können, um die Unterstützung der anderen zu erhalten, wie wir konkret vorgehen können (Bitte, Handlung), um etwas zu verändern.

- Ich fühle mich ausgeschlossen (anders gesagt: Du schließt mich aus).

  Übernehmen wir nicht für uns selbst mehr Verantwortung und bringt es nicht mehr, wenn wir folgende Gefühle und Bedürfnisse bewusst machen: „Ich fühle mich allein, hilflos und traurig. Ich brauche Gemeinschaft, Austausch und Zugehörigkeit. Was kann ich konkret unternehmen, um der Erfüllung dieser Bedürfnisse näher zu kommen? Was kann ich selbst ändern, damit diese Bedürfnisse berücksichtigt werden können?"

  Wenn wir ein echtes Gefühl äußern, das wirklich beschreibt, was in uns vorgeht, finden wir unsere Mitte und nehmen unser Leben in die Hand! Außerdem ermöglichen wir es dem anderen, sich auf das zu konzentrieren, was wir ihm über uns selbst sagen und das wahrzunehmen, was wir erleben. Wenn wir „wahrhaftig reden", fördern wir die Fähigkeit des anderen „wahrhaftig zuzuhören".

Beobachten Sie die üblichen Gespräche bei Tisch, in der Gesellschaft, am Arbeitsplatz, bei Empfängen. Sehr selten hören wir uns gegenseitig wirklich zu: Wir warten vielmehr höflich, bis wir an der Reihe sind und bereiten unseren Gesprächsbeitrag vor. Das sind aneinandergereihte Monologe. Unsere Wege kreuzen sich, aber es kommt nicht zu einer Begegnung. Ich glaube immer mehr, dass es genau das ist, worunter wir am meisten leiden. Uns fehlt die Bereicherung einer echten Begegnung. Uns fehlt sowohl die Begegnung mit uns selbst, als auch die Begegnung mit unseren Mitmenschen.

Solange wir nicht wissen, dass es das ist, was wir suchen, versuchen wir diesen Mangel auf verschiedene Weise auszugleichen: Wir werden zu Workaholics, stürzen uns in Liebesabenteuer, lassen den Terminkalender überquellen, wir konsumieren, besitzen, verführen, wir betäuben uns mit Alkohol, Drogen, Medikamenten, Sex oder Spielsucht, wir verstecken uns hinter Verantwortlichkeiten, Pflichten, Konzepten und Vorstellungen. Manchmal warten wir verzweifelt auf ein Wunder, in einem therapeutischen Workshop, auf einer Reise ans Ende der Welt, bei einer spirituellen Erfahrung, bis wir wie die Hauptfigur in „Der Alchimist“ von Paolo Coelho[8] entdecken, dass wir auf unserem eigenen Schatz sitzen, dass unser Schatz im Herzen der Begegnung mit uns selbst zu finden ist, in uns selbst und in unserem Gegenüber, dass es kein anderes Gut, keine andere Macht zu besitzen, kein anderes Rauschmittel, kein anderes Wunder zu bestaunen gibt als die Begegnung. Alles im Universum ist Kreisen und Begegnung. Das ist die schöpferische Bewegung. Solange wir in dem trennenden Schwarz-Weiß-Denken verharren (Ich verlasse dich, um mich um mich selbst zu kümmern, ich wende mich von mir selbst ab, um bei dir zu sein), werden wir die Erfahrung der Trennung machen, der Teilung und damit die Erfahrung des Mangels. Wenn wir uns bemühen, ergänzend zu denken, können wir mehr und mehr die Einheit durch die Verschiedenheit hindurch erfahren, mit der Universalität von der Individualität aus in Verbindung treten.

Kommen wir zu den Gefühlen zurück. Wenn Sie Ihre Gefühle beschreiben, empfehle ich Ihnen, sehr genau auf Ihre Absicht zu achten. Was ist meine Motivation? Den anderen geschickt dahin zu bringen, dass er das tut, was ich möchte oder mich so zu verhalten, dass wir aufeinander wohlgesonnen zugehen? Hüten wir uns vor der emotionalen Manipulation!

Eine andere alte und fatale Gewohnheit veranlasst uns oft dazu, unsere Gefühle zu verwenden, um den anderen zu kontrollieren oder Macht über ihn auszuüben: „Ich bin traurig, wenn du schlechte Noten in der Schule hast", „Ich bin zornig, wenn du dein Zimmer nicht aufräumst", „Ich bin enttäuscht, wenn ich dein Zeugnis sehe", oder noch stärker: „Du enttäuschst mich sehr", „Du entmutigst mich völlig", „Du machst mich ganz fertig".

Diese Vorgehensweise gibt keinen Aufschluss über unsere Bedürfnisse und lässt den anderen die ganze Last unseres Gefühls tragen: Wir machen unser Glück von unserem Gegenüber abhängig und wir geben ihm deutlich zu verstehen, dass er für unser Wohlergehen verantwortlich ist und sich gefälligst schuldig zu fühlen hat, wenn es uns schlecht geht. Indem wir das tun, schieben wir die Verantwortung für das, was in uns vorgeht, ab und übertragen dem anderen die übergroße Macht, über unser Glück oder Unglück zu bestimmen. Wir geben ihm die Fernbedienung für unser Glück in die Hand. Der andere macht „klick" und wir ändern unsere Stimmung nach seinem Gutdünken.

Ein Gespräch zwischen Mutter und Kind

■ **1.** Klassische Version. „Ich bin traurig, wenn du deine Sachen nicht aufräumst." Das bedeutet für die Mutter: „Wenn mein Kind aufräumt, bin ich zufrieden. Wenn es nicht aufräumt, bleibe ich traurig." Ich gebe also meinem Gegenüber die *Macht*, mich weiter traurig sein zu lassen oder mich froh zu machen: aber nicht die *Freiheit,* etwas anderes zu tun oder auf eine andere Art. Anders gesagt, ich treibe ein Spiel um emotionale Macht, eine Zwangsbeziehung ohne Freiheit.

Wenn das Kind nicht gerade dasselbe Bedürfnis wie seine Mutter nach Ordnung empfindet, kann es sich nur sagen: „O je, Mama ist traurig. Ich will, dass sie zufrieden ist, also mache ich, was sie sagt, auch wenn ich den Grund nicht verstehe, auch wenn ich den Grund nicht gut finde und auch wenn ich wirklich überhaupt keine Lust dazu habe." Am Ende dieser Konditionierungskette lernt das Kind die Anpassung und Überanpassung an den Wunsch des anderen, missachtet aber seine eigenen Bedürfnisse.

Das Kind könnte sich auch sagen: „Das geht mich doch gar nichts an, das sind doch meine Sachen. Ich mache, was ich will und ich werde nie aufräumen, wenn man mich dazu zwingt." Am Ende dieser Kette lernt es die systematische Rebellion, die automatische Missachtung jeglicher Anweisung.

■ **2.** Gewaltfreie Version. „Wenn ich deine Hefte auf dem Tisch sehe und deine Kleider auf dem Boden (neutrale Beobachtung, um den anderen ohne Bewertung darauf hinzuweisen, worüber gesprochen wird), bin ich verärgert, weil ich Hilfe brauche, um den Tisch für das Essen zu decken (Bedürfnis) und ich möchte wissen, ob du einverstanden bist, deine Sachen aufzuräumen (konkrete und verhandelbare Bitte)."

Die Mutter ist verärgert, *weil sie ein Bedürfnis hat, das nicht erfüllt wird, nicht wegen des Kindes*. Sie teilt dem Kind dieses Bedürfnis mit und sagt ihm auch den Grund für ihre Verärgerung, ohne es damit zu sehr zu belasten, und formuliert dann eine verhandelbare Bitte, die ihm Freiheit lässt.

Das Kind dagegen hat die Möglichkeit oder die Freiheit, seinen Standpunkt in Bezug auf das geäußerte Bedürfnis zu beziehen und kann sagen:

– Ja, ich bin einverstanden und räume auf.
– Nein, ich bin nicht einverstanden, weil ich es nachher machen möchte oder es nicht tun möchte und lieber meinen Bruder darum bitten möchte.

Vielleicht zweifeln Sie an der Wirksamkeit dieses Gesprächs und sagen zum Beispiel: „Mit meinem Sohn ist das unmöglich – wenn ich keinen Druck mache, erreiche ich nichts ...“ Wenn das der Fall ist, überprüfen Sie innerlich 1) Ihr Gefühl: Sind Sie diese Situation nicht leid? und 2) Ihr Bedürfnis: Würden Sie es nicht schätzen, wenn die anderen Ihre Werte (zum Beispiel Ordnung) und Bedürfnisse teilten, ohne dass sie automatisch damit Widerstand hervorrufen und den anderen widersprechen müssten?

Gehorchen und Verantwortung übernehmen ist nicht dasselbe.

Indem wir das Bedürfnis nennen, werden wir uns zum einen über uns selbst klar und übernehmen vollständig die Verantwortung für das, was wir erleben. Andererseits teilen wir unserem Gegenüber mit, was in uns vorgeht und respektieren dabei seine Freiheit und seine Verantwortung. *Wir fordern ihn auf, Verantwortung zu übernehmen, nicht zu gehorchen.* Wir laden ihn ein, in Verbindung mit sich selbst zu sein und dabei immer in Verbindung mit uns zu sein.

Als eine Teilnehmerin an einem Kurs sah, mit welcher Sorgfalt ich darauf beharrte, dass wir das echte Gefühl ausdrücken und unser eigenes Bedürfnis wahrnehmen und es dem anderen in Form einer verhandelbaren Bitte mitteilen, sagte sie mir folgendes:
„Ich hatte gedacht, dass ich gelernt hätte, nicht autoritär zu sprechen, dass ich durch Lesen und Diskussionen gelernt hätte ‚Ich-Botschaften‘ zu senden, und ich dachte, ich hätte somit gelernt, einfach nur von mir zu reden, weil ich nicht ‚du‘, sondern ‚ich‘ sagte. Aber das ‚ich‘ erlaubte mir, dem anderen mit gutem Gewissen meinen ganzen Mülleimer an Frustrationen ins Gesicht zu kippen. So sagte ich zum Beispiel zu meinem Partner: ‚Ich bin völlig erschöpft, weil du dich nicht um deine Kinder kümmerst ... Ich bin am Ende, weil du mir kein bisschen hilfst ... Ich habe es satt, dass du nie da bist.‘ “
Er hatte dieselben Bücher gelesen und antwortete mir:
„Aber mein Schatz, sprich mit mir in der *Ich*-Form, erzähl mir, was du empfindest, was du dir wünschst.“

Darauf ich:
„Aber das mache ich doch, ich sage dir, dass ich finde, dass du zu oft fort bist, dass du mir mehr helfen solltest, dass sich endlich etwas ändern muss ..."
Und er:
„Aber ich helfe dir doch. Außerdem bleibt mir nichts anderes übrig bei meinem Job. Du beklagst dich immer."

„In diesem Gespräch (Dialog kann man es wirklich nicht mehr nennen, ich überschütte ihn mit meinen Beschwerden, er argumentiert und widerspricht mir) haben wir nicht versucht, uns auf den Weg zum anderen zu machen. Jeder hat verzweifelt versucht, den anderen auf seine Seite zu ziehen. Ich kann jetzt ermessen, wie klärend es ist und wie jeder Verantwortung für sich übernimmt, wenn wir gemeinsam unsere Gefühle und Bedürfnisse ausdrücken."

Ein Gespräch zwischen Eltern und Kind

1. Klassische Version

– Ich bin wirklich entmutigt und sehr enttäuscht von dir, wenn ich deine Schulnoten von diesem Monat sehe. Wenn du so weitermachst, wird dein Zeugnis nicht besonders gut sein. Und dann hast du keine guten Voraussetzungen, um später eine Arbeit zu finden. Schau mal deine Schwester an, sie ist viel gewissenhafter.

Ich benutze ein Gefühl, um den anderen dazu zu bringen, aus Angst, Schuldgefühl oder Scham zu reagieren. Lesen Sie diese Version noch einmal und versetzen Sie sich in das Kind und überprüfen Sie selbst, wie Sie sich fühlen, welches Lebensgefühl Sie bestimmt, nachdem Sie gehört haben, wie sich Ihre Eltern ausdrücken.

2. Gewaltfreie Version. Beobachtung:

– Wenn ich deine Schulnoten von diesem Monat sehe und vor allem die Vier in Mathematik und die Fünf in Statistik (neutrale und detaillierte Beobachtung, um dem anderen mitzuteilen, worauf ich reagiere), bin ich beunruhigt und besorgt (Gefühl) und ich möchte unbedingt zwei Sachen sicher wissen (Bedürfnis): 1) dass du den Sinn dieser Fächer verstehst und weißt, warum sie dir später nützlich sein können und 2) dass du dich in deiner Klasse und mit deinem Lehrer wohl fühlst, dass du dich akzeptiert fühlst, so dass du frei bist zu sagen, wenn du Schwierigkeiten hast. Wärest du damit einverstanden, mir zu sagen, wie du dich fühlst, was du darüber denkst? (Bitte)

Fragen Sie sich wieder, wie Sie sich als Kind fühlen würden, wenn Ihre Eltern sich so ausdrücken würden. Welche Motivation würden Sie spüren, welches Lebensgefühl würde Sie bestimmen?

Wenn ich diese Übung mit Kindern mache, erhalte ich eine eindeutige Reaktion. Bei der ersten Version haben sie das Gefühl beurteilt, *nicht* verstanden und abgewiesen zu werden, und um diesem Unbehagen, das diese Gefühle auslösen, Luft zu machen, ärgern sie sich und argumentieren („Die Lehrer an dieser Schule taugen nichts“ oder „Ein Freund von mir hat meine Unterlagen weggenommen“) oder sie täuschen Gleichgültigkeit vor („Das ist sowieso unwichtig, das war nur ein kleiner unbedeutender Test“) oder sie erklären deutlich, dass sie den Sinn der Dinge nicht verstehen („Schule bringt sowieso nichts, wenn man später trotzdem arbeitslos ist“).

In der zweiten Version fühlen sich die Kinder ernst genommen und in ihren Schwierigkeiten und ihrem Lebensweg akzeptiert. Der Wunsch der Eltern, sie zu verstehen ohne sie zu beurteilen, bewegt sie. Der Vorschlag, offen darüber zu reden (ohne Angst vor Zwang, vor einer Erwartungshaltung, der sie gerecht werden müssen oder einem Ergebnis, das sie erreichen müssen), gibt ihnen die Freiheit, offen zu sprechen. In den beiden folgenden Abschnitten möchte ich Sie bitten, die Reaktionen der beiden Jugendlichen Jean und Isabelle auf die zweite Version des Gesprächs zwischen Eltern und Kind zu lesen und zu analysieren.

Kommunizieren bedeutet auch, einen Sinn zu vermitteln

Hier die Reaktion von Jean, einem vierzehnjährigen Schüler:

– Ich würde meinen Eltern gerne sagen, dass mich Mathe überhaupt nicht interessiert. Ich hätte gerne, dass sie mir sagen, warum ich das lernen muss, aber sie antworten immer mit: ‚Das gehört eben zum Lehrplan' oder ‚So ist es eben' oder auch ‚Man kann im Leben nicht immer das machen, was einem Spaß macht'. Ich will darüber reden und will wissen, warum ich das lernen muss.

– Willst du damit sagen, dass du das Bedürfnis hast, den Sinn zu verstehen, warum du etwas machst, und wenn du den Sinn nicht siehst, willst du es nicht machen oder du gibst dir keine Mühe?

– Aber ja, ganz genau. Wenn ich den Sinn nicht sehe, will ich, dass ihn mir jemand erklärt.

Anmerkungen

Das ist für mich der grundlegende Aspekt der Kommunikation: *einen Sinn zu vermitteln* von dem, was ich tue oder wünsche. In der vorherigen Generation und in meiner Generation sicher auch noch bekam man Antworten zu hören wie: „Das ist so, weil es so ist", „Das wirst du später verstehen", „Manches muss man tun, ob man will oder nicht".

In ihrem berühmten Buch „Am Anfang war Erziehung"[9] beschreibt die Psychoanalytikerin Alice Miller, wie viel Schaden die Phrase „Zum Wohl des Kindes" angerichtet hat. Dieses Buch hat mir viel über den subtilen Mechanismus der Gewalt in der Kindheit erklärt, die umso mehr unbewusst abläuft, als sie sich den Anschein von guten Absichten gibt. Diese Einstellung ist zum Glück immer weniger verbreitet. Die junge Generation fordert einen Sinn und lehnt das ab, dessen Sinn sie nicht erkennt. Das ist eine neue Situation: Millionen junger Menschen fragen die vorherige Generation nach dem Sinn und weigern sich zu gehorchen und blind den Anweisungen, Gewohnheiten und Automatismen zu folgen. Ich sehe darin eine fantastische Gelegenheit für die Menschen, mehr Verantwortung zu übernehmen für das, was sie tun, weil sie sich stärker bewusst sind, warum sie handeln. Diese Veränderung geschieht natürlich nicht immer glatt und ohne Schmerzen. Wenn Sie Eltern sind oder einfach erwachsen: Kennen Sie immer deutlich den Sinn dessen, was Sie tun? Können Sie den Wert oder das Bedürfnis für das, was Sie in Ihrem Verhalten leitet, benennen und erklären? Jeder von uns ist früher oder später aufgefordert, sein Leben zu ordnen, seine Prioritäten zu überprüfen und den Sinn des Lebens zu erarbeiten.

Die folgende Begebenheit zeigt, wie viele Probleme dies Eltern, Lehrern und Erziehern bereiten kann:

Ein Vater, Geschäftsmann, erzählte mir, dass sein zwölfjähriger Sohn ihn fragte, warum er zehn Stunden pro Tag arbeite und warum er nie zu Hause sei.

– Um meinen Lebensunterhalt zu verdienen, antwortete der Vater.

– Ja, aber warum? fragte der Sohn erneut.

– Für unsere Sicherheit und unsere Lebensqualität, sagte der Vater.

– Wenn es für meine Sicherheit und meine Lebensqualität ist, fände ich es besser, wenn du mich jeden Tag um 16 Uhr von der Schule abholst und wir zusammen Sport machen.

Dieser Vater hat seine Prioritäten überprüft und nach weiteren Gesprächen mit seinem Sohn ausgemacht, dass sie einmal pro Woche nach der Schule zusammen zum Sport gehen. Sie sehen, wie das Leben uns zu Veränderungen und Erneuerungen einlädt.

Zuhören ohne zu beurteilen

Hier die Reaktion von Isabelle, einer fünfzehnjährigen Schülerin.

– Ja, es gibt etwas, über das ich gerne mit meinen Eltern reden würde, und wenn meine Eltern mich fragen würden, würde es mir leichter fallen, darüber zu sprechen.

– Magst du mir sagen, worüber du gerne reden würdest?

– Ja, ich fühle mich in dieser Klasse überhaupt nicht wohl. Wegen des Lehrplans und der neuen Stundenaufteilung bin ich die einzige aus meiner alten Klasse, die in diesem Matheunterricht mit einer anderen Gruppe von Schülern zusammen ist, von denen sich die meisten untereinander schon gut kennen. Ich habe echt Schwierigkeiten, mich da einzufinden und traue mich nicht, Fragen zu stellen, wenn ich etwas nicht gleich verstehe. Sobald ich sage, dass ich etwas nicht verstanden habe, lachen alle und machen sich über mich lustig. Also sage ich gar nichts mehr und stelle schon gar nicht irgendeine Frage.
– Fühlst du dich alleine (Gefühl) in dieser Situation und wünschst du dir, von den anderen Schülern akzeptiert und verstanden zu werden (Bedürfnis)?
– Ja, genau.
– Würdest du gerne mit deinen Eltern darüber sprechen, damit sie dich verstehen und vielleicht unterstützen können (Bedürfnis)?
– Ja, aber sie glauben mir nicht. Sie denken, dass ich nicht lerne, dass das ein Vorwand ist, damit ich mich nicht mehr anstrengen muss …
– Du bist also enttäuscht und vielleicht auch ärgerlich (Gefühl), weil du dir wirklich wünschst, dass sie verstehen, dass es nicht eine Frage des Lernens ist, sondern des Klimas in der Klasse (Bedürfnis).
– Ganz genau.
– Vielleicht hast du es auch satt, dich anzustrengen (Gefühl), und du wünschst dir vielleicht einfach Anerkennung für all deine Bemühungen.
– Ja (mit Tränen in den Augen). Eigentlich will ich nur, dass sie mir zuhören, dass ich das alles, was ich erlebe, aussprechen kann. Ich will eigentlich nicht, dass sie mir helfen oder irgendetwas unternehmen. Ich will, dass sie mir zuhören ohne mich zu beurteilen.

Ich höre sehr oft dieses einfache Bedürfnis: angehört zu werden *ohne* gleich beurteilt zu werden. Warum fällt es Eltern so schwer, ihren Teenagern zuzuhören? Ich stelle fest, dass es meistens deswegen ist, weil sie glauben, *etwas tun zu müssen*, zu handeln, ein Ergebnis zu erzielen und das möglichst sofort. Wenn sie aber keine Lösung sehen und sich hilflos fühlen oder keine Kraft mehr haben, nach einer Lösung zu suchen, *dann* versuchen sie – um die Anspannung loszuwerden, die das Gefühl der Hilflosigkeit, Angst oder Mutlosigkeit auslöst – aus der Situation zu fliehen, indem sie das Problem leugnen („Aber das ist doch nicht so schlimm …, Du bauschst das völlig auf …, Reiß dich ein bisschen zusammen …, Das Leben ist nicht immer einfach …") oder zum Angriff übergehen („Das ist deine Schuld, du lernst nicht genug …, Wenn du den Unterrichtsstoff öfter wiederholen würdest …") anstatt sich einfach Zeit für die Begegnung mit ihrem Teenager zu nehmen und wirklich zuzuhören.

Beachten Sie, dass Teenager aus Frust, dass keine echte Begegnung möglich ist, dieselbe Haltung einnehmen können: Angriff („Meine Eltern checken einfach null …, Meine Alten kann man vergessen …, Ich habe die Schnauze voll …") oder Flucht („Ich erzähle ihnen gar nichts mehr …, Ich mache mich still und heimlich aus dem Staub … Ich lasse mich nicht mehr blicken …") Zum Glück kann man Zuhören lernen.

Angriff, Flucht oder Begegnung

In einem Theaterstück (dessen Titel und Autor ich vergessen habe, möge er mir verzeihen!), das ich 1999 in Montréal gesehen habe, kam folgender Satz vor: „Wenn Sie erfahren, dass der Nachbarstamm den bewaffneten Angriff auf Ihren Stamm vorbereitet, haben Sie diese drei Möglichkeiten, und nur diese drei: so schnell wie möglich zu fliehen oder selbst zu den Waffen zu greifen und sofort anzugreifen, oder ohne Waffen auf die anderen zuzugehen und hoffen, dass ihr einander umarmen werdet."

In unseren Kleinkriegen in Ehe, Familie oder Schule wie in den ethnischen, religiösen, politischen Kriegen oder Kriegen wegen wirtschaftlichen Interessen haben wir dieselbe Wahl: angreifen, fliehen oder die Begegnung mit dem anderen suchen.

Bei den beiden oben beschriebenen Reaktionstypen von Jean

und Isabelle können wir sehen, wie sehr Schulergebnisse in den betreffenden Fächern nur eine Randerscheinung, ein Symptom sind. Wer auf die Symptome reagiert, ohne bis zur Ursache vorzudringen, erreicht bestenfalls gar nichts oder nur eine geänderte äußere Haltung (der Schüler wird jetzt sagen, dass alles in Ordnung ist oder wie ein Gestörter arbeiten, um das zu kompensieren), wodurch die grundlegende Frage kein bisschen gelöst wird (Wie finde ich einen Sinn in dem, was ich mache? Wie kann ich meinen Platz in einer Gruppe finden, wenn dies schwierig ist?). Schlimmstenfalls erreicht er eine Verstärkung der Symptome im Stil: „Ach so! Ihr wollt mich nicht verstehen, was muss ich tun, damit ihr mich wirklich versteht – erst mal den Unterricht schwänzen, dann völlig aussteigen, vielleicht eine nette kleine Depression ...“ Somit wird aus Mangel an Kommunikation die Gewalt entfesselt.

Wie wäre es, wenn wir probieren würden, einander zuzuhören?

Einander zuhören und begegnen ist natürlich nicht leicht. Es ist eine Fähigkeit, die Übung erfordert, wie das Erlernen einer Fremdsprache oder eines Instruments.

Unsere Gefühle

Am Ende des Buches finden Sie die Wortliste „Gefühle“. Diese Liste erhebt keinen Anspruch auf Vollständigkeit, sie ist lediglich das Resultat von Workshops, in denen diese Gefühle häufig identifiziert wurden. Die klassische Unterscheidung zwischen positiven und negativen Gefühlen wird in der bewussten und gewaltfreien Kommunikation nicht vorgenommen, weil sie nicht relevant ist. Traurigkeit wie auch Freude sagen uns etwas über uns selbst. Zorn ist ein sehr wertvolles Signal, weil es viel Lebenskraft in uns oder in dem anderen anzeigt. Wie Gefühle wirken, kann als positiv oder negativ aufgefasst werden, nicht aber das Gefühl an sich ist gut oder schlecht. Wir sollten deshalb folgende Unterscheidung vornehmen:

- Gefühle, die wir als angenehm empfinden und die uns mitteilen, dass Bedürfnisse gestillt worden sind,

- Gefühle, die wir als unangenehm empfinden und die uns mitteilen, dass Bedürfnisse nicht gestillt worden sind.

Sie finden außerdem eine Liste mit Gefühlen, die eine Beurteilung enthalten, und die Sie eher als Eindrücke, Bilder, Empfindungen, *nicht* als Gefühle einschätzen sollten, damit Sie das echte Gefühl, das hinter diesem Eindruck steht, wahrnehmen können – ein Gefühl, das nicht von der Einstellung, die wir innerlich gegenüber unserem Nächsten haben, gefärbt ist.

Es gibt nicht immer eine absolut klare Unterscheidung zwischen den Bezeichnungen für echte Gefühle und für Gefühle, die eine Interpretation beinhalten. Wir sind erneut aufgefordert, unsere Absicht zu definieren: Sie zeigt uns an, ob wir gerade dabei sind zu kommentieren, was der andere tut oder lässt, oder ob wir versuchen uns selbst zu verstehen.

2.4 Unsere Bedürfnisse wahrnehmen – ohne sie auf unser Gegenüber zu projizieren

Erinnern Sie sich, dass wir als braver Junge oder nettes Mädchen vor allem gelernt haben, auf die Bedürfnisse von Papa, Mama, der Großmutter, des kleinen Bruders, der Nachbarin, des Lehrers und so weiter, auf die Bedürfnisse aller anderen außer uns selbst zu achten? Daher glauben wir, dass wir *praktisch immer* und *praktisch ausschließlich* verantwortlich für das Wohlbefinden des anderen sind.

> Wir haben das vage, aber konstante Bild, dass der einzelne in der Schuld des anderen steht, viel mehr verinnerlicht als das klare Bewusstsein, dass jeder selbst Verantwortung trägt.

Wir erwarten also oft von unserem Nächsten, dass er sich um unsere Bedürfnisse kümmert, während wir selbst uns nicht die Mühe gemacht haben, diese zu identifizieren, oder wir formulieren unsere Bitten als Forderungen, ohne ihm zu sagen, was unser Bedürfnis ist, oder aber wir haben Bedürfnisse „für den anderen". Zum Beispiel,

- Ich habe das Bedürfnis:
- *dass du* dies oder jenes tust
- *dass du* dich änderst
- *dass du* dich so oder so verhältst.

Und wenn der andere nicht so reagiert, wie wir es wünschen, drücken wir das durch Kritik, Vorwürfe, Beurteilungen aus: „Du könntest dich doch wirklich bemühen …, Bei allem, was ich für dich tue …, Du bist wirklich ein alter Egoist …, Wenn du so weitermachst, verlasse oder bestrafe ich dich."

Diese Ausdrucksweise sagt uns nichts über uns selbst, genauso wenig wie sie dem anderen etwas über uns sagt. Wir bleiben dadurch in der Abhängigkeit von dem, was der andere tut oder nicht tut: Wenn unser Gegenüber das macht, was wir sagen, sind wir zufrieden, wenn er es nicht tut, sind wir unzufrieden. Da haben wir es! Es stimmt, dass wir, weil wir unsere Bedürfnisse nicht kennen und sie nicht in einer verhandelbaren Form ausdrücken können, Angst, Schuld- oder Schamgefühle benutzen, um unser Ziel zu erreichen. Wenn wir uns über unser Bedürfnis bewusst werden, haben wir gelernt, dass es existiert, unabhängig von der Situation oder unserem Gegenüber.

Diese letzteren wecken nur das Bewusstsein dieses Bedürfnisses und geben uns eine Gelegenheit (unter vielen anderen), es zu erfüllen. Tatsächlich sind unsere Bedürfnisse da, *bevor* irgendeine Situation eintritt. So brauchen wir immer Anerkennung und Verständnis, auch wenn wir allein in den Bergen wandern oder am Meer spazieren gehen. Dieses Bedürfnis ist in diesem Moment nicht unbedingt aktiv, obgleich diese Einsamkeit die bewusste oder unbewusste Gelegenheit sein kann, uns selbst die notwendige Anerkennung oder das Verständnis zuteil werden zu lassen. Das Bedürfnis ist ein Teil von uns und wird erfahrbarer, wenn wir wieder unseren Platz in unserem Freundeskreis, unserer Familie, in der Gesellschaft eingenommen haben.

Als Kind wurde mein Bedürfnis nach Zuneigung sicher vor allem durch die Zuwendung meiner Mutter und meines Vaters gestillt. Als ich größer wurde, konnte dieses Bedürfnis auch durch die Beziehung zu meinen Brüdern und Schwestern erfüllt werden, später dann waren es die Schulkameraden und noch später die erste Freundin, die ersten Liebesbeziehungen und Freunde. Während mehrerer Jahre des Singledaseins wurde mir bestätigt, dass das Bedürfnis immer da ist, ob es gestillt wird oder nicht. Heute bin ich mir bewusst, dass dasselbe Bedürfnis besonders und vor allem durch die Beziehung zu meiner Frau und meinen Kinder gestillt wird; aber gleichzeitig bin ich mir wohl bewusst, dass dieses Bedürfnis auch durch andere Beziehungen befriedigt wird: Familie, Freunde, Arbeitskollegen, Menschen, die ich therapeutisch begleite. Ich bin mir auch bewusst, dass ich dieses Bedürfnis stillen kann, indem ich einem Musikstück andächtig zuhöre, bei einem Waldspaziergang das Rascheln der dichten Blätter spüre, den Sonnenuntergang bewundere oder voller Staunen den Einzug des Frühlings beobachte. Ich erwarte also nicht, dass meine Frau und meine Kinder mein *ganzes* Bedürfnis nach Zuneigung stillen.

Diese Einstellung ist aus zwei Gründen wohltuend: Erstens öffne ich mich dem außerordentlichen Potential der Liebe, die meine Umwelt mir entgegenbringt, was Rilke[10] in diesem Vers zum Ausdruck bringt: „Ein jedes Ding ist überwacht von einer flugbereiten Güte." Ich glaube, dass wir viel mehr inneren Frieden finden würden, wenn wir bereit wären, die ganze Liebe zu empfangen, die uns ohne Unterlass in den tausend Facetten der Welt entgegenströmt. Leider, wie Michèle Delaunay[11] beschreibt, führt uns unser Pessimismus dazu, nur das zu sehen, was wir sehen und unsere Zerstreuung dazu, dass wir nicht viel sehen.

Zum Zweiten lasse ich meinem Gegenüber, hier meiner Frau, die Freiheit, mir das entgegenzubringen, was sie mir aus freien Stücken geben will. Sie ist nicht das Ventil meines Bedürfnisses nach Zuneigung, sie ist nicht die zweite Hälfte, die mich tröstet, weil ich nur zur Hälfte ich selbst bin, sie ist nicht die Projektion einer bedingungslosen Mutterliebe, die ich entbehrt hätte. Sie ist sie selbst, ganz und gar, gleichzeitig Frau, Ehefrau und Mutter. Wir wünschen uns für unsere Beziehung kein Rollenspiel, selbst wenn es perfekt geregelt wäre, wir wollen eine echte Beziehung zwischen freien und gleichzeitig verantwortungsvollen Menschen.

Ich beobachte also, dass sich uns, wenn wir unser Bedürfnis ausdrücken und von den mehr oder weniger klaren Erwartungen abgrenzen, die wir an den anderen haben, zum einen ein ganzes Spektrum an Lösungen öffnet, unter denen das Aktivwerden des anderen eine Möglichkeit darstellt, aber eben nicht die einzig mögliche. Zum anderen gewähren wir unserem Gegenüber seinen Freiraum, das heißt, die Möglichkeit, zu uns zu sagen: „Ich nehme dein Bedürfnis wahr, aber gleichzeitig habe ich ein anderes Bedürfnis, was können wir tun, um beiden Bedürfnissen Sorge zu tragen und zu verhindern, dass deines nicht auf Kosten von meinem erfüllt wird und umgekehrt?" *Diese Freiheit macht Begegnung möglich.*

Um zu verdeutlichen, dass der andere nicht da ist, um unsere Bedürfnisse zu erfüllen, auch wenn er dazu beitragen kann, spreche ich über meine Beziehung zu meiner Frau, und zwar aus zwei Gründen. Erstens, weil ich lange Zeit ein Junggeselle war, der vor jeder emotionalen Bindung panische Angst hatte und das vor allem aus Furcht, alle Bedürfnisse meiner Partnerin erfüllen und mich selbst dabei völlig aufgeben zu müssen. Sobald in meinen Liebesbeziehungen das Bild der festen Bindung drohend am Horizont auftauchte, fing ich an, die Beziehung zu zerstören und überließ dabei heroisch meiner Partnerin den mühsamen Weg der Entscheidung. Ich traf mit voller Absicht weder die Entscheidung, die Beziehung weiterzuführen, indem ich an ihr arbeitete, noch entschied ich mich, sie zu beenden, indem ich mich trennte. Ich weiß heute, dass meine Angst folgende Bedürfnisse anzeigte:

- Das Bedürfnis mich zu vergewissern, dass ich meine Persönlichkeit wahren kann und zugleich mit meiner Partnerin zusammen sein kann, nicht das eine oder das andere, sondern das eine *und* das andere.
- Das Bedürfnis, weiter auf dem Weg zu mir selbst zu sein und gleichzeitig auf die Partnerin zuzugehen, nicht nur eines von beiden, sondern *beides*.

- Das Bedürfnis, sich gegenseitig Zuneigung, Verständnis und Unterstützung zu geben ohne die vollständige Verantwortung für den anderen zu übernehmen oder Gefahr zu laufen, von dem anderen bevormundet, bemuttert zu werden.
- Im Grunde das Bedürfnis nach der Beziehung zu einer Person, die ausreichend innere Kraft und Selbstwertgefühl hat, um selbständig und verantwortungsbewusst zu sein, die mich um meiner selbst willen liebt, nicht den Traumprinzen, den sie sich erträumt, und die ich liebe wie sie ist, nicht ein idealisiertes Wunschbild.

Ich wollte mein Leben nicht damit verbringen, das Bedürfnis eines anderen nach Zuneigung, Sicherheit oder Anerkennung zu stillen und ich wollte auch nicht, dass der andere nur da ist, um meine seelischen Löcher zu stopfen. Ich hatte also das tiefe Bedürfnis, dass jeder von uns beiden diese Bedürfnisse (Zuneigung, Sicherheit, Anerkennung) gut eingeordnet und kennen gelernt hatte, um sicher zu sein, dass der andere nicht der einzige ist, der diese Bedürfnisse erfüllen kann (auch wenn er natürlich dazu beitragen kann – und das ohne Zweifel vor allen anderen Menschen). Dieser Freiraum, diese Luft zum Atmen und das Vertrauen waren für mich unabdingbar, um eine verbindliche Beziehung einzugehen, und ich genieße heute sehr das Glück, dieses gegenseitige Verständnis mit meiner Frau zu teilen. Ich weiß heute, dass genau diese Freiheit, die wir uns gegenseitig gewähren, uns miteinander verbindet.

Der zweite Grund, warum ich über meine Beziehung in der Ehe gesprochen habe, ist die Tatsache, dass ich in den therapeutischen Gesprächen so viele Menschen beobachten konnte – Singles oder Paare – die genau in diesem Bereich Schwierigkeiten haben: „Ich habe mich selbst verleugnet, damit er/sie existieren kann, keine Angst hat, sich nicht verlassen fühlt; Ich habe mir verboten, ich selbst zu sein (ich wusste auch gar nicht, was das ist) um sie/ihn nicht zu stören, unsicher zu machen; Ich habe mich gezwungen, das Haus weiterzuführen, meinen Arbeitsplatz und meine jetzige Situation beizubehalten, aus lauter Angst vor der Reaktion meines Partners/meiner Partnerin, aus Unsicherheit, aus dem Bedürfnis nach Anerkennung oder nach sozialer oder familiärer Gemeinschaft; Ich habe alles für sie/ihn gemacht, bis mir selbst keine Luft mehr zum Atmen blieb." [12]

Diese Schwierigkeiten in unseren Beziehungen könnte man in einer Frage zusammenfassen, die meiner Ansicht nach ein grundlegender Bestandteil unserer menschlichen Realität ist: *Wie kann ich meine eigene Persönlichkeit leben und trotzdem dem anderen nahe sein, wie kann ich Gemeinschaft mit meinem Nächsten erfahren ohne mich selbst aufzugeben?*

Dieser Zwiespalt wird oft gewaltsam gelöst, entweder durch Gewalt nach außen – ich zwinge den anderen, das zu tun oder das zu sein, was ich will, oder durch Gewalt nach innen – ich zwinge mich, das zu tun oder so zu sein, wie der andere es will. Der Grund dafür ist, dass ich mich von dem *Schwarz-Weiß-Denken* gefangen nehmen lasse. Meiner Ansicht nach zeigt sich die Gewalt des Schwarz-Weiß-Denkens hier am deutlichsten: in der *tragischen Überzeugung*, dass man sich selbst verleugnen muss, um sich um andere zu kümmern. Die Konsequenzen dieser Ansicht sind folgende:

■ **1.** Wenn wir uns um uns selbst kümmern, bedeutet das, dass wir uns von den anderen trennen. Daraus resultiert, dass wir uns mit Schuldgefühlen belasten, weil wir „nie genug für die anderen tun", auch wenn wir am Ende unserer Kräfte sind, und sobald wir uns einen Moment der Ruhe gönnen (einmal richtig lang ausschlafen, ein Mittagschläfchen, einige Stunden für uns allein unter der Woche, einige Ferientage, ohne etwas zu tun), werden wir von unserem schlechten Gewissen geplagt.

■ **2.** Wenn wir uns, den Schuldgefühlen zum Trotz, um uns selbst kümmern wollen, glauben wir, dass wir uns von unseren Mitmenschen abwenden müssen. Daraus entstehen viele Trennungen, Scheidungen, Fluchtverhalten, Vereinsamungen, weil „es mir nicht gelingt, ich selbst zu bleiben und doch dem anderen nahe zu sein, also trenne ich mich".

Als ob wir uns angemessen um andere kümmern könnten, wenn wir nicht in der Lage sind, uns angemessen um uns selbst zu kümmern, als ob wir angemessen auf die Bedürfnisse der andern achten könnten, wenn wir uns nie einen Augenblick Zeit nehmen, um unsere eigenen Bedürfnisse wahrzunehmen und zu verstehen, als ob wir unserem Nächsten in seiner Andersartigkeit und gerade auch seiner Widersprüchlichkeit unseren Respekt und unser Wohlwollen entgegenbringen könnten, wenn wir uns selbst nicht Respekt und Wohlwollen entgegenbringen und wir nicht unsere eigene Widersprüchlichkeit ertragen! Wir sind also aufgefordert, das Schwarz-Weiß-Denken abzulegen, das sich im Gebrauch von „entweder – oder“ ausdrückt und stattdessen komplementär zu denken und „sowohl – als auch“ zu verwenden: Ich brauche *sowohl* die Beziehung zu meinem Nächsten *als auch* die Beziehung zu mir selbst. Nicht die Beziehung mit dem einen oder dem anderen, sondern die Beziehung mit dem einen *und* dem anderen.

Der Weg zu meinen Mitmenschen führt über den Weg zu mir selbst.

Um also die Gewalt des Schwarz-Weiß-Denkens zu vermeiden, die uns von unserem Nächsten trennt, ist es in unserem Interesse, unsere eigenen Bedürfnisse gut zu kennen, sie von anderen unterscheiden zu können, Prioritäten herauszustellen und somit immer besser die Bedürfnisse unserer Mitmenschen zu verstehen, deren Prioritäten zu akzeptieren und immer mehr Leichtigkeit zu gewinnen, um in diesem Bereich mit unserem Nächsten unverkrampft umzugehen. Solange wir uns unserer eigenen Bedürfnisse nicht bewusst sind, fällt es uns schwer, darüber zu sprechen und noch schwerer, mit dem anderen darüber zu verhandeln, wir sind daher schnell dabei, unsere Lösungen aufzuzwingen, oder denen der anderen nachzugeben oder auch alle möglichen Kompromisse zwischen diesen beiden Extremen „Aufzwingen – Nachgeben“ anzunehmen.

Wir können uns zum Beispiel in folgenden Beziehungstypen wiederfinden:

- Verführungs-Typ: halb Macht über den anderen, halb Abhängigkeit von seiner Anerkennung;
- Argumentations-Typ: Wer hat Recht, wer hat Unrecht, ich muss unbedingt das letzte Wort haben;
- Vergleichstyp: wer ist oder macht es besser, wer ist oder macht etwas weniger gut, ich übertrage auf den anderen die Macht zu bestimmen, was gut ist oder schlecht, oder ich entscheide darüber und zwinge den anderen meine Art zu sein oder zu handeln auf, oder ich unterwerfe mich der Art des anderen;
- Berechnender Typ: Er oder sie hat mehr oder weniger als ich, ich erhalte, ich verdiene mehr oder weniger, du machst mehr oder weniger als ich etc.

In allen diesen Beziehungstypen sind wir noch kein freier und verantwortungsvoller Mensch, wir sind noch abhängig. Wir handeln noch nicht völlig aus *Freude* zu geben, uns zu beteiligen, zu teilen, sondern aus Angst etwas zu verpassen, zu verlieren, verloren zu sein.

Ich glaube immer mehr, dass die Voraussetzung für die Freiheit und das Verantwortungsbewusstsein in unseren menschlichen Beziehungen, angefangen bei der Beziehung zu uns selbst, das gegenseitige Verständnis unserer jeweiligen Bedürfnisse ist.

Ich möchte eine weitere Schlüsselunterscheidung vorstellen: Wir stellen uns oft selbst eine Falle, wenn wir ein Verlangen oder einen Wunsch für ein Grundbedürfnis halten. Es handelt sich hier aus zwei Gründen um eine wichtige Unterscheidung, die das Beispiel von Andrée und Thierry (vgl. Kap. 1) gut verdeutlicht.

Erster Grund: der Falle entkommen. Solange Thierry seinen Wunsch, ins Restaurant zu gehen, für ein Grundbedürfnis hält, stellt er sich selbst eine Falle. Das liegt nicht an Andrée.

Genauso stellt sie sich selbst Schranken auf und nicht er, solange sie ihren Wunsch, zu Hause zu bleiben und ein Video anzuschauen, für ein Grundbedürfnis hält. Solange er zu ihr sagt: „Du verstehst meine Bedürfnisse überhaupt nicht", kann er im Grunde diesen Vorwurf an die eigene Adresse richten. Solange sie zu ihm sagt: „Aber du bist es, der nichts von meinen Bedürfnissen versteht", kann sie sich selbst genau das vorwerfen.

Nur wenn sich *beide* entschließen, dem Partner wenigstens den halben Weg entgegenzugehen, den er/sie vom anderen verlangt, kann der Abend, um den es geht und die Beziehung des Paares insgesamt ein Erfolg werden. Dieses Entgegenkommen würde zu folgendem Dialog führen:

- ER teilt IHR sein Bedürfnis mit, ohne es aufzuzwingen (die Bitte ist verhandelbar)
- SIE hört SEINE Bitte, ohne sich verpflichtet zu fühlen zuzustimmen
- SIE teilt IHM ihr Bedürfnis mit, ohne es aufzuzwingen (die Bitte ist verhandelbar)
- ER hört IHRE Bitte an, ohne sich verpflichtet zu fühlen zuzustimmen

Ich habe das Bedürfnis ≠ Ich habe das Bedürfnis, dass du.

Diese Freiheit beim Senden *und* Empfangen der Botschaft ermöglicht uns, uns gemeinsam ohne Zwang und Widerstand auf den Weg zu einer Lösung zu machen, mit der beide zufrieden sind.

Zweiter Grund: mehr Kreativität. Solange SIE und ER verzweifelt an ihrem momentanen Wunsch festhalten, ohne nachzuforschen, welches Bedürfnis hinter diesem Wunsch steht, ist die gefundene Lösung (Restaurant oder Video) weder kreativ noch zufriedenstellend. Die gemeinsam gefundene Lösung aber, ein Picknick am Seeufer, auf die sich beide verständigen, nachdem sie den Dialog nach der Methode der GFK wiederholt hatten, erweist sich als viel innovativer und macht beiden mehr Spaß als die beiden anderen Vorschläge.

Dank der gemeinsamen Beratung lassen sich viele verschiedene Lösungen finden. Aber seien wir realistisch: Es wird häufig vorkommen, dass die Lösung nicht beide zu hundert Prozent befriedigt. Wenn ich jeden Tag die Vielfalt der Empfindungen, Charaktere, Lebensrhythmen, Erwartungen, Prioritäten, des unterschiedlichen Sinns für Humor (vor allem in bezug auf sich selbst!) und der Bemühungen, seinem Tun einen Sinn zu geben, beobachte, glaube ich wirklich nicht, dass wir davon träumen können, Lösungen zu finden, die immer und vollständig die Bedürfnisse von jedem einzelnen erfüllen. Die Erfahrung hat mir jedoch gezeigt, dass die Qualität des Zuhörens und der Respekt, der aus der Suche nach dieser Lösung in einer Atmosphäre des gegenseitigen Wohlwollens erwächst, dazu führt, dass die konkrete Lösung das i-Tüpfelchen in der Beziehung ist und nicht umgekehrt!

Zuerst die Beziehung! Das Organisatorische kann warten

Wie oft erscheint in unserem Alltag die Qualität der Beziehung wie eine Nebensächlichkeit neben den konkreten Problemen: *Zuerst* die materielle Versorgung, *dann* kümmern wir uns darum, dass wir uns verstehen, wenn noch Zeit dazu bleibt …

Wie viele andere Kinder auch, habe ich, ohne mir dessen bewusst zu sein, darunter gelitten, dass die Erwachsenen den Äußerlichkeiten Priorität eingeräumt haben, unter dem Vorwand, dass sie mit Pflichten überlastet sind: „Ja, ja, gleich, ich muss noch die Wäsche zusammenlegen", „Nein, nicht jetzt, ich räume gerade auf", „Aber du siehst doch, dass ich beschäftigt bin!", „Ich habe wirklich viel Arbeit und jetzt keine Zeit, wir sprechen später darüber", „Schnell, schnell, ich habe es eilig".

Ich kann mich nicht daran erinnern, dass meine Mutter länger als drei Minuten pro Woche auf einem Sessel gesessen hat. Und das war sonntags vor dem Mittagessen. Sie setzte sich auf den Rand des Sessels (keine Zeit, um es sich bequem zu machen), nippte einmal am Aperitif und sagte: „Ach, tut das gut, sich ein bisschen hinzusetzen“ und hopp! weniger als vier Minuten später lief sie schon wieder zur Küche um das Essen auf den Tisch zu bringen! Gleich danach musste alles wieder schnell aufgeräumt werden, um schnell dies und das und tausend andere Dinge zu erledigen …

Wenn ich einen Moment ganz allein mit ihr sein wollte, musste ich einen Trick anwenden: ihr helfen, die Wäsche zusammenzulegen, die Küche aufzuräumen, in einem Zimmer Ordnung zu machen oder am besten die Gelegenheit einer gemeinsamen Autofahrt nutzen. Dann konnte zusätzlich die Beziehung existieren.

Wenn ich wieder an diese ständige Rennerei denke, stelle ich fest, dass ich viel mehr gelernt habe zu tun als *zu sein*, Dinge zu erledigen als zwischenmenschliche Beziehungen *zu leben*. Und selbstverständlich habe ich diesen Aktivismus reproduziert: den übervollen Terminkalender kenne ich nur zu gut!

Die Tatsache, dass wir das Organisieren im Vergleich zur Beziehung viel höher einstufen, ist mir deutlich bewusst geworden, als Valérie und ich unsere Hochzeit vorbereiteten, die in Holland stattfinden sollte. Vor dem großen Fest war ich einige Tage in Belgien. Sie rief mich von Holland aus an, um einige dringende Fragen zu klären, eben wegen der Organisation, und erreichte mich im Auto auf der Fahrt von irgendeinem Termin zum nächsten. Ich habe mich ein bisschen geärgert, weil ich nicht vor Ort war, weil ich den Eindruck hatte, dass wir uns nicht verstanden hatten und weil ich befürchtete, dass eine bestimmte Gestaltung des Festes, die mir sehr wichtig war, nicht möglich wäre. Ich antwortete ihr ein bisschen trockener, als ich beabsichtigt hatte, und beendete etwas abrupt das Gespräch. In dem Moment fiel mir auf, dass ich genau das alte Handlungsschema wiederholt hatte: Ich gab der Organisation mehr Wichtigkeit als der Beziehung. Das Organisieren der Hochzeit wurde auf einmal zur Priorität vor meiner Beziehung zu meiner zukünftigen Ehefrau!

Ich rief sie sofort zurück um ihr zu sagen, dass ich über meine Reaktion überrascht war und es mir gleichzeitig leid tat

(Gefühl) und dass ich mir wirklich wünschte, ihre Sorgen ernster zu nehmen (erstes Bedürfnis). Darüber hinaus wollte ich der Qualität unseres gegenseitigen Verständnisses die Priorität vor der Organisation geben (zweites Bedürfnis); konkret schlug ich ihr vor, mir am selben Abend mehr Zeit zu nehmen, um mit ihr die betreffenden Punkte durchzusprechen (konkrete Bitte).

Kommen wir auf die Situation zurück, als ich mir wünschte, dass meine Mutter mir einen Moment lang zuhörte. Wenn meine Mutter und ich einige rudimentäre Kenntnisse der bewussten und gewaltfreien Kommunikation gehabt hätten, hätte unser Gespräch so aussehen können:[13]

– Mama, ich wünsche mir, dass du einen Moment Zeit hast und mir zuhörst (Bedürfnis), könnten wir uns zusammen fünf Minuten lang hinsetzen (Bitte)?
– Ich bin wirklich gerührt, dass du mit mir reden möchtest (Gefühl), weil ich das Bedürfnis habe, für jedes meiner Kinder ein offenes Ohr zu haben (Bedürfnis) und gleichzeitig mache ich mir Sorgen (Gefühl), weil ich viele Dinge vor dem Abend erledigt haben möchte (Bedürfnis). Möchtest du mir nicht helfen und dabei mit mir reden?
– Das freut mich wirklich (Gefühl), dass du mir sagst, dass du jedem deiner Kinder zuhören möchtest, das gibt mir Sicherheit (Bedürfnis nach emotionaler Sicherheit). Gleichzeitig bin ich verunsichert (Gefühl), wenn ich deinen Vorschlag höre (Beobachtung), ob du mir wirklich zuhören kannst, wenn du gleichzeitig etwas anderes tust (Bedürfnis nach ungeteilter Aufmerksamkeit). Möchtest du sicher sein, wenn ich dich um fünf Minuten bitte, dass es bei den fünf Minuten bleibt und nicht eine halbe Stunde daraus wird, damit du genug Zeit hast, deine Aufgaben zu erledigen?
– Ja, ich brauche diese Sicherheit im Umgang mit meiner Zeit, damit ich das erledigen kann, was ich vorhabe (Bedürfnis). Ich bin dir dankbar, wenn du so Rücksicht nimmst auf meine Zeiteinteilung und schlage dir vor, dass wir uns fünf Minuten Zeit nehmen, wenn ich hiermit fertig bin, passt dir das?
– Das ist eine gute Idee, ich danke dir.

Anmerkungen

1. Es ist die Falle des Schwarz-Weiß-Denkens, die meine Mutter veranlasste zu sagen: „Ich habe keine Zeit." Ich bin zutiefst davon überzeugt, dass sie lieber, wie in dem Beispiel, gesagt hätte: „Ich habe das Bedürfnis, jedem meiner fünf Kinder zuzuhören, und ich habe das Bedürfnis, meinen Haushalt ordentlich zu führen, und ich weiß nicht, wie ich beidem gerecht werden kann." Aber weil es schwierig ist, verschiedene Bedürfnisse gleichzeitig wahrzunehmen, und vor allem diejenigen zu benennen, von denen wir nicht wissen, wie wir sie erfüllen können, nannte sie nur das Bedürfnis, das ihr am offensichtlichsten erschien und kein weiteres mehr.

2. Die verschiedenen Bedürfnisse, die wir haben, wahrzunehmen und zu benennen, bringt uns Klarheit, auch wenn nicht sofort eine Lösung möglich erscheint. Warum?

Erstens, weil es uns wie im Beispiel mit dem Armaturenbrett im ersten Kapitel ermöglicht, bewusst auf die Signale unseres Fahrzeugs zu hören, statt uns von unserem Unbewussten leiten zu lassen. Es gibt uns die Möglichkeit, unsere Prioritäten neu zu definieren, um für notwendig gewordene Veränderungen offen zu sein. Solange ich den Zustand meiner verschiedenen Bedürfnisse nicht klar definiere, laufe ich Gefahr, blind eine Haltung einzunehmen, die vielleicht einem meiner Bedürfnisse gerecht wird, aber alle anderen außer acht lässt. Die Gefahr ist eine innere Unbeweglichkeit im Leben und letztlich völliges emotionales Erstarren.

Zu wachsen bedeutet auch: seine Prioritäten neu definieren.

Zweitens schafft es Klarheit, wenn wir unsere Bedürfnisse identifizieren, weil sich dadurch unser Denken für neue Lösungsmöglichkeiten öffnet, die praktisch gar nicht auftauchen konnten, solange wir das Bedürfnis nicht wahrgenommen hatten.

Solange die Mutter in dem Beispiel nur das Bedürfnis, den Haushalt gut zu führen (Ordnung, Effizienz, reibungsloser Ablauf) wahrnimmt, nicht aber ihr Bedürfnis, ein offenes Ohr für jedes ihrer Kinder zu haben, sind die Chancen, tatsächlich Zeit für jedes Kind zu finden, viel geringer, als wenn sie sich bewusst ist, dass sie zwischen den beiden Bedürfnissen hin- und hergerissen ist. Drittens ist es wichtig, sich über seine Bedürfnisse klar zu werden, weil dadurch das Bedürfnis existieren kann, das heißt ein Teil von uns selbst leben kann, wenn vielleicht auch nur auf Sparflamme.

Ich beobachte zum Beispiel, dass viele Eltern ihre künstlerische oder kreative Ader unterdrücken: „Ich habe keine Zeit dafür, zuerst kommen die Kinder, mein Partner, die Familie." Solche Prioritäten können natürlich zu der Entscheidung führen, das Ausüben eines Talents auf später zu verschieben. Was nicht aufgeschoben werden kann, ist, dieses Bedürfnis in uns existieren zu lassen, es anzunehmen und auch die vorläufige Unmöglichkeit, es zu erfüllen.

Alle Teile in uns existieren zu lassen, ohne einen davon zu unterdrücken, das bedeutet, wirklich zu leben. Wenn wir einen Teil in uns unterdrücken, ohne ihn anzunehmen, schleppen wir ihn in uns mit und überlassen ihn dem Sterben, ohne ihn jemals betrauert zu haben, weil wir ihn nie leben ließen. Dieser ungelebte Teil von uns selbst lastet mit seinem ganzen Gewicht auf den lebendigen Teilen und raubt uns unsere ganze Lebenskraft.

Zwei Schlüsselformulierungen

1. „Im Moment"

Im obengenannten Satz („Ich möchte im Moment wirklich meine Zeit und Kraft meinen Kindern, meinem Partner, meiner Familie widmen.") ist es der Begriff der Zeit, der uns Raum zum Atmen gibt. Wir erhalten in uns das Bewusstsein am Leben, dass immer alles in Bewegung ist. Wir halten die Tür für unser Talent offen, dem wir später mehr Zeit und Raum geben können.

Denken Sie zum Beispiel an etwas, das Sie im Moment nicht können und sagen Sie sich: „Ich habe keine Ahnung von Informatik, ich kann nicht singen, ich kann nicht vor einem Publikum sprechen", und prüfen Sie dann, wie Sie Ihre innere Lebenskraft empfinden. Fügen Sie jetzt einfach hinzu „im Moment": „Im Moment habe ich keine Ahnung von Informatik. Im Moment kann ich nicht singen. Im Moment kann ich nicht vor einem Publikum sprechen." Wie geht es Ihnen jetzt?

Sie sehen, wir haben die Wahl, eine Ausdrucksweise zu verwenden und ein Bewusstsein zu aktivieren, das uns einengt oder das uns Türen öffnet.

2. „Und gleichzeitig" ist besser als „Aber"

Es gibt keine gegensätzlichen, sondern zwei parallele Bedürfnisse, von denen eines erfüllbar ist und das andere nicht. Die Verwendung von „aber" teilt unser Bewusstsein und verneint oder verdrängt das eine Bedürfnis. Der Gebrauch von „und gleichzeitig" rückt beide Bedürfnisse in den richtigen Blickwinkel. Nehmen Sie irgendeinen Satz, bei dem Sie zum Beispiel sagen wollen: „Ich stimme dir zu, weil … aber …" Ersetzen Sie „aber" durch „und gleichzeitig", und prüfen Sie innerlich, ob dies nicht eine andere Sichtweise ermöglicht.

> Es ist wichtiger, dass unsere Bedürfnisse anerkannt werden, als dass sie erfüllt werden.

Ein befreundeter Bankier, der an einem Training bei mir teilgenommen hatte, rief mich einige Wochen danach an und erzählte mir, wie schwer es ihm fiel, für seine Kinder da zu sein, wenn er gegen acht Uhr von der Arbeit nach Hause kam. „Ich habe dann einfach Lust nichts zu tun, Zeitung zu lesen oder fernzusehen, aber ich habe keine Energie mehr, wenn sich meine drei Kinder auf mich stürzen. Ich will aber jeden Tag ein bisschen Zeit mit ihnen verbringen, also zwinge ich mich dazu, mit ihnen zu spielen, obwohl ich genau spüre, dass ich nicht ganz bei der Sache bin und schnell die Geduld verliere."

Ich fasste die Sachlage nochmals in meinen Worten zusammen, um sicherzugehen, dass ich ihn richtig verstanden hatte und damit wir die jeweiligen Bedürfnisse identifizieren konnten:

– Fühlst du dich hin- und hergerissen zwischen dem Teil in dir, der nach Entspannung und Ruhe zu dieser Tageszeit verlangt und einem anderen, der wirklich gerührt ist von der Energie deiner Kinder und gerne die Kraft hätte, darauf einzugehen?
– Ganz genau. Ich brauche Zeit für mich selbst, aber ich finde keine. Jeden Abend, wenn ich vor dem Haus aus dem Auto steige, spüre ich dieselbe Anspannung, die mir die Kräfte raubt.
– Ich schlage dir vor, dass du, bevor du aus dem Auto aussteigst, dir einfach drei Minuten, oder auch nur eine Minute Zeit nimmst für dich, und deine Bedürfnisse und verschiedenen Wünsche wahrnimmst und akzeptierst: auf der einen Seite dein Bedürfnis nach Ruhe, Entspannung und Zeit für dich, auf der anderen Seite dein Bedürfnis, für deine Kinder da zu sein, sie zu begrüßen. Nimm dir einfach Zeit, es dir innerlich oder sogar laut zu sagen, damit du Klarheit in deinem Herzen hast: ‚Ich sehne mich jetzt so sehr danach, meine Füße auf dem Sofa hochzulegen, meine Zeitung zu lesen oder fernzusehen und nichts anderes zu tun. Ich möchte nach diesem anstrengenden Tag zur Ruhe kommen und mich entspannen.‘ Nimm dir Zeit, um einfach das Wohlbefinden zu spüren, das diese Perspektive ausstrahlt, lass sie dich erfüllen, so dass du um so mehr bereit bist, den anderen Teil von dir anzunehmen, der dir innerlich sagt: ‚Und gleichzeitig habe ich das Bedürfnis, offen zu sein für meine Kinder und ihnen Zeit zu widmen.‘ Und dann geh’ einfach ins Haus hinein.

Einige Tage später rief dieser Freund an, um sich bei mir zu bedanken: „Es fiel mir schwer zu glauben, dass dein Vorschlag mir helfen könnte. Nun, ich bin erstaunt, wie es mich zur Ruhe bringt, mir so bewusst zu werden, welche Wünsche in mir sind, aber mich weder zu dem einen zu zwingen noch den anderen zu unterdrücken. Früher war es so, als ließe ich einen Teil von mir im Auto zurück. Die letzten Tage bin ich vollständig zu Hause angekommen.“

In einem Workshop, der über mehrere Termine mit einigen Tagen Pause dazwischen veranstaltet wurde, sagte mir ein Erzieher, der in einem Heim für verhaltensauffällige Kinder arbeitete, dass er es leid sei, immer der Gutmütige zu sein, der bereitwillig Vertretungsdienste übernahm, wenn einer der Kollegen verhindert war.

– Immer bin ich es, wenn jemand in letzter Minute angefragt wird. Vor allem, um mit einer Gruppe abends ins Schwimmbad zu gehen, weil sie wissen, dass ich nie Nein sage. Ich gehe natürlich, weil irgendjemand mit den Kindern gehen muss, und wenn ich nicht gehe, wird diese Aktivität, an der ihnen viel liegt, möglicherweise abgesagt. Aber eigentlich bin ich nicht ganz bei der Sache, ich ärgere mich den ganzen Abend und verliere leicht die Geduld mit den Kindern. Im Grunde müssen sie für meine schlechte Laune bezahlen.

– Bist du verärgert, weil ein Teil von dir es leid ist (G), dass automatisch du angefragt wirst, wenn Not am Mann ist? Wünschst du dir Nein zu sagen, weil du deinen Feierabend haben möchtest? Und möchtest du, dass andere Kollegen sich auch die Zeit nehmen (Bd), weil ein anderer Teil von dir wirklich besorgt ist (G), dass die Kinder den Ausflug nicht machen könnten, auf den sie sich so freuen (Bd)?

– Ja, ich fühle mich hin- und hergerissen und das hindert mich daran, wirklich ganz bei der Sache zu sein.

– Wenn du auf die verschiedenen Bedürfnisse achtest: das Bedürfnis, dass die Aufgaben unter den Kollegen aufgeteilt werden, das Bedürfnis nach Respekt vor deiner freien Zeit und deinem Privatleben, und außerdem das Bedürfnis, so viel wie möglich zum Wohlbefinden der Kinder, um die du dich kümmerst, beizutragen – wie fühlst du dich dann?

– Bewegt, weil mir bewusst wird, dass ich ein Bedürfnis wähle, das Priorität hat, wenn ich Vertretungen übernehme: den Kindern zu helfen. Ich könnte sehr wohl eines Tages eine andere Entscheidung treffen.

– Ich schlage dir vor, dass du nächstes Mal, wenn du wieder angefragt wirst, dir Zeit nimmst, um deine verschiedenen Bedürfnisse wahrzunehmen, so dass du wirklich hinter deiner Entscheidung stehst und mit ganzem Herzen dabei bist.

Eine Woche später erzählte er mir, dass er wieder eine Vertretung für den Schwimmbadbesuch mit den Kindern angenommen hatte: „Ich habe mir Zeit genommen, um in mich hineinzuhorchen, wie du es mir vorgeschlagen hast. Es hat sich ganz klar herausgestellt, dass die Kinder Priorität haben und ich bin mit frohem Herzen mitgegangen. Auch wenn ich geplant hatte, an diesem Abend einiges zu Hause zu erledigen, konnte ich es akzeptieren, das aufzuschieben und ich spürte, dass ich mit ganzem Herzen bei der Sache war."

Ich habe mich oft bemüht, dieses Phänomen zu verstehen. Mir scheint, dass meistens dann, wenn wir uns über unsere Bedürfnisse nicht völlig im Klaren sind und wir etwas aus Gewohnheit oder Pflichtgefühl machen, „weil es gemacht werden muss", wir in unserem Gegenüber oder der Sache, mit der wir beschäftigt sind, den Hinderungsgrund dafür sehen, wir selbst zu sein oder unser Leben zu leben. Wir lassen es ihn/sie offen oder unterschwellig bezahlen oder wir bestrafen uns selbst dafür. Die Gewalt kommt offen oder unterschwellig zum Vorschein. Wenn wir uns die Zeit nehmen, innerlich unseren Standpunkt zu beziehen, geben wir uns die Gelegenheit, mit ganzem Herzen bei dem zu sein, was wir tun.

Entscheidungen treffen, ohne einen Teil in uns zu verneinen oder zu verleugnen.

Unser Bedürfnis nach Ruhe zu identifizieren, nach Zeit für uns selbst, danach, selbst über unseren Feierabend bestimmen zu können, bedeutet nicht, dass wir dieses Bedürfnis zwangsläufig stillen. Wir wollen uns nur dessen bewusst werden, um keinen Teil von uns selbst zu verleugnen oder zu unterdrücken. Dieses Bewusstsein ist die Voraussetzung, dass wir eine lebendige Entscheidung treffen können, hinter der wir mit unserer ganzen

Lebensenergie stehen und nicht nur zu zehn oder fünfzehn Prozent.

Unsere Bedürfnisse

Am Ende des Buches finden Sie die Wortliste mit Bedürfnissen. Diese Liste erhebt ebenso wie die Liste der Gefühle keinen Anspruch auf Vollständigkeit. Sie entstand ebenfalls bei der Beobachtung von Bedürfnissen, die häufig in Workshops oder in Gesprächen erarbeitet werden. Diese Liste ist nur ein Vorschlag. Zuerst werden die physiologischen Bedürfnisse (Essen, Trinken, Schlafen) aufgelistet, dann die individuellen oder persönlichen Bedürfnisse (Sinn, Raum, Persönlichkeit, Selbständigkeit, Entwicklung), dann die sozialen oder zwischenmenschlichen Bedürfnisse (Teilen, Anerkennung, Geben, Annehmen) und schließlich die seelischen Bedürfnisse (Sinn, Liebe, Vertrauen, Güte, Freude) und die Bedürfnisse, das Leben zu feiern (Dankbarkeit, Gemeinschaft, Trauer).

2.5 Eine konkrete, realistische, positive und verhandelbare Bitte formulieren

Auch wenn einige unserer Bedürfnisse eher anerkannt als befriedigt werden müssen, liegt es uns doch am Herzen, eine gute Anzahl davon zu stillen. Wenn wir uns damit begnügen, dass wir uns unserer Bedürfnisse bewusst sind, ohne zu wissen, was wir damit konkret anfangen sollen, laufen wir Gefahr, in einer künstlichen, wenig zufriedenstellenden Welt zu verharren, in einer Art unstillbaren Sehnsucht: „Ich brauche Liebe, ich brauche Anerkennung, Verständnis, aber ich unternehme nie selbst etwas, um diese Bedürfnisse zu stillen. Ich warte darauf, dass ‚irgendjemand‘ sich um mich kümmert."

Hier sind die Vorteile, wenn Bitten oder Handlungsvorschläge konkret, realistisch, positiv und verhandelbar formuliert werden:

■ **1.** Die Bitte ist konkret: Wir können unser ganzes Leben lang Ideen, Ideale, fantastische Konzepte aufbauen und riskieren damit, der Wirklichkeit niemals zu begegnen, nie wirklich mit beiden Beinen im Leben zu stehen. Ich persönlich habe mich lange genug in diesem Peter-Pan-Komplex aufgehalten, den ich so zusammenfasse: „Die Wirklichkeit hinter der Fensterscheibe, o. k., aber ich habe Angst, wirklich da hinauszugehen, Angst vor dem Versagen, Angst vor Fehlern, Angst vor den Schatten und dem Gefühl des Ungenügens. Ich verschiebe die Entscheidungen auf später." Ich habe also einen ganz klassischen Weg eingeschlagen, ich habe geträumt, dass alles möglich ist. Und ich wollte mir so lange wie möglich alle Türen offen halten, ohne durch eine einzige hindurchzugehen, bis mir bewusst wurde, dass, wenn auch im Leben die unterschiedlichsten Dinge tatsächlich der Reihe nach möglich sind, es für den Moment nur eine Möglichkeit gibt.

Die Bitte ist es, die das Bedürfnis ‚möglich macht' und damit verhindert, dass es hinter dem Fenster bleiben muss. Sie gibt ihm die Gelegenheit, Wirklichkeit zu werden. In meiner Arbeit als Therapeut beobachte ich, dass die Schwierigkeit, eine Bitte zu formulieren oder konkret zu handeln, sehr stark mit der Schwierigkeit verbunden ist, sich selbst ein Existenzrecht zuzugestehen und wirklich eine Umsetzung in die Praxis zu beschließen, unabhängig von den Erwartungen und Reaktionen der Mitmenschen.

Ich denke zum Beispiel an einen etwa sechzigjährigen Mann, der zur Beratung kam, weil ihm das Teilen einer Erbschaft mit seinen beiden Schwestern Sorgen bereitete. Die Schwestern hatten ihm einen Vorschlag gemacht, der ihm nicht gefiel. Er formulierte ziemlich schnell sein Bedürfnis nach Gerechtigkeit, aber als ich ihn fragte, was er sich „konkret" unter Gerechtigkeit beim Aufteilen des Erbes vorstellen würde, gelang es ihm nicht, eine praktische Aufteilung der Güter vorzuschlagen. Er kam ständig auf seinen Anspruch und auf sein Bedürfnis zurück: „Es muss gerecht sein – das, was sie mir vorschlagen, ist nicht gerecht." Aber er formulierte keinen anderen Vorschlag, auf den seine Schwestern hätten reagieren können, so dass sie langsam wütend auf ihn wurden, was das gegenseitige Verstehen natürlich nicht erleichterte!

> Definieren bedeutet Grenzen zu setzen und die Begrenztheit zu akzeptieren.

Dieser Satz gab ihm schwer zu denken: Die Vorstellung, eine konkrete Grenze zu setzen, ein genaues Maß seiner Suche nach Gerechtigkeit zu bestimmen, löste Widerstand in ihm aus. Es fiel ihm schwer, eine Bitte zu formulieren. Aus verschiedenen Gründen, die wir miteinander erarbeitet haben, wurde sein Bedürfnis nach Gerechtigkeit niemals erfüllt. Er verglich ständig und sah in jedem Vorschlag eine inakzeptable Grenze seiner unstillbaren Suche. Hinter seinem Bedürfnis nach Gerechtigkeit stand eigentlich das Bedürfnis nach Anerkennung, Persönlichkeit und Wertschätzung, das unerfüllt geblieben war. Wenn wir an dem konkreten und praktisch-praktizierbaren Charakter der Bitte arbeiten, arbeiten wir an unserer Integration in der Wirklichkeit und akzeptieren unsere Begrenztheit.

■ **2.** Die Bitte ist realistisch: Sie trägt der Wirklichkeit Rechnung, nicht einem Zerrbild meiner Angst oder einem Wunschbild. Menschen, die ein Bedürfnis empfinden, zum Beispiel nach Veränderung, haben oft eine so große, umwälzende Veränderung vor Augen, dass sie sich damit die besten Gründe geben, niemals etwas zu verändern: „Das ist zu schwierig, das zieht zu viele Konsequenzen nach sich, das betrifft zu viele Menschen oder Bereiche in meinem Leben, also ändere ich gar nichts!“

> Zuerst nach dem kleinsten Schritt suchen, den wir machen können, die Veränderung wird folgen.

Deswegen ist es von großem Vorteil, zu seinem Gegenüber oder zu sich selbst zu sagen:

– Was ist der kleinste oder der angenehmste Schritt, den ich machen kann, der mich der gewünschten Veränderung näher bringt oder der das Bedürfnis, das ich herausgefunden habe, ein Stück weit erfüllt?

Nicht der größte Schritt, sondern der kleinste, nicht der schmerzhafteste, sondern der angenehmste: Viele reagieren überrascht auf diesen Vorschlag, weil unser Denken gewohnt ist, Leistungen zu erbringen und Ergebnisse vorzuweisen, und nach bedeutenden Herausforderungen sucht, an denen es sich messen kann. Als ob die Wirklichkeit nicht aus lauter kleinen Mosaiksteinchen zusammengesetzt wäre, die mit lauter anderen kleinen Dingen verbunden sind und noch mehr kleinen Dingen, die zusammen ganz großartige Muster bilden können.

Dieser bescheidene und *realistische* Aspekt erweckt oft Zweifel in einem Zeitalter, das von den Automatismen auf Knopfdruck regiert wird: Telefon, Fernsehen, Haushaltsgeräte, Autos, Computer. Wir wechseln das Schauspiel, das Programm, den Gesprächspartner, die Geschwindigkeit durch einen einzigen Knopfdruck! Der lebendige Prozess jedoch ist langsam und genügsam, und viele finden eine solche Haltung unnatürlich, weil sie es nicht mehr gewohnt sind.

Eine Frau, die von der Trauer um ihren verstorbenen Ehemann sehr mitgenommen war, kam zu mir wegen einer therapeutischen Begleitung. Nach mehreren Gesprächen identifizierte sie das Gefühl, das sie am stärksten empfand: Angst. Diese Angst zeigte darüber hinaus ihr Bedürfnis an, sich selbst vertrauen zu können. Sie war von dieser Feststellung überrascht, denn sie sagte: „Ich habe niemals daran gedacht, mir selbst zu vertrauen, diese Worte gab es nicht in meinem Denken. Ich habe immer meinen Eltern, dann meinem Mann, meiner Familie vertraut. Ich denke, dass ich jetzt wirklich dieses Bedürfnis habe, aber ich werde es in meinem Alter nie erfüllen können, dazu bin ich zu alt."

Ich schlug ihr folgende konkrete Handlung vor: die selbst zerstörerischen Annahmen und verunsichernden Überlegungen im Stil „das werde ich in meinem Alter nie schaffen", beiseite zu schieben und einfach ihr Bedürfnis laut auszusprechen, um ihm das Recht zu geben zu existieren. Sie wiederholte zögernd: „Ich habe das Bedürfnis, mir selbst zu vertrauen, ich will glauben, dass ich mir vertrauen kann." Ich wartete eine Weile und sagte ihr dann: „Ich schlage Ihnen vor, sich in den nächsten Tagen einfach von diesem Bedürfnis erfüllen zu lassen, ohne sich um das Ergebnis Sorgen zu machen. Richten Sie Ihre Aufmerksamkeit auf dieses Bedürfnis und suchen Sie nicht nach einer Lösung. Lassen Sie dieses Echo in Ihrem Herzen Raum gewinnen."

Bei dem nächsten Gespräch eine Woche später begann sie: „Ich bin Ihnen dankbar, dass Sie mich aufgefordert haben, mich einfach von diesem Bedürfnis, mir selbst vertrauen zu können, erfüllen zu lassen. Es ist erstaunlich, wie ich durch die Vorstellung, dass ich nichts „zu tun" oder nach nichts zu suchen hatte, nur das zuzulassen, was in mir sein sollte, das erwachende Vertrauen spüren konnte. Es ist noch sehr zerbrechlich in mir, aber etwas ist schon anders geworden und das bestärkt mich, dass ich mich in Zukunft mehr auf mich selbst verlassen kann."

Einige Wochen später begann sie tatsächlich, ihr Leben ganz konkret neu zu organisieren. In diesem Fall war das Prinzip, realistisch zu sein, elementar: zuerst das bloße Vorhandensein des Bedürfnisses zu akzeptieren. Die Lösungen kommen später.

■ **3.** Die Bitte ist positiv: Stellen Sie sich vor, dass sie gerade Musik hören, während Ihr Partner in seinem Arbeitszimmer arbeitet. Er kommt zu Ihnen und sagt: „Ich arbeite, kannst du bitte die Musik ausmachen?" Welche Gefühle kommen in Ihnen auf? Wenn er aber kommt und sagt: „Ich brauche noch eine Stunde Ruhe für meine Arbeit. Wärst du damit einverstanden, deine Musik in einer Stunde zu hören oder in einem anderen Zimmer?" In welcher Stimmung sind Sie jetzt?

Wenn ich diese Übung in einer Gruppe mache, bekomme ich oft zur Antwort: „Ich finde die zweite Lösung besser." Warum? „Weil ich es nicht mag, wenn mich jemand daran hindert, das zu tun, was ich gerade tun will. In der zweiten Version erhalte ich den Vorschlag, später Musik zu hören oder an einem anderen Ort, das ist angenehmer, als einfach damit aufzuhören." In der Tat mögen wir es nicht, wenn wir irgendeine Tätigkeit unterbrechen müssen – ohne Zweifel haben wir oft genug gehört: „Hör bitte auf, so herumzuzappeln, Krach zu machen, zu spielen …". Wir mögen es nicht gerne, wenn wir daran gehindert werden, etwas zu tun, wir mögen es lieber, wenn wir eingeladen werden etwas zu tun.

Das ist aber sehr feinsinnig, werden Sie sagen. Zweifellos, und das ist für mich das Wesen der Kommunikation, die ich Ihnen vorschlage: Im Sprachgebrauch und im Bewusstsein das zu vermeiden, was trennt, vergleicht, bremst, einengt, Widerstand auslöst, in die Enge treibt, in Verlegenheit bringt; und das zu fördern, was öffnet, einander näher bringt, verbindet, erlaubt, einlädt, Impulse gibt, erleichtert.

■ **4.** Die Bitte ist verhandelbar: Es würde gar nichts bringen, sorgsam darauf zu achten, dass der andere keine Bewertung oder keinen Vorwurf empfindet (wie im Beispiel mit der Mutter und dem Kind: „Wenn ich deine Schuhe auf der Treppe und deine Tasche auf dem Sofa sehe …") noch auf das Formulieren des Gefühls zu achten, um jede Interpretation oder Beurteilung zu vermeiden („Ich fühle mich traurig und entmutigt …") noch die genaue Wahrnehmung der Bedürfnisse zu überprüfen ohne sie auf den anderen zu übertragen („Ich brauche Ordnung und Respekt vor der Arbeit, die ich tue …") – wenn wir bei der konkreten Bitte dann in die Forderung ohne Bitte verfallen: „Und jetzt räumst du dein Zimmer auf und zwar sofort!"

Raum für die Begegnung schaffen

Der verhandelbare Charakter der Bitte schafft den Raum für die Begegnung. Im Grunde läuft es etwa so ab: Wenn wir keine Bitte formulieren, ist es, als geständen wir uns kein Existenzrecht zu. Wir bleiben in einem virtuellen Bedürfnis, schweben im luftleeren Raum. Wir nehmen nicht wirklich unseren Platz in der Beziehung ein. Auf der anderen Seite – wenn wir nur

Befehle oder Forderungen formulieren, ist es, als ob der andere kein Existenzrecht hätte.

Die Fähigkeit, eine verhandelbare Bitte zu formulieren und somit wirklich Raum für die Begegnung zu schaffen, ist direkt von unserer Selbstsicherheit abhängig, unserer inneren Kraft, unserem Selbstvertrauen. Diese Fähigkeit setzt voraus, dass wir tief im Herzen wissen, dass wir eine Meinungsverschiedenheit mit dem anderen annehmen können, ohne zu befürchten, uns selbst aufgeben zu müssen. Ich sage „tief im Herzen", weil wir es oft verstandesmäßig wissen, aber es nicht in unser emotionales Wissen über uns selbst aufgenommen haben. Wir bleiben also der Meinungsverschiedenheit gegenüber sehr kritisch und sind wenig geneigt, sie vollständig zu akzeptieren.

Wenn wir gewaltfrei kommunizieren, werden wir durch die innere Erfahrung das Vertrauen gewinnen, dass der andere nicht auf sein Bedürfnis verzichtet, weil wir die Gelegenheit ergreifen, unser Bedürfnis und unsere Bitte auszudrücken. Wir gewinnen ebenso die Überzeugung, dass wir nicht auf unser Bedürfnis verzichten müssen, um das des anderen zu erfüllen, weil wir ihm Gelegenheit geben, sein Bedürfnis zu formulieren, das vielleicht ein anderes ist als unseres. Wir wissen, dass wir versuchen müssen, gemeinsam eine Lösung zu suchen, die beide zufrieden stellt, oder zumindest zu akzeptieren, dass wir uns darüber einig sind, dass wir uns nicht einig sind.

Wir wissen auch und vor allem, dass unser zutiefst empfundenes Wohlbefinden weniger von der Lösung abhängt als von der Qualität der Begegnung, für die unsere Suche nach der Lösung die Voraussetzung geschaffen hat.

3. Wie wir erkennen, was in unserem Gegenüber wirklich vorgeht

Wenn wir einander nur Halbwahrheiten sagen,
verstehen wir auch nur die halbe Wahrheit.

Französisches Sprichwort

3.1 Kommunizieren bedeutet, eine Botschaft zu senden und zu empfangen

Ich stelle jeden Tag wieder fest, dass für viele Menschen kommunizieren bedeutet, sich selbst auszusprechen und den anderen auch reden zu lassen. Und wenn jeder sich ausgesprochen hat, glauben sie, dass sie miteinander kommuniziert haben. Aber wie viele klagen über Beziehungsprobleme und sagen: „Aber mein Partner und ich, oder meine Kinder und ich, wir reden viel miteinander, wir sagen uns alles ... ich weiß nicht, warum wir uns nicht besser verstehen."

Wir sagen uns alles! Ja, aber hören wir auch alles? Das ist oft der Schlüssel: Wir verstehen uns nicht, weil wir uns gegenseitig nicht zuhören.

Wir haben zwar in der Schule ein wenig gelernt uns auszudrücken, oder wir haben von anderen gelernt, aber nur sehr wenige von uns können wirklich *zuhören* ohne etwas zu tun, ohne etwas zu sagen.

Viele Menschen kommen zu mir in die Beratung und sagen: „Die Kommunikation mit meinem Partner, meinen Kindern funktioniert sehr gut ..." Es ist nicht leicht für sie zu akzeptieren und sich bewusst zu werden, dass sie zwar ohne Schwierigkeiten alles sagen können, was sie auf dem Herzen haben, den anderen belehren und gute Ratschläge geben können, es ihnen aber weniger leicht fällt oder sie sogar nicht einmal in der Lage sind, alles anzuhören, einfach zuzuhören, was der andere auf dem Herzen hat, sich zu fragen, was seine Gefühle und Bedürfnisse sind, und dann ihrerseits ihre Gefühle und Bedürfnisse ohne Bewertungen auszudrücken.

Kommunizieren bedeutet sich auszudrücken *und* zuzuhören; es bedeutet, selbst zu reden und den anderen reden zu lassen. Wenn wir das, was der andere gesagt hat, wiederholen oder wenn nötig neu formulieren, können wir sicherstellen, dass wir unser Gegenüber richtig verstanden haben. Genauso können wir sicherstellen, dass er uns richtig verstanden hat, wenn wir den anderen bitten, das, was wir gesagt haben zu wiederholen oder neu zu formulieren.

Der Austausch einer Botschaft beinhaltet zwei Aspekte: das Senden und das Empfangen. Weil wir gelernt haben, ein guter Junge oder ein braves Mädchen zu sein, der/die nicht zuviel Krach macht, nicht stört, nicht zu sehr auffällt, „die anderen nicht mit seinen/ihren kleinen Problemen stört", äußern wir uns meistens nur vorsichtig, um nicht Kritik hervorzurufen, um uns nicht angreifbar zu machen, um nicht zu zeigen, wie sensibel und empfindlich wir sind.

Da wir gelernt haben, auf die Bedürfnisse aller anderen außer uns selbst zu achten und den barmherzigen Samariter zu spielen, der die Bedürfnisse aller anderen außer den eigenen erfüllt, neigen wir, wenn es darum geht, dem anderen zuzuhören, seine Botschaft zu empfangen, zu dem Gedanken: „Ich höre dir gern zu, aber nicht zu intensiv. Denn allmählich nervt es mich, dass immer ich den anderen zuhören soll und ich habe Wichtigeres zu tun." Es gibt auch Extreme. Von Zeit zu Zeit bemühen wir uns nicht einmal mehr, dem anderen zuzuhören, sondern zwingen ihm unsere Vorstellungen auf. Wir reden und reden, aber stellen den „Empfang" (der Botschaft) vollständig ab. Im Extremfall handeln wir wie ein Tyrann, ein Despot. Wir setzen unser Bedürfnis mit Gewalt durch, ohne auf das Bedürfnis des anderen zu achten. Unsere Haltung ist autoritär, wir üben Macht und Kontrolle über den anderen aus.

Ein anderes Mal sind wir erschöpft, weil wir uns vergeblich bemüht haben, unsere Bedürfnisse geltend zu machen, weil wir keine Anerkennung oder Reaktion erhalten haben. Wir geben dann ganz auf, verzichten auf unsere Bedürfnisse. Im Extremfall verhalten wir uns wie ein Sklave, ein Opfer. Unsere Haltung ist Unterwerfung, Resignation, Verzicht.

Beachten Sie, dass wir *einmal die eine, dann die andere* Haltung einnehmen können: im Haus der Tyrann sein, im Büro der Sklave oder umgekehrt, oder ein bisschen von beidem, Tyrann und Opfer, je nach Tageszeit oder Umständen. Im selben Moment, im selben Satz, können wir gleichzeitig den Tyrannen und das Opfer herauskehren: „Geh sofort dein Zimmer aufräumen, keine Diskussion. Mein Gott! Womit habe ich solche Kinder verdient?"

Tyrann, Opfer oder beides?

Wir können also immer wieder von einem Extrem ins andere fallen. Beides bedeutet letztlich, dass wir Angst davor haben, uns auszudrücken, unser wahres Gesicht zu zeigen, zu sein, wie wir wirklich sind, mit unserem Reichtum und unserer Armut, in unserer Widersprüchlichkeit, mit unseren Schwächen, unserer Verletzlichkeit und mit unserer Angst, unsere Talente, Persönlichkeit, Kreativität, Phantasie, Vielschichtigkeit zu entwickeln. Wir tragen eine Maske, um all das gut zu verstecken, um uns vor dem Blick des anderen zu schützen.

Genauso haben wir Angst, dem anderen zuzuhören, von seiner Geschichte und seinen Schwierigkeiten zu hören. Wir stellen unsere Fähigkeit zuzuhören und zu empfangen ab oder reduzieren sie auf ein Minimum, weil uns die Andersartigkeit oder das Leid des anderen verunsichert, verletzlich macht und uns den Eindruck gibt, wir müssten uns selbst aufgeben oder äußeren Erwartungen, einem Plan, den andere für uns haben, entsprechen.

Es macht mich immer noch sehr betroffen, wie sehr meine mitmenschlichen Beziehungen lange Zeit von Angst geprägt waren: Angst davor, was der andere denkt, was er nicht denkt, Angst vor dem, was er sagt, vor dem, was er nicht sagt, Angst vor zu vielen Worten, Angst vor zu langem Schweigen, Angst, zu wenig geliebt zu werden, Angst, zu sehr geliebt zu werden, Angst, alleine zu sein, Angst, eine Beziehung einzugehen, Angst, nichts zu tun, Angst vor zu viel Arbeit, Angst zu gefallen, Angst nicht zu gefallen, Angst zu verführen ... Meine Güte, welche Ängste! Und welche Energie wurde vergeudet, um gegen diese Ängste anzukämpfen!

Es hat lange Zeit gedauert, bis ich begriffen habe, dass die ganze Energie, die von der Angst „aufgefressen" wurde, folglich nicht mehr für das Aktivsein, die Kreativität, das Leben zur Verfügung stand. Mehr oder weniger von Angst gelähmt, hörte ich auf, in Bewegung zu sein, mich zu entwickeln, ich hörte auf zu *sein*. Ich war in meiner Angst wie gefesselt, ich klebte daran, identifizierte mich meistens mit meiner Angst, hatte nur selten einen Vertrauensschub, einen Kreativitätsimpuls.

Ich erinnere mich noch ganz genau an das Gespräch beim Therapeuten, als diese Funktionsweise (wenn man das überhaupt sagen kann bei dieser Fehlfunktion) mir praktisch ins Gesicht gesprungen ist: alle diese kleinen Ängste nebeneinander, die sich in so vielen Jahren angesammelt hatten, erschienen mir wie ein wucherndes Krebsgeschwür. Ich hatte die Ängste in den Jahren der Therapie freundlich eine nach der anderen erforscht: „Ich habe davor Angst, das beunruhigt mich, das macht mir Sorgen." Einzeln untersucht, erschienen sie gutartig, harmlos, zufällig.

Blitzartig, als ob durch die therapeutische Arbeit der Nebel des Unbewussten plötzlich über meinem Bewusstsein aufriss, sah ich die Ängste plötzlich als ein Ganzes, wie ein wucherndes Geschwür, eine Krake mit unzähligen Armen. In einem Augenblick wurde mir klar, dass diese nicht zufällig waren, sondern strukturiert, das heißt, sie stellten wirklich meine Art „zu funktionieren" dar. In diesem Moment wurde mir klar, dass ich mich in Todesgefahr befand. Vielleicht nicht in unmittelbarer physischer Todesgefahr, aber in psychischer Todesgefahr, in Gefahr, das zu werden, was Marshall Rosenberg *a nice dead person* nennt, ein netter toter Mensch, lächelnd und höflich, aber innerlich tot, tot vor Angst. Als mir das bewusst wurde, erwachte mein Überlebenstrieb: Es war höchste Zeit, etwas zu ändern, es war dringend nötig, *die Fronten zu wechseln: von der Angst weg, hin zum Vertrauen.*

Ich hatte die Angst satt und wollte das Vertrauen ausprobieren. Das war neu, zu vertrauen, das war unbekannt, also machte es Angst! Egal, dachte ich, dieses Mal muss es sein! Ich setzte auf das Vertrauen, mit ganzem Einsatz, ich brachte alle Stimmen in mir zum Schweigen, die flüsterten und protestierten: „Pass auf, das geht schief, nimm dich in Acht", und ich wiederholte mir: „Hab Vertrauen, was hast du schon zu verlieren, die Angst hat dich nicht zufrieden gemacht, schlimmstenfalls wird das Vertrauen es auch nicht tun. Es gibt nichts zu verlieren. In diesem Leben, das gelähmt ist (vor Angst), sterbe ich vor Langeweile."

Es gibt zwei Möglichkeiten, sich zu entscheiden: Wir können in dem verharren, was uns bekannt ist, das auf uns lastet oder uns quält, aber das uns Sicherheit gibt, weil es bequem ist wie ein alter Mantel oder eine alte Jeans, *oder* uns in das Unbekannte stürzen, das unendlich mehr Freude machen kann, unendlich reicher ist, aber das von uns eine *Grenzüberschreitung,* eine *Veränderung* fordert.

Ja, Veränderung! Aufhören, immer dasselbe zu machen, dasselbe zu sagen und zu denken, um etwas Neues zu tun, etwas Neues zu sagen oder zu erbitten, eine neue Denkweise anzunehmen!

Wenn ich mich nicht verändere, sterbe ich, wenn ich mich nicht erneuere, sterbe ich. Christian Bobin[14] drückt die Angst vor dem Unbekannten so aus:

Drei Worte erregen das Fieber. Drei Worte fesseln dich ans Bett: Das Leben ändern. Das ist das Ziel. Es ist klar, einfach. Der Weg, der zum Ziel führt, der ist nicht zu sehen. Die Krankheit ist das Fehlen des Weges, die Unklarheit der Richtung. Man steht nicht vor einer Frage, man ist drinnen. Man selbst ist die Frage. Ein neues Leben, das ist es, was man wollte, aber der Wille, der dem früheren Leben angehört, hat keine Kraft. Man ist wie jene Kinder, die eine Murmel in der linken Hand hinstrecken und nicht loslassen, ehe sie in der rechten Hand das Geldstück dafür zu greifen bekommen: Man möchte wohl ein neues Leben, aber ohne das frühere Leben zu verlieren. Man scheut den Moment des Übergangs, die Stunde der leeren Hand.

Sobald ich mich für das Vertrauen entschieden hatte und meine Ängste besänftigte, konnte ich meine Energie in eine ganz neue Richtung lenken. Genauer gesagt: Die ganze Energie, die ich früher aufgewandt hatte, um meine Ängste zu bekämpfen und in den Griff zu bekommen, konnte ich jetzt für die Veränderung, für die Aufnahme des Neuen verwenden. Innerhalb weniger Jahre hat sich mein berufliches und privates Leben grundlegend geändert, auf eine Art und Weise, die alle meine Erwartungen übertraf. Innerhalb von zwei oder drei Jahren hat sich mein Leben mehr entwickelt als in den 35 Jahren davor.

Ich habe mein eigenes Misstrauen genau beobachtet und erlebt, aber ich beobachte es in meiner Arbeit auch oft bei anderen. Ob es in Gruppen, bei Workshops oder in Einzelgesprächen ist, ich stelle fest, dass das vorherrschende Gefühl in zwischenmenschlichen Beziehungen die Angst, das Misstrauen ist.

Handle ich in der Freude, zu lieben oder aus Angst, nicht geliebt zu werden?

Sogar bei Paaren, bei denen man glauben könnte, dass alles von Vertrauen, emotionaler Sicherheit, Hingabe in der Liebe bestimmt wird, wie viele Ängste und Zweifel gibt es auch dort! „Wenn ich das mache, was wird er denken oder sagen? Wenn ich mich dafür engagiere, was wird sie denken? Ich muss dies oder das tun, sonst wird er oder sie traurig, ärgerlich, enttäuscht, … sein." So viele Verhaltensweisen werden nicht von der Freude zu lieben bestimmt, sondern von der Angst, nicht mehr geliebt zu werden, nicht von der Freude zu geben, sondern von der Angst, nichts zurückzubekommen. Ich kaufe Liebe, Gemeinschaft, Zugehörigkeit.

Viele Menschen leben in gegenseitiger Abhängigkeit: „Ich kann nicht alleine leben, du kannst nicht alleine leben. Ich sterbe, wenn du gehst, du stirbst, wenn ich gehe. Ich stütze mich auf dich, du bist der Vater (oder die Mutter), die ich nie hatte, ich bin das Kind, das du brauchst, um ihm alle Zuwendung zu geben, die du nicht erhalten hast. Ich erwarte, dass du mich immer und ewig beschützt, mir Sicherheit gibst, du erwartest, dass du mich immer und ewig trösten kannst. Wir versuchen gegenseitig, unsere seelischen Defizite auszugleichen."

Gewaltfreie Kommunikation lädt uns dazu ein, im Vertrauen zu leben und vertrauensvoll Beziehungen zu knüpfen. Sie lädt uns dazu ein, ausreichend Selbstbewusstsein und innere Ruhe, Vertrauen und Wertschätzung für uns selbst zu finden, damit wir es wagen, unseren Platz einzunehmen ohne Angst, ihn dadurch einem anderen wegzunehmen, im Vertrauen, dass es für jeden einen Platz gibt; damit wir wagen, das zu sagen, was wir sagen wollen und so zu sein, wie wir sein wollen, ohne Angst vor Kritik, Spott, Ablehnung oder verlassen zu werden. Mit Hilfe der gewaltfreien Kommunikation können wir es wagen, unsere Persönlichkeit so weit wie möglich zu entfalten.

Weil die GFK uns hilft, mehr Selbstsicherheit und innere Ruhe zu finden, unser Vertrauen und unsere Wertschätzung uns selbst gegenüber zu fördern, werden wir ermutigt, dem anderen so umfassend wie möglich zuzuhören, ihn in seiner Vielschichtigkeit oder seiner Not anzunehmen, *ohne uns jedoch für das, was ihm geschieht oder wie er damit umgeht, verantwortlich zu fühlen*, ohne den Eindruck zu haben, wir müssten außer Zuhören und versuchen zu verstehen zusätzlich „etwas tun".

Es ist wichtig, dass wir unsere Fähigkeit, das auszudrücken, was wir empfinden und was wir wünschen, so weit wie möglich entfalten *und* unsere Fähigkeit, die Gefühle und Bedürfnisse des anderen zu empfangen. Wir leben dann immer mehr im Vertrauen, dass wir auf der Welt sein können, ohne den anderen zu „stören" und dass der andere auf der Welt sein kann ohne zu befürchten, dass wir durch ihn „gestört" werden.

Ganz gemächlich zu einem Brunnen laufen

Das Bild, das für mich diesen Weg lebendig darstellt, habe ich in *Der kleine Prinz* von Saint-Exupéry[15] gefunden, eine Erzählung, die in jedem Alter wunderbar zu lesen ist. Vielleicht erinnern Sie sich: Der kleine Prinz reist von Planet zu Planet. Auf seiner Reise trifft er einen Händler, der eine Pille erfunden hat, die bewirkt, dass man nie wieder Durst hat. Und der Händler ist ganz stolz und preist seine Pille an und sagt, dass man dank dieser Pille nie wieder zur Quelle laufen oder Wasser am Brunnen schöpfen muss – Sie sparen damit bis zu dreiundfünfzig Minuten pro Woche! Als der Kleine Prinz das hört, ist er bestürzt und antwortet: „Wenn ich dreiundfünfzig Minuten Zeit hätte, würde ich ganz gemächlich zu einem Brunnen laufen." Anders gesagt, ich würde mir die Zeit nehmen um dorthin zu gehen, wo ich meinen Durst löschen kann, mich erfrischen kann. Ich würde mich über die Frische des Wassers freuen, noch bevor ich es geschmeckt habe, der Gesang des Wassers würde mich erquicken, noch bevor ich die Hände eingetaucht habe. Ich würde mir die Zeit nehmen, um dort zu sein, wo für mein Leben gesorgt wird, wo mein Durst wirklich gestillt wird.

Aber wir leben in einem Zeitalter, in dem wir *immer schneller und immer schlechter miteinander kommunizieren.* Wir haben Handys, Anrufbeantworter, E-Mail, Datenautobahnen ... Wir tauschen viel Information aus, das ja, aber begegnen wir uns? Sind unsere Kontakte bereichernd, wirklich befriedigend?

Wir reichen einander oft Pillen, um keinen Durst mehr zu haben. Ich habe in einer Firma gearbeitet, in der eine Frau in einer verantwortungsvollen Position regelmäßig gegen 19 Uhr ihren Sohn zu Hause anrief: „Mein kleiner Schatz, Mama muss viel arbeiten und hat heute Abend noch eine Konferenz, sie kommt später nach Hause, im Tiefkühlschrank ist eine Pizza. Stell sie fünf Minuten in die Mikrowelle, dann hast du ein feines Abendessen." Eine Pille! Was der Sohn hört, ist: Ich habe keine Zeit für dich, mein kleiner Schatz. Oder: „Mein Liebling, Papa muss heute Nachmittag zu einer wichtigen Sitzung, im Schrank beim Fernseher sind zwei schöne Videokassetten, mach dir einen schönen Nachmittag, Bussi, bis heute Abend." Eine Pille! Ich habe keine Zeit für dich, mein Liebling, meine Golfpartie, Tennispartie, oder mein Meeting mit den Vorsitzenden ist wichtiger. Schau dir die Videokassetten an, das ersetzt das Wochenende mit der Familie! Oder, noch subtiler: „Mein kleiner Schatz, ich verstehe, dass du sehr traurig bist, jetzt wollen wir erst mal gut schlafen und morgen geht es dann schon besser." Eine Pille! Wir rennen und laufen, von Aufgabe zu Aufgabe, von Pille zu Pille und wir sind erstaunt, wenn wir eines Tages gewaltigen Durst haben, weil wir unablässig unterwegs und auf der Suche sind, mit trockener Kehle und trockenem Herzen! Ohne es zu wissen, sitzen wir auf der einzigen Quelle, die unseren Durst wirklich stillen kann. Diese Quelle ist die Präsenz gegenüber dem eigenen Selbst, meinen Mitmenschen und der Welt.

3.2 Empathie: für sich selbst und die anderen da sein

Karim oder: Das Vertrauen wählen

Das folgende Beispiel soll verdeutlichen, dass unsere Fähigkeit zuzuhören, den anderen so anzunehmen wie und wo er ist, in unserem Selbstbewusstsein begründet ist, in der Kenntnis unseres ganzen Wesens und in unserem Vertrauen zu uns selbst.

Karim war ein junger Mann, etwa zwanzig Jahre alt, der sehr unter seiner Drogenabhängigkeit litt, ohne davon loszukommen. Er hatte sich dem Verein für Jugendliche angeschlossen, in dem ich auch tätig war. Er hatte keine Arbeit und keine Ziele, lebte allein in einem kleinen Zimmer. Da ich ein Haus gekauft hatte, das ich renovieren wollte, schlug ich ihm vor, mir beim Renovieren und Streichen zu helfen. Er wohnte schließlich fast fünf Monate bei mir. Die Arbeit machte ihm Spaß: Er sah das Ergebnis seiner Arbeit von Tag zu Tag, sogar von Stunde zu Stunde. Abends war er zufrieden und müde, so dass sein Drogenkonsum deutlich zurückging. Gleichzeitig entstand zwischen uns eine freundschaftliche und vertrauensvolle Beziehung.

Einmal sagte er zu mir: „Ich bin dir zutiefst dankbar, nicht nur weil du mir Arbeit und damit die Gelegenheit gibst, meinen Lebensunterhalt zu verdienen, weil ich bei dir wohnen kann und somit nicht mehr alleine bin, sondern vor allem weil du mir vertrautest, als ich mir selbst nicht mehr vertrauen konnte."

Nach einiger Zeit verliebte er sich und zog zu seiner Freundin, die zwei Autostunden weit weg wohnte. Ich hörte fast zwei Jahre lang nichts von ihm. An einem Wochenende, als ich bei meinem Vater auf dem Land war, rief er mich an. Ich war total überrascht: zwei Jahre ohne etwas von ihm zu hören und dann ruft er mich unter einer fremden Telefonnummer an. Hier eine Zusammenfassung unseres Gesprächs, das sicher fast eine Stunde dauerte.

– Thomas, hier ist Karim. Du bist sicher überrascht, mich zu hören, aber es ist aus mit meiner Freundin, ich bin wieder alleine, ich drehe durch, ich erschieß mich nachher oder ich spring in den Kanal. Sie spinnt, ich spinne. Es hat überhaupt keinen Sinn, wir schlagen uns, es ist furchtbar! Du bist der letzte Mensch, mit dem ich rede, dann bringe ich mich um!

Er war vollkommen außer sich. Die Worte sprudelten nur so aus ihm heraus, als ob er sie so lange zurückgehalten hätte, dass nur eine solche Explosion ihn von dieser Last befreien konnte. Ich hörte ihm zunächst lange zu, ohne ihn zu unterbrechen. Als er begann, etwas langsamer zu reden und ich merkte, dass die Anspannung etwas nachließ, versuchte ich, eine Verbindung zu ihm herzustellen, indem ich meine Empathie mit seinem Gefühl und seinem Bedürfnis ausdrückte:

– Karim, du bist wirklich völlig verzweifelt (G) und ich merke, dass du dir kaum vorstellen kannst, dass eure Beziehung noch zu retten ist (Bd).

– Es ist aus, ich sage es dir, brüllte er von neuem. – Ganz aus, ich glaube nicht mehr daran. Ich kann mir nur noch eine Kugel in den Kopf jagen ...

– Ja, du bist echt ganz am Ende (G), das Leben hat keinen Sinn mehr für dich (Bd/Bedürfnis: dass das Leben einen Sinn hat)

und du willst lieber Schluss machen (Bitte oder Handlung), ist es das, was du empfindest?
– Ganz genau.
– Du leidest so sehr darunter (G), dass sich eure Beziehung nicht so entwickelt wie du es dir wünschst (Bd: dass die Beziehung sich gut entwickelt) und du hast eine solche Angst davor, wieder alleine zu sein (G), dass du dich vor diesem Leid schützen oder davor fliehen willst (Bd: sich vor Leid zu schützen), und du hast keine andere Lösung gefunden, als dich zu erschießen (Bt oder Handlung)?
– Nun ja, ich sehe keine andere Lösung.
– Du empfindest einen tiefen Schmerz (G), alles wankt und fällt um, du kannst dich an nichts mehr festhalten, nichts lohnt sich mehr (Bd: sicheren Boden unter den Füßen zu haben, spüren, dass etwas sich lohnt).
– Ja, so ist es.

Schweigen, minutenlanges Schweigen. Ich hörte, dass er ruhiger atmete, ich machte „hm, hm", nahm genau wahr, was gerade in ihm vorging und was in mir vorging. Dann begann ich wieder:

– Möchtest du wissen, wie ich mich jetzt dabei fühle?
– Ja, sag nur.
– Nun, das berührt mich wirklich, dass du mich anrufst (G), dass du die Initiative ergriffen hast, mich an diesem Wochenende hier zu erreichen.
– Du bist überrascht, nicht wahr?
– Ja klar, wie hast du die Telefonnummer herausgefunden?
– Ich habe die Sekretärin der Organisation angerufen und sie hat gesagt, dass du vielleicht hier bist und ich habe es ausprobiert. Und es hat geklappt!
– Nun, ich bin dir wirklich dankbar (G) für dein Vertrauen (Bd), dass es dir wichtig war, mit mir zu reden, als du ganz am Boden warst.
– Dankbar?
– Ja, dein Vertrauen ist für mich wie ein Geschenk der Freundschaft, eine Herzensfreundschaft, die nicht zu Ende ist, weil zwei Jahre vergangen sind, sondern die zwischen uns noch

lebendig ist. Siehst du, das ist für mich das Wertvollste auf der Welt. (Schweigen) Das überrascht dich vielleicht?

– Ja, ein bisschen. Ich fühle mich so nutzlos und überflüssig, dass ich nicht verstehe, was ich dir bringen könnte.

– Du bist überrascht (G), weil du kaum glauben kannst (Bd), dass es etwas bringt, sein Leid mitzuteilen), dass es für mich ein Grund zur Freude ist, wenn du mir von deinem Schmerz erzählst?

– Hm, ja.

– Für mich ist es die Freude, zusammen zu sein, gemeinsam zu überlegen und eine Lösung zu suchen. Die Freude, dem anderen wichtig zu sein. Du gibst mir die Freude, mit dir zusammen zu sein, auch wenn es in einer schwierigen Phase ist. Wie fühlst du dich, wenn ich dir das sage?

– Besser, das freut mich. Das entspannt mich.

– Ich weiß aus Erfahrung, dass man in einer Beziehung oft über denselben Stein stolpert, und dass man ihn nicht sieht, weil man zu sehr in dem Problem steckt. Würdest du gerne darüber sprechen, um zu sehen, ob wir das gemeinsam besser verstehen können?

Wir haben uns noch eine Weile unterhalten. Er schöpfte wieder Vertrauen, sah, dass sich Türen wieder etwas öffneten, wo eine Viertelstunde vorher alles verschlossen schien. Er setzte wieder auf das Leben. Als wir das Gespräch beendeten, fühlten wir uns beide gestärkt.

Anmerkungen

1. Die Gefahr besteht nicht darin, eine suizidale Phase zu durchleben, die Gefahr besteht darin, nicht wirklich zu begreifen, was in dieser Phase geschieht. Hinter der Sehnsucht zu sterben steht die Sehnsucht zu leben. Diese wurde enttäuscht.

2. Am Anfang meiner Arbeit mit Jugendlichen hatte ich ähnliche Fälle erlebt. Ich war im Zuhören noch nicht geübt und setzte oft die ungeschickten Mittel eines „guten Jungen, der alles Nötige für die anderen macht“ ein:

– Leugnen oder klein reden: „Aber das ist nicht so schlimm, das geht vorbei, du wirst sehen: Das Leben ist schön!"
– Moralisieren: „Diese Beziehung bringt dir nichts. Beende sie."
– Ratschlag: „Mach mehr Sport. Das bringt dich auf andere Gedanken."
– Bezug auf sich selbst: „Weißt du, in meinem Leben gab es auch schwierige Zeiten."

Ich leugnete das Leid des anderen oder versuchte, ihn/sie davon abzulenken, zu sehr erschreckte mich selbst die Vorstellung des Selbstmords, fühlte ich doch selbst einen kleinen Teil in mir, der zum Selbstmord neigte; ich hatte mir nie die Zeit genommen, ihn wahrzunehmen und unter Kontrolle zu bringen. Ich war also nicht bereit, dem Leid des anderen zuzuhören, mit ihm den tiefen Schmerz zu teilen. Ich versuchte auszuweichen. Weil ich den Anblick der eiternden Wunde nicht ertragen konnte, versuchte ich, den Verletzten abzulenken, oder ich deckte die Wunde mit einer dicken Schicht Heilsalbe oder einem großen Pflaster zu.

Jeder weiß, dass eine Wunde zuerst gereinigt werden muss, das heißt, man muss *genau untersuchen, was weh tut*, man muss die Wunde behandeln, das Innere wieder und wieder säubern, und dann einfach an der Luft ruhen, vernarben lassen. Das tut weh, aber es schadet nicht.

Was weh tut, ist nicht unbedingt falsch.

Früher hätte ich nicht die innere Sicherheit, das Selbstvertrauen und das Vertrauen zu dem anderen und in das Leben gehabt, um so mit Karim über seinen Schmerz nachzudenken, um das lange Schweigen auszuhalten. Denn ich hatte viel mehr gelernt, etwas zu tun, als einfach da und mit dem anderen zu sein.

3. Wenn ich heute in der Lage bin, Menschen auf eine befriedigendere Weise bis in ihre schwärzeste Tiefe zu begleiten, dann

weil ich verstanden habe, dass sie vor allem die Gegenwart eines Menschen brauchen, um nicht mehr allein zu sein. Karim fühlte sich (sagte er) wieder allein, das heißt verlassen, abgewiesen, das war die Tragik seiner Geschichte.

Wenn ich ihm alle meine Lösungen an den Kopf werfe, meine guten, beruhigenden Ratschläge, *kümmere ich mich nicht um ihn, sondern um mich*, um meine Angst, ich bin nicht bei ihm, sondern bei mir, meiner Panik oder meinen Schuldgefühlen, weil ich meine Aufgabe, alles richtig zu machen, nicht erfüllt habe.

Karim wäre dann immer mehr allein, immer mehr davon überzeugt, dass niemand das Ausmaß seines Leides verstehen kann, und dass die einzige Lösung der Selbstmord ist, das Auslöschen aller Gefühle. Wenn ich diesen Menschen aber mit meiner Empathie erreiche, ihn in seinem Leid mit meiner ganzen liebevollen Gegenwart begleite, wird er sich nicht mehr einsam fühlen und merken, dass er zwar in einer sehr schmerzvollen Situation ist, aber dass wir dies gemeinsam erleben. Und wir erfüllen das Bedürfnis, das der Tragik von Karim und vielen anderen Menschen in großer innerer Not zugrunde liegt: für jemanden wichtig zu sein, einen Platz in dem Herzen eines anderen zu haben, Zugehörigkeit zu empfinden, anderen zu begegnen.

4. Ich kann heute Menschen auf diese Art begleiten, weil ich meine eigene Verzweiflung analysiert habe und sie weiter analysieren werde, wenn sie wieder an die Oberfläche gelangt. Ich schiebe sie nicht wie früher beiseite, indem ich schnell „etwas erledige", unter die Leute gehe, mit jemandem flirte, mich in Aktivitäten stürze und in das, was der französische Mathematiker und Philosoph Blaise Pascal (1623–1662) „Zerstreuung" nennt. Ich habe meiner Verzweiflung direkt ins Gesicht gesehen, bin darin eingetaucht und habe festgestellt, dass die einzige Möglichkeit, *dem Schmerz zu entkommen, ist, ganz darin einzutauchen.* Solange ich ihn umkreise und versuche, ihn klein zu reden („Ich bilde mir das ein. Das ist nicht so schlimm. Morgen geht's schon besser.") oder mich verhärte („Es wird nicht ge-

weint. Denk an etwas anderes"), schiebe ich ihn für einen kurzen Moment beiseite, dann aber rückt er umso stärker wieder ins Zentrum und ich entkomme ihm nicht.

Weil ich meinen eigenen Schmerz wirklich bewältigt habe, kann ich Karim in seinem Schmerz zuhören, ohne mich sofort davor schützen zu müssen.

5. Ich möchte sogar noch einen Schritt weitergehen und vorschlagen, unser eigenes emotionales oder psychisches Leid oder das der anderen nicht nur anzunehmen, sondern zu versuchen, darin eine Chance zu sehen. Wenn wir in diesem Sinne bereit sind zu sehen, was dieses Leid anzeigt, kann es eine Möglichkeit sein zu wachsen, viel über sich selbst und über den Sinn unseres Lebens zu lernen. Aus diesem Grund folgt nach dem Schmerz immer (wenn wir bereit sind, uns darin zu vertiefen, um daraus zu entkommen) eine tiefe Freude, neu und unerwartet.

Nicht dass ich irgendjemandem Leid wünschen würde. Verstehen wir uns richtig: Wenn wir es uns ersparen können, umso besser. Ich lege bestimmt nicht nahe, es zu suchen, wie einige religiöse Bewegungen, die dem Körper, dem physischen Leben, dem Wohlbefinden und dem Leben in allen seinen Formen nicht den Respekt, die Würde und die Liebe entgegenbringen, die ich persönlich ihnen entgegenbringe. *Wenn* jedoch emotionales oder psychisches Leid uns trifft, ermutige ich Sie, dies als Anregung zu erleben, auf ein neues Bewusstseinsniveau zu gelangen, eine neue Stufe zu erklimmen.

Ich glaube, dass in der Tat unser Leid sehr oft aus Unwissenheit entsteht: Ich ignoriere eine bestimmte Dimension des Lebens in mir, eine Dimension des Sinns, die wie eingemauert in einem vergessenen Zimmer meines inneren Palastes ist; und das Leid bricht einen Riss in die Mauer, öffnet einen Spalt oder dreht den Schlüssel in der verborgenen Tür, so dass ich Zugang erhalte zu einem neuen Raum in mir, tief und unerwartet. Ein Ort, an dem ich mehr innere Leichtigkeit und Wohlbefinden erfahren kann, mehr innere Festigkeit und Sicherheit, und von dem aus ich mich, meine Mitmenschen und meine Umwelt mit mehr Liebe und Einfühlungsvermögen betrachten kann. Und aus dem vergessenen Zimmer wird ein Balkon, der den Blick auf die Welt freigibt.

Der folgende Text von Christian Bobin veranschaulicht diese Verwandlung:

Es geschieht, dass ein Stein in dir sich löst, dann weitere Steine daneben. Ein Mauerstück, an dem du überhaupt nicht mehr vorbeikamst, gibt bald dem entfernten Windstoß nach. Du betrachtest die umherliegenden Steine: losgelöst, mit einer leidenschaftlichen Langsamkeit, durch das trockene Gras des Vergessenes, zerfurcht von den grauen Wassern des Überdrusses konnten sie nicht mehr lange halten. Ein Windhauch reichte aus, um aus ihnen wieder einzelne Steine wie am Ursprung zu machen. Du hörst das entfernte Echo des Einsturzes. Du hörst, was sie sagen: Jemand ist von dir gegangen, der niemals Einlass gefunden hatte. Nach und nach verblasst die Faszination der Ruinen, verschwindet ihre letzte Macht, Bedauern auszulösen. Du entfernst dich, verspürst das Unermessliche eines Lichts, das dich ermessen lässt, wie ungeheuer belanglos deine Verluste sind.

Empathie bedeutet, mit seinem ganzen Wesen zuzuhören.

Empathie oder Mitgefühl ist die Präsenz, die ich dem entgegenbringe, was ich selbst erlebe oder was der andere erlebt. Ob Empathie für mich selbst oder für den anderen, es geht darum, unsere Aufmerksamkeit darauf zu richten, was im Moment geschieht. Wir setzen uns mit den Gefühlen und Bedürfnissen in Verbindung, indem wir vier Schritte gehen: *die Schritte der Empathie.*

■ Erster Schritt: *Nichts tun.*

Als Kind haben wir oft gehört: „Sitz nicht einfach nur herum, tu etwas", so dass wir gelernt haben, uns mit hunderterlei Dingen zu beschäftigen, und unfähig geworden sind, einfach nur zuzuhören und da zu sein, ohne etwas zu tun. Ein buddhistisches Sprichwort hingegen lautet: *Tu nicht irgendetwas, sei einfach da.*

Wenn wir unser eigenes Leid, unseren Zorn und unsere Traurigkeit tragen müssen, fällt es uns schwer, offen zu sein für das Leid, den Zorn und die Traurigkeit unserer Mitmenschen, und zu akzeptieren *einfach da zu sein*. Dahin zu gelangen, dem anderen zuzuhören ohne etwas zu tun, setzt voraus, dass sich tief in uns das Vertrauen gefestigt hat, dass jeder Mensch in sich über alle Mittel verfügt, die für seine Heilung und seine Entfaltung nötig sind. Was ihn von diesen Quellen trennt, was sie mit einem Schleier bedeckt, der sie seinem Blick entzieht, ist seine Unfähigkeit, mit seinem ganzen Wesen und im richtigen Ausmaß zuzuhören. Die inneren Quellen sind vorhanden, sie sind nur nicht sichtbar.

Wie viele orientierungslose Jugendliche, die keinen klaren Weg mehr sehen, sagen mir sinngemäß: „Ich wünsche mir nur, dass mein Vater (oder meine Mutter) mir einen Moment lang zuhört, wenn ich ihm von meinen Schwierigkeiten erzählen will. Aber sobald ich den Mund aufmache und ihm meine Probleme sagen will, hagelt es gute Ratschläge, oder er setzt mir seine eigenen Lösungen vor, sagt mir alles, was ich machen soll oder was er in meinem Alter gemacht hat. Er hört mir nicht zu ..."

Das ist typisch: Der Vater oder die Mutter belasten sich mit der Vorstellung, unbedingt alles richtig machen zu müssen, und mit der Furcht, nicht dem perfektionistischen und starren Bild des guten Vaters, der guten Mutter zu entsprechen. Dazu kommt die panische Angst, das eigene Kind könnte in große Schwierigkeiten geraten und die Schule hinschmeißen, Drogen nehmen, schlechten Einflüssen ausgesetzt sein. Die Eltern sind daher nicht fähig, die Bedürfnisse ihres Kindes wahrzunehmen.

Alle Energie der Eltern wird – meistens ganz unbewusst – mobilisiert, um die eigenen Bedürfnisse nach Sicherheit zu erfüllen: das Bedürfnis, ihrem Kind zu helfen oder das Bedürfnis, dem Bild des guten Vaters/der guten Mutter zu entsprechen, das heißt den eigenen Selbstwert zu fördern – sie sind also nicht bereit, dem Kind schweigend zuzuhören. Jemandem Empathie entgegenzubringen, vor allem wenn derjenige uns nahe steht und emotional eng mit uns verbunden ist, fordert innere Kraft und Selbstsicherheit.

- Zweiter Schritt: *Unsere Aufmerksamkeit auf die Gefühle und die Bedürfnisse des anderen richten.*

Unser inneres Wesen äußert sich in Gefühlen und Bedürfnissen. Wir müssen also jede Faser unseres Herzens darauf richten, was der andere empfindet und benötigt, *über das, was er sagt und wie er es sagt, über seine Einstellung hinaus*. Dafür müssen wir uns die Zeit nehmen, um uns auf ihn einzustimmen: „Was könnte er empfinden – Traurigkeit, Einsamkeit, Zorn oder ein bisschen von allem? Wenn *ich* diese Gefühle empfinde, welche Bedürfnisse zeigt mir dies an?"

Wir bringen uns in Einklang, schwingen mit dem anderen mit. Sie kennen dieses Phänomen aus der Physik: Wenn Sie mehrere Tamburine hintereinander hochkant aufstellen (so dass die Felle parallel stehen) und auf das erste schlagen, überträgt sich die Vibration bis zum letzten Tamburin, aus Sympathie schwingen alle mit. Auch die Empathie lädt uns ein, aus Sympathie mitzuschwingen.

Aber Achtung! Es geht *nicht* darum, die Verantwortung für das zu übernehmen, was der andere erlebt – das ist seine Sache. Es geht vielmehr darum, ihm zu zeigen, dass er nicht allein ist.

- Dritter Schritt: *Die Gefühle* und *Bedürfnisse des anderen reflektieren.*

Es geht nicht darum, sie zu interpretieren, sondern in eigenen Worten wiederzugeben, um sich der Gefühle und Bedürfnisse des anderen bewusst zu werden. Wenn wir die Bedürfnisse wiederholen, neu formulieren, bedeutet das jedoch auf keinen Fall, dass wir damit einverstanden sind und ebenso wenig, dass wir bereit sind, sie zu erfüllen. Hier ein Beispiel:

– Mein Mann hilft mir nie bei der Hausarbeit. Er ist ein egoistischer Macho.
– Ich verstehe. Sie sind zornig, weil sie als Frau respektiert werden wollen.

Hier wurde nicht reflektiert, sondern interpretiert und dies verschärft eher noch den Konflikt „Mann-Macho/Frau“. Wir sollen jedoch überprüfen, ob wir die jeweiligen Bedürfnisse richtig verstanden haben und dabei jede Ausdrucksweise vermeiden, die eine Trennung, einen Gegensatz verstärkt. *Wir achten außerdem genau darauf, das Gefühl mit einem Bedürfnis zu verknüpfen.* Wenn wir nur das Gefühl reflektieren, laufen wir Gefahr, dass wir in der Anklage und Aggression stecken bleiben.

– Sind Sie zornig (Reflektion des Gefühls ohne Bedürfnis)?
– Ja, und ob! Es ist nicht auszuhalten. Neulich erst …

In diesem Beispiel klagte die Frau, die sich in Schwierigkeiten befand, weiter an, ohne zu sich selbst zu finden, zu ihren Quellen hinabzusteigen. Wenn wir aber das Gefühl mit einem Bedürfnis verknüpfen, laden wir sie dazu ein, in ihr Inneres vorzudringen, sich innerlich an die Arbeit zu machen, um eine Erweiterung des Bewusstseins und eine größere Handlungsfähigkeit zu ermöglichen.

– Sind Sie zornig (G), weil sie Anerkennung und Respekt vor Ihrer Arbeit brauchen (Bd)?

Die Antwort könnte lauten:
– Ganz genau, ich brauche Anerkennung und Respekt – oder:
– Gar nicht, ich fühle mich anerkannt und respektiert, ich bin außerdem gar nicht zornig, ich fühle mich traurig und entmutigt, ich brauche Ermutigung und Mithilfe.

Ich gebe diese zwei Möglichkeiten an, um zu zeigen, dass es nicht unbedingt nötig ist, gleich das richtige Gefühl und Bedürfnis aufzudecken. Wenn wir die Gefühle und Bedürfnisse reflektieren, geben wir dem anderen eine Chance. Diese Haltung fordert unser Gegenüber zum einen auf, sich innerlich seiner Position klar zu werden, selbst nach innen zu hören und sich über seinen inneren Zustand klar zu werden, und zeigt ihm zum anderen unser wohlwollendes Zuhören, das er braucht, um seine eigenen Quellen zu finden. Es handelt sich also um ein *aktives*

Zuhören. Das Zuhören muss umso aktiver sein, je mehr der andere dazu neigt, seine Überlegungen auf den Intellekt, den mentalen Bereich, zu beschränken und dann vielleicht Hilfe braucht, um zu seinen Gefühlen und Bedürfnissen zurückzufinden. Wenn die betreffende Person sagt: „Männer sind sowieso alle Machos, wir werden sie nie ändern ...", lassen wir so einen „mentalen" Satz wie diesen, der ein Urteil und Schubladendenken darstellt, nicht kommentarlos durchgehen. Das ist vielmehr eine Gelegenheit, ein ganz wichtiges Bedürfnis herauszufinden. Marshall Rosenberg stellt fest, dass *unsere Beurteilungen in der Tat der tragische Ausdruck unserer Bedürfnisse sind.*[16]

Wir könnten das Gespräch zum Beispiel so weiterführen:

– Sind Sie entmutigt (G), wenn Sie das sagen, weil Sie sich wünschen, dass die Menschen, insbesondere Männer, sich mehr für die anderen öffneten und aufmerksamer wären (Bd)?
– Bei meinem geschieht das bestimmt nie!
– Macht Sie das traurig (G), weil Sie ihm gerne vertrauen würden, glauben, dass er sich ändern kann, dass er in sich die Fähigkeit hat, sich zu ändern (Bd)?
– Oh ja, das weiß ich. Er ist sehr talentiert. Aber er wendet sich von seinen Talenten ab, er baut einen Panzer um sich.
– Wenn Sie das sagen, fühlen Sie sich dann hin- und hergerissen zwischen einem Teil von Ihnen, der sehr berührt ist (G) von seinen Stärken (Bd) und einem anderen Teil, der es wirklich leid ist (G), dass er davon so wenig Gebrauch macht (Bd)?
– Ja, so ist es. Ich fühle mich zutiefst berührt von diesem Mann, der so sensibel ist, so empfindsam und der solche Angst davor hat, es zu zeigen. Stattdessen glaubt er, den Macho spielen zu müssen, und ich bin traurig, dass er diese Sensibilität nicht auslebt. (Schweigen). So was, gerade habe ich ihn einen Macho geschimpft und jetzt stelle ich fest, dass er ein feinfühliger und aufmerksamer Mann ist, der in dieser Maskerade gefangen ist.
– Wie fühlen Sie sich, wenn Sie das bemerken?
– Gerührt, ruhiger (G). Weil ich jetzt besser verstehe (Bd), dass wir alle ein Spiel spielen.

– Wollen Sie damit sagen, dass Sie sich darin auch wiederfinden, in dieser Vorstellung, dem anderen etwas vorzuspielen?
– Absolut, und weil jeder sein Spiel spielt, haben wir immer noch keine richtige Beziehung. (Schweigen) Ich muss mich ändern, die Masken abnehmen und mich ihm zeigen, wie ich bin und nicht so, wie ich ihm gegenüber erscheinen will.
– Was können Sie konkret in diese Richtung hin unternehmen?
– (Schweigen) Ihn fragen, ob er mir einen Moment lang zuhören möchte und es wagen, ihm das zu sagen, was ich gerade mit Ihnen besprochen habe.

- Vierter Schritt: *Das Lösen der Anspannung, eine physische Entspannung bei meinem Gegenüber feststellen, die sich oft in einem Seufzer äußert.*

Unsere non-verbale Sprache zeigt damit oft an, dass wir uns verstanden fühlen, dass wir in Verbindung stehen mit dem anderen. Es ist wichtig, auf dieses Zeichen zu warten, um sicher zu sein, dass der andere sich verstanden fühlt oder bereit ist, uns zuzuhören. In dem Gespräch mit Karim erschien dieses Zeichen deutlich. Karim war überhaupt nicht bereit mir zuzuhören, bevor er sich nicht entspannt hatte.

Anmerkungen

1. Die Empathie besteht darin, so eng wie möglich am Gefühl und Bedürfnis des anderen festzuhalten. Das bedeutet, dass wir *zum einen* nichts erfinden, kein Gefühl oder Bedürfnis, wir versuchen dem, was der andere fühlt, so nah wie möglich zu kommen, indem wir seine Gefühle und Bedürfnisse in Worte fassen; *zum anderen* laden wir ihn ein, weiter auf seine Gefühle und Bedürfnisse zu hören, sie zu erforschen, und sich nicht wieder auf den mentalen Bereich, den Intellekt, die kulturellen, psychologischen oder philosophischen Überlegungen zu beschränken. Unser Gegenüber übernimmt die Führung, gibt die Wegrichtung an.

2. Wenn wir klagen, formulieren wir oft das, was wir nicht oder nicht mehr wollen und teilen es jemandem mit, der nicht

in der Lage ist, uns zu helfen. Wir können uns so jahrelang beklagen ohne etwas zu ändern. Die bewusste und gewaltfreie Kommunikation lädt uns dazu ein, unser Bedürfnis hinter dem Mangel zu erkennen, und es der Person mitzuteilen, die in der Lage ist, uns zu helfen (wobei wir oft selbst diese Person sind). Wie in dem Beispiel „Mir wird bewusst, dass wir alle Rollen spielen, und ich auch. Ich möchte das ändern und entscheide mich deshalb, mich meinem Partner zu öffnen." – Hier verlässt unser Gesprächspartner die anklagende Haltung und nimmt sich selbst an der Hand.

3. Empathie ist der Schlüssel für die Qualität der Beziehung zu uns selbst und zu den anderen. Sie heilt, erleichtert, belebt. Beobachten Sie genau Ihre Traurigkeit, Ihr Leid, Ihre Einsamkeit. Kommen diese Gefühle nicht daher, weil Sie nicht so angenommen, angehört, verstanden und geliebt wurden, wie Sie es sich gewünscht hätten? Betrachten Sie das Leid, das durch Trauer, Trennung, Misslingen eines Projekts verursacht wird: Wenn Sie dieses Leid alleine tragen müssen, ist es die Hölle, wenn Sie es zu zweit oder mit anderen, mit der Familie erleben und gegenseitige Empathie spüren, ist es ganz anders, weil Sie es in gegenseitigem Verstehen und Wertschätzung teilen können. Es kann sogar die Gelegenheit für eine innigere Beziehung und ein größeres Wohlbefinden sein, tief und unerwartet, wenn Sie die Umstände nutzen, um eine neue Stufe des Bewusstseins zu erreichen.

4. In unserem Beispiel habe ich gesagt, dass es nicht unbedingt nötig ist, sofort das richtige Gefühl und Bedürfnis aufzudecken, dass es aber hilfreich ist, dem anderen einen Vorschlag zu machen, damit er in dieser Hinsicht seinen eigenen Standpunkt beziehen kann. Kürzlich behandelte ich diesen Punkt mit einer Gruppe von Schülern. Wir arbeiteten in einem schlecht geheizten Klassenzimmer, mitten im Winter und es war kurz vor Mittag. Ich stellte einer Schülerin die übliche Frage: „Wie geht es dir, wie fühlst du dich?" Sie antwortete mir: „Hm, es geht mir gut." Dann fragte ich weiter: „Hast du Durst?" Sie antwortete: „Ja."

„Ist dir kalt?“ „Ja.“ „Hast du Hunger?“ Sie antwortete lachend: „Ja.“ „Siehst du, wenn ich dir präzisere Fragen stelle, stellst du fest, dass es dir nicht so gut geht. Ich habe nichts damit zu tun, dass es dir kalt ist oder dass du Hunger oder Durst hast, ich habe dich nur eingeladen, dich selbst zu fragen, ob du diese Bedürfnisse hast. Du hättest meine Fragen genauso gut mit ‚Nein‘ beantworten können oder hinzufügen können ‚aber ich bin müde‘, wenn das der Fall gewesen wäre. Ich habe dir Hilfestellung geleistet und dich eingeladen, dir selbst zuzuhören, anstatt automatisch zu antworten. Das will Empathie bewirken: mit seinem ganzen Wesen zuhören und auf alle Bereiche achten.“

Kathy oder: allergisch gegen Empathie

Ich beobachte, dass die meisten Menschen einen ungeheuren Durst nach Empathie haben und es ihnen ausgesprochen gut tut, wenn jemand ihnen zuhört und ihre Gefühle und Bedürfnisse versteht, nicht nur belanglos daher redet. Gleichzeitig sehe ich auch Menschen, denen es so sehr an Verständnis, an wohlwollendem Zuhören (ohne Beurteilungen) und an bedingungsloser Annahme ihrer Person gefehlt hat, dass sie zunächst allergisch auf Empathie reagieren.

Es ist, als ob die Erfahrung von Nähe und Verständnis ihnen das wegnähme, was sie sich als Wertvollstes aufgebaut haben: ihre rebellische und unverstandene Identität, ihre erbitterte und finstere Einsamkeit, ihr untröstliches Missbehagen.

Wieder ist es die Angst vor dem Unbekannten, aber hier in Form existenzieller Angst: „Ich habe immer gekämpft, mich immer abgeschottet, einen Panzer um mich aufgebaut. Werde ich überleben, wenn ich mich öffne, wenn ich rede, die Waffen sinken lasse?“ Wer in diesem Maß verletzt ist, braucht sehr viel stille Empathie, weil Worte oft kategorisch abgelehnt werden: Das reicht von „Halt die Klappe, verpiss dich, kümmere dich um deinen eigenen Dreck“ der Kinder auf der Straße bis zu „Ich kann diesen Psycho-Kram und dieses verschwommene Ideengewäsch nicht ausstehen, ich hab’ klare Vorstellungen von Logik, so ist es und nicht anders“. So sprechen Menschen, die sich selbst als Kopfmenschen bezeichnen. Sie stehen so unter dem Zwang zu denken und richtig zu denken, dass sie es nicht mehr wagen, zu fühlen, zu existieren.

Die Heftigkeit dieser Ablehnung zeigt oft, wie stark das Bedürfnis ist, wie hier am Beispiel von Kathy zu sehen ist:

Vor einigen Jahren unternahmen wir mit etwa zwanzig Jugendlichen, die in einem Heim untergebracht waren oder auf der Straße lebten, eine mehrtägige Kanufahrt in einer sehr trockenen und sonnigen Gegend. Kathy war als Säugling von ihrer Mutter verlassen worden und in einem Heim aufgewachsen. Für ein vierzehnjähriges Mädchen hatte sie einen gewaltigen Wortschatz, der sogar einen alten Gefängniswärter erstaunt hätte! Es war unmöglich, sie anzusprechen, ohne einen Schwall Flüche, Schimpfwörter und andere Ausbrüche ihres Temperaments an den Kopf geworfen zu bekommen.

Vom ersten Tag an hatte ich ihr empfohlen, während der Kanufahrt in der prallen Sonne ein langärmliges Hemd über ihr T-Shirt zu ziehen, um keinen Sonnenbrand zu bekommen. Sie dagegen wollte jeden Sonnenstrahl ausnutzen. Wie verständlich!

Am Abend, im Zeltlager, waren ihre Arme knallrot vor Sonnenbrand.

– Kathy, ich habe Après-Soleil-Creme, falls du willst, dein Sonnenbrand tut wahrscheinlich weh.
– Das geht dich einen Sch... an, du ...!
– O.k., Kathy, kein Problem, ich lasse sie hier. Wenn du willst, kannst du dir davon nehmen. Ich rate dir trotzdem, morgen ein Hemd anzuziehen, sonst bekommst du Verbrennungen. Die Sonne scheint hier viel intensiver als bei uns.
– Halt die Klappe, hab' ich gesagt, lass mich in Ruhe ...

Am nächsten Tag war sie wieder ohne Schutz in der Sonne. Am Abend war sie glühend rot.

– Kathy, ich glaube, jetzt tut es wirklich weh. Meine Creme ist auf dem Stein hinter meinem Rucksack, wenn du willst, kann ich dir helfen, deinen Nacken und Rücken einzucremen ...
– Hau ab, Pfoten weg, du Spanner ...
– O.k., Kathy.

Sie ging, um ihr Zelt aufzubauen. Ich beobachtete sie und sah, dass sie Schwierigkeiten hatte. Sie wiederum hatte gesehen, dass ich sie beobachtete und rief nach mir.
– He, du Freak! Kannst du mir nicht helfen, mein Zelt aufzubauen anstatt nur herumzusitzen?
– Aber gerne, Kathy.
Und mit einem Augenzwinkern fügte ich hinzu:
– Du kannst mich auch Thomas nennen, das ist besser als Freak, oder?

Sie lachte, ich baute ihr Zelt auf. Wir unterhielten uns ein bisschen. Unter der Maske der trotzigen Rebellin steckte ein zartes junges Mädchen. Ich ging zu meinen Sachen zurück und rieb mich mit Après-Soleil-Creme ein. Ich hörte, wie Kathy mich rief und ihre Arme zeigte: „He, Thomas, kannst du mir auch was geben?"

Für diesen Abend waren die Arme genug. Am nächsten Tag ließ sie sich auch Nacken und Schultern eincremen, dann wurde es zu einem kleinen Ritual zwischen uns. An jedem Abend unserer Reise kam sie und bat um diese wohltuende Massage, die eine Gelegenheit war, um unauffällig Zärtlichkeit zu empfangen, sich anzuvertrauen. Wir hatten uns gezähmt.

Erinnern Sie sich an den Fuchs im *Kleinen Prinz*: „Bitte, zähme mich", sagte der Fuchs. „Was bedeutet zähmen?", fragte der Kleine Prinz. „Weißt du, ich bin für dich nur ein Fuchs, der hunderttausend Füchsen gleicht, und du bist für mich nur ein kleiner Knabe, der hunderttausend kleinen Knaben völlig gleicht. Aber wenn du mich zähmst, werde ich für dich einzig sein in der Welt, du wirst für mich einzig sein in der Welt."

Für jemanden einzig zu sein, von jemandem als einzigartig betrachtet zu werden, das war ohne Zweifel das, worauf Kathy seit vierzehn Jahren wartete: als Mensch in seiner Einzigartigkeit bestätigt, wahrgenommen und akzeptiert zu werden. Dies war ein solcher Mangel in ihr, ein solcher Schmerz, dass sie meine ersten Versuche als zudringlich empfunden hatte und sie nicht annehmen konnte.

Als sie ihr Gepäck nahm, um in den Bus zu steigen, der sie zum Heim zurückbringen sollte, ließ sie ihre beiden Taschen fallen, sah mich mit einem Augenzwinkern an und sagte: „Ich will nicht nach N... zurück, adoptierst du mich?"

Es geschieht häufig in Partnerbeziehungen und Familien, dass jemand allergisch auf Empathie reagiert. Menschen können in einer Beziehung so viel Leid angesammelt haben, dass sie kein einziges Wort, auch wenn es liebevoll ist, von dem anderen ertragen. Diese Situation ist für beide Beteiligten ausgesprochen schmerzhaft. Derjenige, der sich in der Beziehung abkapselt, leidet ohne es zu wissen selbst unter seinem Abgeschlossensein, seiner Einsamkeit. Er sitzt in der Falle und will nicht glauben, dass er sich selbst daraus befreien kann. Gefühle der Hilflosigkeit, der Auflehnung und der Einsamkeit drohen ihn zu überwältigen.

Der andere hält die Tür offen und versucht, den anderen herauszulocken, leidet aber ungeheuer unter der Tatsache, dass seine guten Absichten und Bemühungen nicht anerkannt und akzeptiert werden. Aus Ärger darüber wird er oft auch unleidlich und aggressiv, was dem anderen bestätigt, dass er die Brücken zu Recht versperrt hält, und damit beginnt der Teufelskreis oder die Spirale der Gewalt!

Was können wir tun?

■ **1.** Für die Person, die die Tür offen halten möchte: Aggression vermeiden, die wieder Aggression hervorruft. Wenn die Situation jedoch sehr lange anhält, kann man seinen natürlichen Zorn in gewaltfreier Kommunikation äußern, seine Frustration klar ausdrücken, ohne den anderen anzugreifen. Wir werden später sehen, wie wir unseren Zorn kraftvoll ausdrücken können, ohne den anderen anzugreifen. Es kommt jedoch häufig vor, dass die Person, die ihre Türen verschlossen hält, automatisch alles als gegen sie gerichtet empfindet. Dann wird sogar Zorn, der ohne Aggression die Bedürfnisse ausdrückt, als Aggression verstanden.

Es bleibt die stille Empathie des Herzens. Diese erfordert eine innere Arbeit der Empathie sich selbst gegenüber, um nicht seinerseits Gefühlen der Aggression nachzugeben. Bei dieser

Arbeit dürfen wir Hilfe von außen in Anspruch nehmen. Ich habe persönlich Situationen gekannt, in denen ich das Bedürfnis nach Hilfe von anderen verspürte und einen Kollegen bat, mir zuzuhören, mir Empathie zu geben, wenn ich mich, ohne es zu wollen, in die Aggression hineinzusteigern drohte.

Durch eine aggressive Explosion hätte ich natürlich einige Ergebnisse erzielen können: Es kann sein, dass sich bei einem Wecker die verklemmte Feder löst, wenn man ihn auf den Boden feuert, er kann aber auch in seine Einzelteile zerspringen. Ich habe keine Lust mehr, Konflikte auf diese Art zu lösen. Die Empathie aufrechtzuerhalten, wenn auch nur einseitig, schafft eine Atmosphäre, die mir besser gefällt, als negative Gefühle bei meinem Gegenüber zu nähren. „Alles schön und gut", sagen Sie, „und dann?" Nun, dann kann in solchen Situationen oft folgendes passieren. Wir wissen, dass wir den anderen nicht ändern können, *wir können nur uns selbst ändern und unsere Sichtweise.* Wenn wir uns ändern, ändert sich der andere auch oder er hat jedenfalls eher die Möglichkeit, sich zu ändern, wenn wir bereit sind, uns zu verändern; wenn wir uns aber auf unsere Haltung versteifen, wird er sich sehr wahrscheinlich auf seine versteifen.

So wie man die Aggression wie einen Ball nur zwischen zwei Personen hin – und herschießen kann (ich greife dich an, du erwiderst, ich schlage kräftiger zurück, – es sei denn, ich entschließe mich, den Schläger hinzulegen und zu sagen, dass ich nicht mehr mitspiele), glaube ich, dass zwei dazu gehören, um auf Dauer beleidigt zu sein.

Ich habe gesehen, wie Beziehungen wieder neu geknüpft wurden, weil einer immer die Türen offen hielt, die der andere hartnäckig geschlossen halten wollte. Was will im Grunde derjenige, der die Türen schließt und sich in seinen Schmollwinkel zurückzieht? Er will oft, dass der andere versteht, wie sehr er leidet, dass der andere das Ausmaß seines Schmerzes erkennt, und weil er weder die Worte noch die Kraft findet, um es zu sagen, schließt er die Tür hinter sich. Was kann der andere tun, der trotz der abweisenden Haltung des anderen die Türen öffnen möchte? Sein Mitgefühl für sein Leid offen oder im Stillen ausdrücken, ihm durch die eigene Haltung demonstrieren, dass er ihn ohne Beurteilung oder Vorwurf akzeptiert.

Empathie ist wie Wasser, das seinen Weg auch durch härtestes Felsgestein findet, weil es von dem Teil des Herzens gerufen wird, der den größten Durst verspürt. Empathie erfordert aber oft sehr viel Geduld, und vielleicht verspüren wir den Wunsch, unsere Zeit und unsere Kraft befriedigender einzusetzen.

■ **2.** Für denjenigen, der die Tür verschlossen halten will: Wenn diese Situation ihm nicht schließlich selbst so unangenehm erscheint, dass er Lust hat, sie zu ändern, kann ich nur empfehlen, in den Schmerz einzutauchen, um sich von ihm lösen zu können; auf eine bequeme Anklage zu verzichten („das ist die Schuld meines Vaters, meiner Mutter, meines Mannes, meiner Frau, meiner Geliebten, meiner Kinder"), aufzuhören, mit sich selbst und der Wirklichkeit zu feilschen („es wird schon besser werden, ich werde mein Leben neu ordnen, umziehen oder auswandern, mit meinem neuen Partner wird alles anders"), die Wunde offen zu legen, um sie zu behandeln.

Diese Arbeit erfordert häufig Hilfe von außen, wenn man vermeiden möchte, sich länger als unbedingt notwendig im Kreis zu drehen. Leider akzeptieren nur sehr wenige Menschen in dieser Lage Hilfe. Viele ziehen ihre „hochmütige Untröstlichkeit" immer wieder hervor, wie Nerval[17] in seinem Gedicht:

Ich bin der Einsame, der sich im Dunkel hält,
bin Aquitaniens Fürst, dem sie den Turm zerhauen:
Mein einz'ger Stern ist tot und meine Himmelslaute
Liegt in dem schwarzen Licht, das aus der Schwermut fällt.

Um Hilfe zu bitten bedeutet, seine „Armut", seine Verletzlichkeit zu offenbaren. Damit dringen wir schon weit in unsere Verletzung vor. Wenn wir uns unserer Verletzlichkeit bewusst werden, haben wir die Chance zu erkennen, dass unsere wahre Kraft in unserem Herzen liegt, dass unsere Armut unser wahrer Reichtum ist: der Reichtum der Seele.

Was ich die „hochmütige Untröstlichkeit“ nenne, ist ein Verharren auf einer Bewusstseinsstufe: Ich bleibe dort, hülle mich in mein Leid, überzeugt, dass niemand mich je verstehen wird, und ich warte trotzdem, mehr oder weniger bewusst, dass jemand sich um mich kümmert. Für einen solchen Menschen ist es wohl richtig dort zu sein, es ist das Beste, was er in diesem Moment und unter diesen Umständen machen kann, oder er hat keine Kraft mehr, um Hilfe zu bitten oder einfach die Dinge aus einem anderen Blickwinkel zu betrachten. Ich will darüber kein Urteil fällen, ich fühle nur eine große Traurigkeit bei der Vorstellung, dass ein Mensch sich in diesem Maß in sein Leid verstricken kann, dass er nicht in der Lage ist, aus dieser Situation Nutzen zu ziehen um zu wachsen. Ich befürchte außerdem, dass jemand, der sich in seiner Position so versteift hat und der so blockiert ist, nur durch einen Schock, den ein Unfall, eine Trennung, eine Krankheit oder ein Trauerfall auslöst, wieder in Bewegung, wieder zum Leben gelangt.

Unsere Bedürfnisse müssen eher anerkannt als erfüllt werden.

Als die Leiterin einer Kindertagesstätte nach einem Wochenendkurs am Montag morgen wieder an ihrem Arbeitsplatz ankam, fiel ihr eine junge Praktikantin auf, die versuchte, ein kleines Mädchen zu beruhigen, das zum ersten Mal von seiner Mutter gebracht worden war. Das kleine Mädchen war in Tränen aufgelöst und die Praktikantin versuchte mit allen klassischen Mitteln, das Problem zu „lösen“.

- Erste Möglichkeit: „Aber nein, mein Schatz, du bist nicht traurig. Wir haben viel Spaß hier, du wirst sehen.“ Das Gefühl der anderen Person leugnen: Ihr Gefühl wird als störend empfunden, weil wir uns hilflos fühlen, also leugnen wir es.
- Zweite Möglichkeit: „Aber du solltest nicht traurig sein, viele kleine Mädchen haben nicht so ein Glück wie du, dass du in eine so schöne Gruppe mit so schönen Spielsachen kommen kannst ...“ Schuldgefühle wecken! Wir halten dem

anderen das vor, was er in diesem Moment empfindet. Wir lassen ihn verstehen, dass sein Gefühl falsch ist, dass es unrecht ist, traurig zu sein. Wir fordern ihn also auf, seine Gefühle in Frage zu stellen oder sie gar zu ersticken, um sich in die Gemeinschaft einzufinden!

- Dritte Möglichkeit: „Ich habe dein Geheule satt, du bist wirklich sehr schwierig. Ich gehe jetzt und komme erst wieder, wenn du wieder lieb bist." Beurteilung und manipulierender Zorn.

Als die Leiterin das sah, bot sie der jungen Praktikantin an, sich selbst um das kleine Mädchen zu kümmern, das auf dem Boden saß und immer lauter weinte. Sie ging zu ihr, kniete sich neben ihr hin und sagte:

– Mein Schatz, du bist jetzt wirklich sehr traurig hier, nicht wahr (G)?
– Ja, antwortete das Mädchen schluchzend.
– Du bist traurig und auch zornig, oder (G)?
– Ja, sagte die Kleine schniefend.
– Du wärst heute Morgen lieber bei deiner Mama geblieben (Bd)!
– Ja, sagte das Mädchen seufzend.

Die Leiterin seufzte auch und schaute sie mitfühlend an, dann schlug sie ihr vor:

– Möchtest du jetzt mit mir spielen?
– O.k., sagte das Mädchen.

Was war passiert? Das kleine Mädchen, das sich so einsam und verlassen gefühlt hatte, spürte Nähe und Verständnis: „Ach, endlich ein Erwachsener hier, der mich versteht und mir keinen Quatsch erzählt! Ich werde hier endlich akzeptiert, dann will ich auch gern spielen."

Die Leiterin wusste, dass es das Mädchen erleichtert und seine Frustration abbauen hilft, wenn sie auf sein Bedürfnis hört, ohne sich dafür verantwortlich zu fühlen oder es erfüllen zu müssen. Mit diesem Bewusstsein konnte sie auch nach dem Bedürfnis fragen: „Du wärst heute Morgen lieber bei deiner

Mama geblieben“, ohne zu befürchten, dass sie die Sache noch verschlimmert, indem sie Salz in die Wunde streut, noch dass sie das Bedürfnis stillen und die Mutter anrufen muss. Dieses Beispiel zeigt uns von neuem, dass wir oft *nichts tun müssen, nur da sein*, und dass dies nicht unbedingt viel Zeit in Anspruch nimmt.

Die konditionierende Macht von Beurteilungen

Das kleine Mädchen, das mehrere Male hört, dass es „schwierig“ sei, wird gute Gründe haben, sich an diese Rollenzuweisung zu klammern und diese Fahne vor sich her zu tragen: „Ich bin das kleine schwierige Mädchen aus der Kindertagesstätte und ihr werdet sehen, ich werde euch schon Gründe liefern, mir dieses Etikett verpasst zu haben! Mit meinem Zorn bin ich hier unbeliebt, ich werde euren Zorn herausfordern, meine Fassungslosigkeit ist verboten, ich werde euch schon aus der Fassung bringen …“

Ich habe sehr oft erlebt, wie sich Beurteilungen und Etikettierungen durch ihre konditionierende, ja entfesselte Macht selbst erfüllt haben. Wie viele verhaltensauffällige Jugendliche, die als „gefährlicher Wiederholungstäter, unheilbarer Drogenabhängiger, Spezialist für tätliche Angriffe, Taschendiebexperte …“ beurteilt wurden, haben darin eine passende Identität gefunden, um ihr mangelndes Identitätsgefühl zu kompensieren. So haben sie ihr Verhalten verstärkt und allen gezeigt, dass sie jemand sind. Denn das ist viel besser als niemand zu sein.

Ich erinnere mich an Anto, einen 18-jährigen Jugendlichen, der bereits mehrmals eingesessen hatte und zwischen seinen Straftaten regelmäßig an unseren Aktivitäten in der Gruppe teilnahm. Anto war von seinem Vater verprügelt worden und hatte so wenig gelernt sich selbst zu lieben, dass er sich manchmal mit dem Taschenmesser Schnittverletzungen zufügte, um sich zu bestrafen, wenn er nicht mit sich zufrieden war. Eines Tages erfuhr ich, dass er noch nicht einmal 48 Stunden aus dem Gefängnis heraus war, als er schon wieder für drei Monate einsitzen musste.

Nach diesem Aufenthalt fragte ich ihn, was denn passiert war: „Nun, der Richter hat zu mir gesagt, Sie werden Ihr Leben im Knast beenden, und es stimmt schon, ich bin wirklich ein Knastbruder geworden. Wenn ich im Knast bin, kennt mich jeder, ich habe Kumpel und ich bin der Boss. Wenn ich wieder auf der Straße bin, weißt du, kennt mich niemand. Ich bin niemand, ein Nichts, diese Schande! Es ist schrecklich! Also habe ich eine Alte direkt vor den Augen der Bullen angegriffen und die Sache war gelaufen! Am selben Tag habe ich meine Kumpel im Knast wiedergesehen."

Ich ziehe zwei Schlussfolgerungen aus diesem Beispiel:

■ **1.** Die konditionierende Macht des Etiketts „Ich bin ein Knastbruder, ich werde mein Leben im Knast beenden…" Da er keine Alternative hatte, bemühte Anto sich, dieser Definition zu entsprechen.

■ **2.** Wie wenig unsere Rechtsmittel geeignet sind, um die ganze Wirklichkeit zu erfassen. Zu diesem Zeitpunkt war ich noch Rechtsanwalt. Dank Anto und etlicher anderer war ich gerade dabei zu begreifen, dass die Prinzipien des Rechts (das ist legal, das ist illegal), moralische Prinzipien (das tut man, das ist normal, das tut man nicht, das ist nicht normal) und psychologische Prinzipien (zerstörerische, kriminelle Persönlichkeit) nicht geeignet sind, um die tatsächliche Wirklichkeit zu erfassen: Anto schleppte 18 Jahre Mangel an Liebe mit sich, Mangel an Identität und emotionale Unsicherheit. Ihm zu sagen: „Das ist schlecht, das ist gesetzeswidrig, du hast ein psychologisches Problem…" hieß, die emotionale Distanz noch zu vergrößern. Ich weiß jetzt aus Erfahrung, dass man jemanden mit gebrochenem Herzen wie Anto nur mit sich selbst und der Gesellschaft versöhnen kann, wenn man ihm mit Empathie zuhört, mit seinem ganzen Wesen zuhört, und mit aller Zeit, die dafür nötig ist. Gewiss muss durch eventuelle Maßnahmen die Sicherheit der Mitbürger gewährleistet sein, aber wer ihn hinter Gitter sperrt, darf keinen wundersamen Sinneswandel erwarten…

Ich bin daher sehr enttäuscht, dass, bis auf wenige Ausnahmen, die Gesellschaft und der Staat diese Überzeugung nicht teilen und weiter beträchtliche Summen und Personal investieren, um Menschen einzusperren und zu isolieren. Besser wären Integration, Zuhören, Begegnung und die Möglichkeit, einen Sinn im Leben zu sehen. Ich will damit nicht sagen, dass das Rechtssystem, die moralischen oder gesellschaftlichen Prinzipien nicht ihre Daseinsberechtigung hätten. Sie sind oft notwendig. Sie sind aber sehr selten ausreichend, um dauerhaft und befriedigend die menschlichen Probleme zu lösen, da bei Kriminalität die eigentliche Ursache vor allem im emotionalen Bereich liegt.

3.3 Keine Zeit

Während eines Trainings fuhr mich eine Mutter in gereiztem Ton an:

– Ja, aber wir haben keine Zeit, einander so zuzuhören. Sie können sich nicht vorstellen, was das bei uns morgens für eine Hektik ist, damit die Kinder rechtzeitig in der Schule sind und ich bei meiner Arbeit! Wissen sie, was meine Kleine jetzt schon seit Wochen jeden Morgen gegen viertel vor acht macht, wenn meine beiden Ältesten im Auto sitzen, den Schulranzen auf dem Schoß, um um viertel nach acht pünktlich in der Schule zu sein und ich dann auch noch meine Jüngste abliefern muss? Wissen Sie, was sie da macht? Sie kämmt sich in aller Ruhe die Haare, vor ihrem Spiegel im Bad. Glauben Sie, ich habe da die Zeit, ihr zu sagen, wie ich mich fühle und was meine Bedürfnisse sind? Ich explodiere natürlich und sage ihr, dass sie rücksichtslos und egoistisch ist und verfrachte sie schnellstmöglich ins Auto.

– Und wie fühlen Sie sich dann?

– Rasend vor Zorn. Wir verlieren jedes Mal Zeit, die Jungen kommen fast immer zu spät zur Schule, ich komme auch zu spät und außerdem sind wir während der Fahrt alle sauer.

– Und Sie sagen, dass das seit Wochen so geht?

– Ja, jeden Morgen. Sie sehen doch selbst, dass man da keine Zeit hat, so zu diskutieren, wie Sie es vorschlagen!

Ich schlug ihr vor, selbst ihre kleine Tochter zu spielen, während ich ihre Rolle übernahm. Die Erfahrung hat mir gezeigt, dass sich oft überraschende Einsichten ergeben, wenn man in die Haut des anderen schlüpft. Sie begann mit größtem Vergnügen ihre kleine Tochter zu spielen, die sich völlig unbekümmert vor dem Badezimmerspiegel die Haare kämmt.
– Mäuschen, wenn ich sehe, wie du dir jetzt die Haare kämmst (Bb), mache ich mir wirklich Sorgen (G), weil ich möchte, dass die Jungen rechtzeitig in der Schule sind und ich rechtzeitig im Büro (Bd). Könntest du bitte mit uns kommen (Bt)?

(Schweigen. Die Mutter, die das kleine Mädchen spielt, kämmt sich weiter die Haare, lässt sich nicht aus der Ruhe bringen.)

Ich, in meiner Rolle als Mutter, erkenne, dass ich im Moment nichts erreiche, wenn ich über mich spreche, und beschließe, über sie zu sprechen und zu versuchen, Kontakt mit ihr aufzunehmen. Ich formuliere also das Gefühl und das Bedürfnis, das ich in mir wahrnehme, wenn ich mich in das kleine Mädchen hineinversetze, das beschlossen hat sich in aller Ruhe zu kämmen, wenn alle anderen im Haus hektisch herumrennen:

– Mäuschen, bist du wegen irgendetwas traurig (G), willst du, dass ich etwas verstehe (Bd), das ich immer noch nicht verstanden habe?
– Du bist gemein!
– Bist du traurig (G), weil du dir nicht sicher bist, dass ich dich so sehr liebe wie du es dir wünschst (Bd)?
– Du kommst morgens nicht mehr zu mir um mich zu wecken!

In diesem Moment stieg die Mutter aus dem Rollenspiel aus und rief:

– Stopp! Ich habe verstanden! Seit einigen Wochen gehe ich tatsächlich morgens nicht mehr hoch in ihr Zimmer, um sie zu wecken und ein bisschen mit ihr zu schmusen. Das habe ich früher immer gemacht, bevor ich ihre Brüder mit ‚Guten Morgen, Jungs, Zeit zum Aufstehen!‘ geweckt habe. Sie ist auf eine andere Art geweckt worden als ihre Brüder. Jetzt gehe ich in den Flur und rufe nur einmal ‚Guten Morgen, Kinder, Zeit zum Aufstehen!‘ und ich gehe nicht mehr zu ihr, um mit ihr zu schmusen. Im Grunde ist sie vielleicht traurig, dass sie so auf eine Stufe mit den Großen gestellt wird und nicht mehr ihren besonderen Status als Nesthäkchen hat.

Nach einer Woche Pause folgte der zweite Teil des Trainings. Die Mutter hatte also Gelegenheit, die Theorie in die Praxis umzusetzen. Sie kam zum Training und sagte zu mir: „Das war genau der Punkt! Als sie am nächsten Morgen wieder in aller Seelenruhe um viertel vor acht begann, ihre Haare zu kämmen, habe ich beschlossen, dass wir vielleicht wieder alle zu spät kommen würden, aber dass diese Frage geklärt werden musste. Ich habe mich ruhig zu ihr gesetzt und zu ihr gesagt:

– Sag mal, bist du traurig, weil ich morgens nicht mehr zu dir komme, um mit dir zu schmusen?
– Ja, du hast mich nicht mehr lieb. Du hast die Jungen lieber.
– Du bist enttäuscht, weil du sicher sein möchtest, dass du mein kleines liebes Mädchen bleibst und ich dich nicht zwinge, dasselbe zu tun wie die Jungs unter dem Vorwand, dass du groß wirst.
– Ja.
– Was kann ich machen, um dir zu zeigen, dass ich dich ganz besonders lieb habe und dass du in deinem Tempo groß werden kannst?
– Dass du wieder morgens kommst und mit mir schmust!

Die Mutter hat also dieses kleine Ritual am Morgen wieder eingeführt. An diesem Tag ist die ganze Familie natürlich zu spät gekommen. Aber die Kleine hatte es in den folgenden Tagen nicht mehr nötig alle aufzuhalten, um ihre Familie daran zu erinnern, dass sie existiert.

Seltsamerweise haben wir oft die Zeit, uns wochenlang zu streiten, aber nicht die Zeit, um uns ein paar Minuten lang zu begegnen! Was hat bei uns Priorität – das Organisatorische (rechtzeitig bei der Arbeit sein) – oder die Qualität der Beziehung (dem anderen zur rechten Zeit begegnen)?

Wenn ich feststelle, wie schnell oft unsere Missverständnisse durch gegenseitiges Zuhören geklärt werden können, bin ich immer wieder erstaunt zu beobachten, dass es offenbar normal ist, sich zu streiten und damit Zeit zu verbringen; während sich hinzusetzen, einander zuzuhören und sich füreinander Zeit zu nehmen oft als Zeitverschwendung angesehen wird oder gar nicht in Frage kommt! Sind wir in diesem Maß allergisch gegen das Wohlbefinden, gegen die Freude, einander nah zu sein, gegen den Frieden? Oder fällt es uns schwer zu glauben, dass Lebensqualität, Freude an der Gemeinschaft und Friede auf diese Weise entstehen kann?

Mir scheint es dringend notwendig, unsere gewohnten Verhaltensweisen zu überdenken. Denn: Jeder von uns trägt in sich die Verantwortung, Frieden zu schließen oder Krieg zu führen. In jeder Situation treffen wir innerlich eine Entscheidung: das kleine Mädchen zu zwingen und dasselbe Szenario jeden Morgen zu wiederholen *oder* uns jeden Tag innerlich näher zu kommen. Die Verantwortung liegt in unseren Händen.

4. Die Begegnung

Wir sind alle miteinander verbunden.
Das Schicksal der gesamten Menschheit hängt von den Beziehungen jedes einzelnen zu den anderen ab. Noch nie waren wir in diesem Maße voneinander abhängig. Aber wir begreifen es nicht. Dem Menschen gelingt es nicht, ein mitfühlendes Wesen zu werden, er ist unfähig, dem anderen zu helfen. Wenn wir in dieser Einstellung verharren, die annimmt, dass unser Nachbar unser erster Feind ist, wenn wir weiter Rachsucht und Hass schüren, unsere Welt und unsere Gedanken verschmutzen, bedeutet das, dass wir nichts von den großen Meistern, weder von Jesus, noch von Buddha oder Moses gelernt haben.
Und wenn wir diese Pavlov'schen Reflexe nicht ablegen, werden wir nicht in der Lage sein, diese Epoche zu bewältigen, in der die Menschheit weiterhin verbissen ausbeutet, besiegt, tyrannisiert. Jeder rafft so viel wie möglich an sich, ohne sich über die Folgen Gedanken zu machen. Und lebt auf Kosten derjenigen, die keine Mittel und keine Stimme haben …
Wir müssen mit denen teilen, die anders sind als wir, weil ihre Andersartigkeit uns bereichert. Wir müssen das Einzigartige der anderen respektieren.

YEHUDI MENUHIN[18]

4.1 Von Kopf zu Kopf

Wenn wir nur auf der mentalen Ebene funktionieren, ohne uns unserer Bedürfnisse bewusst zu sein, leben wir unsere Beziehungen meistens auf die folgende Art:

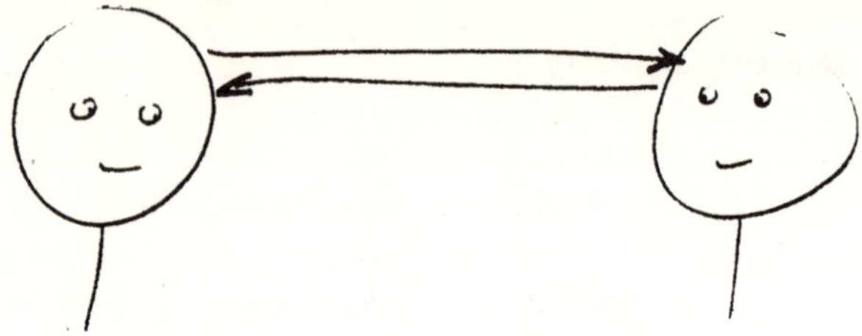

Wir tauschen Informationen oder Standardformulierungen aus, wie: „Reich mir das Salz; hol mich am Bahnhof ab; was machen wir am Wochenende? Vergiss nicht die Mülleimer rauszustellen ..." Einen Konflikt tragen wir aus, indem wir fragen: „Wer hat Recht, wer hat Unrecht?", und damit ist die Sache oft geregelt. Keine sehr bereichernde Art und Weise, aber wir kommen damit zurecht. Leider kommt es oft vor, dass wir so kommunizieren:

Wir verfehlen den anderen, wir erreichen einander nicht! „Ich kann es ihm hundert Mal sagen, er hört nichts. Ich weiß nicht, wie ich es ihm sagen soll ..." Wir glauben, dass wir uns klar ausdrücken, eine Botschaft senden, aber die Botschaft kommt nicht an. Als ob der andere nicht die richtige Antenne hätte oder andere Wellen empfinge. Umgekehrt erleben wir, dass der andere eine Botschaft sendet (abwesend wirkt, schweigt, schmollt, sich ärgert oder uns vorwurfsvoll ansieht), wir aber nicht über die richtige Antenne verfügen, um sie zu entziffern. Schließlich kommt es vor, dass wir auf diese Weise kommunizieren:

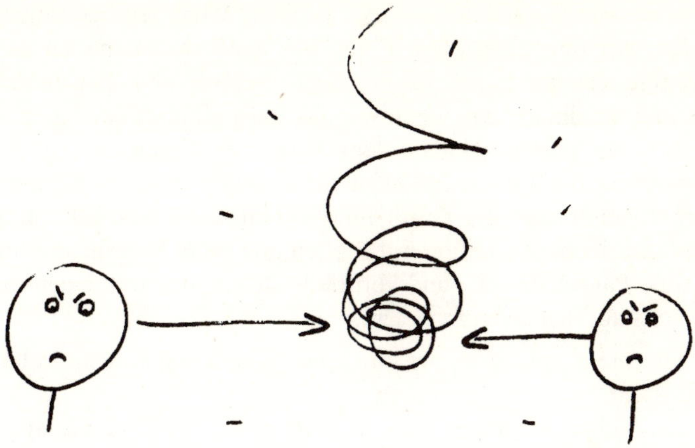

Wir treffen einander, ja, und zwar mit voller Wucht! Wir werden handgreiflich oder wir verwenden Worte wie Messer.

4.2 Vor der Fassade

Als ich diese Zeichnungen, die ich inzwischen bei meinen Trainings verwende, zum ersten Mal sah, ist mir klar geworden, wie sehr wir an der Oberfläche der Dinge bleiben, von Kopf zu Kopf, von Fassade zu Fassade. Ich habe mich dann an eine Zeichnung von Anne Bourrit erinnert, einer Trainerin der ersten Stunde in Gewaltfreier Kommunikation. Ich hatte das Privileg, ihre Seminare während meiner eigenen Ausbildung regelmäßig besuchen zu können. Sie verwendete ein Bild, um zu illustrieren, wie wir Kontakt zu unseren Bedürfnissen aufnehmen können. In diesem Bild gleicht der Mensch einem Brunnen: Er muss in sein Inneres hinabsteigen, um seine Lebenskraft zu finden. Ich verknüpfte das Bild der Fassaden und das des Brunnens und gelangte zu folgendem Ergebnis: Ich stelle drei Fassaden dar, die auf der Erdoberfläche stehen – eine ganz bescheidene, ein Zelt; die nächste ein bisschen solider, ein kleines Haus; und die dritte sehr solide, ein beeindruckender Turm.

Erinnern Sie sich an das erste Kapitel? Wenn wir beurteilen, sehen wir nur einen kleinen Teil des anderen, wir halten das Wenige, das wir sehen, für die ganze Realität und sperren ihn in eine Schublade ein. Wenn wir das Beispiel mit dem Jugendlichen mit orangefarbener Punkfrisur und Piercings und die Dame mit der Limousine nehmen, könnten wir zum Beispiel den Jugendlichen als Zelt symbolisieren, die Dame als Turm und ihre Kommunikation mit Pfeilen und roten Kugeln, die für Kritik, Pauschalurteile und Vorurteile stehen, und mit denen sie jeweils auf den anderen zielen:

– Du miese Spießerin, her mit deiner Knete und deinem tollen Schlitten …
– Du kleiner dreckiger Punk, zieh dir etwas Anständiges an …

Solche verbalen Entgleisungen erlauben *wir* uns meistens nicht, sondern nehmen eine neutrale Stellung ein, eine nichts sagende Fassade: das kleine Haus in der Mitte. Nicht zu klein, um nicht zertreten zu werden und nicht zu groß, um nicht Zielscheibe von Angriffen zu werden, aber wir zeigen bestimmt nicht unser wahres Gesicht. Das macht uns zu sehr Angst!

4.3 Von einem Brunnen zum anderen

Ich schlage vor, unser Bild in dem Bewusstsein zu ergänzen, dass auf dieser Erde jedes Haus in der Nähe von Wasser gebaut sein muss. Ich grabe also unter jeder Fassade einen Brunnen und stelle fest: wie auch immer die Fassade aussieht, so unterschiedlich oder gegensätzlich sie auch sein mögen, die Häuser sind alle durch den Brunnen mit demselben Grundwasser verbunden. Wie die Brunnen sind auch wir Menschen: Wenn wir in unser Inneres hinabsteigen, sind wir durch dieselben Quellen miteinander verbunden.

Es ist dasselbe Wasser, das uns Menschen am Leben erhält, es sind dieselben Bedürfnisse, die uns bestimmen. Ob wir Nomade in der Wildnis oder Manager in einem internationalen Konzern sind, Straßenkehrer in einer grauen Vorstadt oder bekannter Star, der im Showbusiness zu Hause ist; wir haben im Grunde dieselben Bedürfnisse nach Identität, emotionaler und materieller Sicherheit, Zugehörigkeit zu einer Gruppe, einem Stamm, einer Familie. Wir haben alle das Bedürfnis nach Anteilnahme und Nähe, Freiheit und Autonomie, danach, etwas zu leisten und anerkannt zu werden, zu lieben und geliebt zu werden.

Solange wir an der Oberfläche bleiben, Kopf zu Kopf, Fassade zu Fassade, ist die Wahrscheinlichkeit groß, dass wir eine Sprache verwenden, die uns trennt. Wenn wir bereit sind, zu unserem Brunnen hinabzusteigen und unseren Mitmenschen zu seinen Quellen zu begleiten, ist die Wahrscheinlichkeit groß, dass wir eine Sprache finden, die uns zueinander finden lässt.

4.4 Ganz sanft aufeinander zutanzen

Die Begegnung ist eine langsame und in unserem Inneren verborgene Bewegung, von mir zu mir selbst und von mir hin zu meinem Gegenüber. Diese Bewegung findet in dem Freiraum statt, den wir einander gewähren, der eine Grundvoraussetzung für Begegnung überhaupt ist. Aus meiner ganz persönlichen

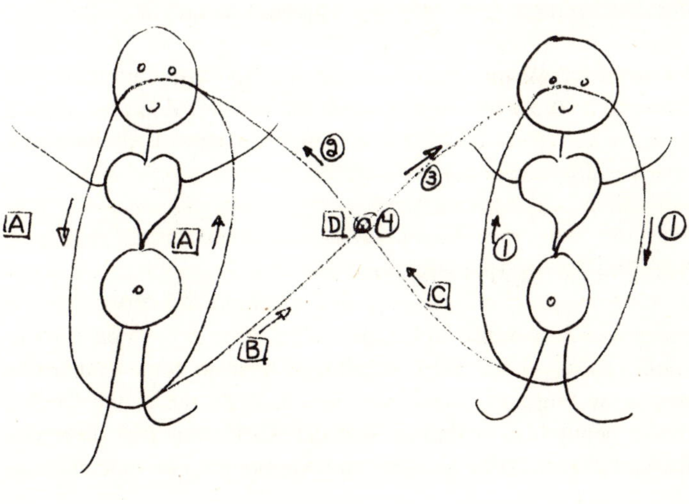

Erfahrung weiß ich heute, dass es ohne diesen Freiraum keine Luft zum Atmen gibt, keine Bewegung, keine „schöpferische Reibung“[19]. Diese Bewegung der Begegnung ist wie ein Tanz: Wir tanzen mit uns selbst und mit dem anderen, um einander wirklich zu begegnen. Erinnern Sie sich zum Beispiel an das Gespräch zwischen Thierry und Andrée (vgl. Kap. 1) zum Thema „Restaurant“ oder „Video-Abend“:

Thierry	Andrée
A. Ich nehme Verbindung mit mir selbst auf, ich werde mir über meine Bedürfnisse klar.	1. Ich nehme Verbindung mit mir selbst auf, ich werde mir über meine Bedürfnisse klar.
B. Ich nehme Verbindung zu Andrée auf, ich stelle zusammen mit ihr ihre Bedürfnisse fest, ohne die Verbindung zu mir selbst zu unterbrechen, bis wir übereinstimmen oder uns einig sind, dass wir nicht übereinstimmen.	2. Ich nehme Verbindung zu Thierry auf, ich stelle zusammen mit ihm seine Bedürfnisse fest, ohne die Verbindung zu mir selbst zu unterbrechen, bis wir übereinstimmen oder uns einig sind, dass wir nicht übereinstimmen.

Es ist ein Tanz im Dreivierteltakt, im Tausendvierteltakt. Ein Dompteur braucht Zwang und Kontrolle, Zähmen jedoch braucht Vertrauen und Freiheit. Um einander zu zähmen, tanzen wir einander entgegen.

4.5 Die Beziehung pflegen

Jeder von uns nimmt sich regelmäßig Zeit, um seinen Körper, seine Haare, seinen Bart zu pflegen, ebenso seine Garderobe und seine Wohnung; und jeder von uns hält die vielen Geräte, die er benutzt, in Ordnung: von der Kaffeemaschine über den Rasenmäher und das Auto bis zum Computer. Für unser eigenes

Wohlbefinden achten wir auf Wartung und Pflege von all diesen Dingen, wir sind Meister darin geworden und haben sie in unseren Tagesablauf integriert. So sehr, dass wir ohne Schwierigkeiten ein Treffen mit der Begründung absagen können, dass das Auto in der Werkstatt oder der Computer abgestürzt ist. Ebenso können wir problemlos alle Termine wegen eines Arzttermins neu festlegen („Wir verlegen das Meeting auf nächste Woche, ich muss diese Woche wegen Untersuchungen zum Arzt“), oder sogar wegen eines Friseurtermins („Schatz, wir können uns heute Nachmittag nicht treffen, ich habe ganz vergessen, dass ich einen Friseurtermin habe“). Viel seltener wagt jemand zu sagen: „Ich bin nächste Woche nicht da, ich kümmere mich um meine Beziehung zu mir selbst“ oder „Wir müssen das Meeting morgen verlegen, ich muss mich um eine Beziehung kümmern, die mir sehr am Herzen liegt“ oder auch „Mein Schatz, wir können uns heute Nachmittag nicht treffen, ich muss meine innere Schönheit pflegen."

Seltsamerweise nehmen wir an, dass die Beziehung zu uns selbst und zu unseren Mitmenschen ganz von alleine läuft, ohne Treibstoff, ohne Justierung, ohne Wartung! Es ist nicht erstaunlich, dass sie sich so häufig abnutzt, sich erschöpft oder zerbricht; wir pflegen sie nicht.

Wir sind viel mehr mit Wartung und Pflege von Dingen als mit Nähe beschäftigt, als ob diese selbstverständlich wäre oder als ob wir gar nicht verstünden, was das ist. Wir wollen es nicht sehen, nicht wissen, denn Nähe macht Angst. Und es stimmt, solange wir uns selbst nicht gut kennen, wenn wir nicht selbst innerlich fest in uns verankert sind, macht Nähe – sowohl zu uns selbst als auch zu anderen – uns Angst: Angst, sich zu verlieren wie ein Tropfen Wasser im Ozean. Also bemühen wir uns nur um organisatorische Fragen und die Begegnung wird oft außer Acht gelassen.

Ich habe einen Freund, einen Architekten, der ein intensives Training in gewaltfreier Kommunikation abgeschlossen hat, um seine Kunden besser zu verstehen und vor allem um ihnen zu helfen, sich selbst besser zu verstehen. Unter seinen Kunden sind viele junge Paare, die ein Haus bauen oder renovieren. Es passiert sehr häufig, dass während der Bauarbeiten Konflikte aufbrechen, so dass, wenn das Haus fertig ist, die Beziehung am Ende ist. So stehen viele Häuser von jungen Paaren zum Verkauf, die gerade fertiggestellt worden sind. Was ist passiert? Die Pflege von Äußerlichkeiten und die Organisation waren wichtiger als die Beziehung. Jeder hat sich so auf sein Arbeitszimmer, seine Küche, seinen Teppich oder seine Pastellfarbe versteift, bis es irgendwann kein Arbeitszimmer, keine Küche, keinen Teppich und keine Pastellfarben mehr gab … Diese Paare hätten eigentlich die Gelegenheit des Hausbaus nutzen können, um an ihrer Beziehung zu arbeiten, die Zeit der Renovierung nutzen, um ihre Beziehung oder ihre Art des Zusammenzulebens zu erneuern. Sie hingen mehr an ihrem Hausprojekt als an ihrem Partner, und das Projekt lief ins Leere und an der Haustür hängt das Schild „Zu verkaufen".

Ich erzähle Ihnen eine wahre Geschichte, die sich in Afrika zugetragen hat und die mir vor einigen Jahren ein Teilnehmer an einem Training erzählt hat: Dieser Mann hatte bei einer europäischen Organisation gearbeitet, die Entwicklungshilfe-Projekte in Afrika leitete. Eines dieser Projekte war das Graben von Brunnen und die Installation von Wasserpumpen in einem weit abgelegenen Dorf. Die Organisation hatte festgestellt, dass die Dorfbewohner einen ganzen Tag lang bis zum Fluss laufen mussten, um dort ihre Wäsche zu waschen und den notwendigen Wasservorrat zu holen, und wieder einen ganzen Tag lang zum Dorf zurückgehen mussten, und das alles natürlich in regelmäßigen Abständen. Die Verantwortlichen waren entsetzt über diese Situation und gaben sofort die nötigen Mittel frei, um im Dorf Brunnen zu graben und Pumpen einzubauen, damit die Bewohner sich leichter mit Wasser versorgen konnten. Die Wasserpumpen wurden schon bald mit einem großen Festakt eingeweiht! Nach einigen Monaten stellten die Organisatoren jedoch fest, dass die Bewohner die Pumpen absichtlich durch Steinwürfe funktionsuntüchtig gemacht hatten.

Es wurden Nachforschungen angestellt. Die Bewohner erklärten, dass sie bewusst entschieden hatten, auf den Komfort der Pumpen zu verzichten, um den Zusammenhalt in ihrer Gemeinschaft wieder herzustellen. Einige hatten in der Tat festgestellt, dass die Bewohner nicht mehr miteinander redeten, das Haus nur verließen, um ein paar Krüge Wasser zu holen und dann, in der Abgeschiedenheit des Hauses, begannen *über* die anderen zu reden, anstatt direkt *mit* den anderen zu reden. So wurde Zwietracht gesät, Missverständnisse und Streit entstanden, und die Dorf-Ältesten entschieden, die Pumpen außer Funktion zu setzen und damit den gewohnten Fußmarsch zum Fluss wieder einzuführen. Sie wussten, dass auf diesem Weg nicht nur die schmutzige Wäsche gewaschen wurde, sondern auch innerhalb der Gemeinschaft Missverständnisse beigelegt, Unstimmigkeiten geklärt und Gerüchte entkräftet wurden. Es ging also nicht nur darum, das nötige Wasser zum Unterhalt des Dorfes zu holen, sondern auch einander unterwegs zu begegnen und so die Lebensqualität zu erhöhen. Dieser Fußmarsch bildete den natürlichen Rahmen für das Gespräch miteinander.

4.6 Raum für Gespräche

Ich halte es für dringend notwendig, mehr Raum und Gelegenheiten für Gespräche zu schaffen: in Unternehmen, in Schulen, in Krankenhäusern und medizinischen Einrichtungen, in Vereinen, in Verwaltungen und sogar in den Familien!

Ich leite Gesprächsgruppen, die sich einmal pro Monat in Krankenhäusern, Familien, Schulen und sozialen Einrichtungen für Jugendliche treffen. Die Einrichtungen und Einzelpersonen, die sich an mich wenden, haben sich entschieden, in ihrem Arbeitsbereich den zwischenmenschlichen Beziehungen Priorität zu geben und sie investieren die dafür notwendige Zeit, menschliche Arbeitskraft und die finanziellen Mittel.

Alle diese Gruppen stellen erstaunt fest, wie viele Missverständnisse und Unsicherheiten geklärt, unterschwellig lodernde Konflikte beigelegt und Ungesagtes ausgedrückt werden kann, weil ein schützender Rahmen angeboten wird, in dem jeder sich immer wieder in aller Freiheit äußern kann, auch unbeholfen, ohne beurteilt oder abgewiesen zu werden. Es ist aber auch die Gelegenheit für Arbeitsteams oder Gruppen, ihre Begeisterung zu teilen und Ideen auszutauschen. Diese Treffen ermöglichen es, Beziehungen von dem zu reinigen, was sie belastet und das zu fördern, was sie bereichert.

Ich freue mich über Initiativen, die sich in diese Richtung entwickeln, aber ich bin sehr erstaunt über die große Zahl an Organisationen, Vereinen, Verwaltungen und Unternehmen – oft sogar im sozialen Bereich (in Schulen, Krankenhäusern, in der Jugendhilfe) – die ohne Raum für Gespräche oder Intervisionsgruppen arbeiten. Soviel Energie und Kreativität geht verloren, wenn nur auf den Gängen geredet wird, natürliches Interesse nicht ausreichend gefördert und stiller Protest nicht erkannt wird! Alle diese Talente und diese Lebenskraft könnten sich viel besser entfalten, wenn ein Rahmen für die Pflege der zwischenmenschlichen Beziehungen in der Gruppe zur Verfügung gestellt würde.

Als brave Jungen und nette Mädchen haben wir oft gelernt, nichts zu sagen und zu schweigen, das Ungesagte beiseite zu legen, es wie ein Stück alten Käse in die hinterste Ecke des Schranks zu legen. Das Problem mit dem Käse im Schrank ist, dass er irgendwann zu stinken anfängt und dann das ganze Haus danach riecht. Es ist lange her, dass wir zum Fluss gelaufen sind, um gemeinsam Wasser zu holen. Aber wie lange können wir noch medizinische Pflege leisten, Erziehung und Ausbildung anbieten, Hilfe und Unterstützung gewähren, Handel treiben, Dienstleistungen anbieten und Produktion vorantreiben, ohne uns die Zeit zu nehmen, uns gegenseitig kennen zu lernen und mehr wertzuschätzen? Besteht nicht die Gefahr, dass wir rundum versorgt, ausgebildet, unterstützt, gekleidet, ernährt, einfach verdursten, an trockenem Herzen zu Grunde gehen?

5. Emotionale Sicherheit und Sinngebung: Zwei Schlüssel zum Frieden

Ein einzelner unbewaffneter Mann, der es wagt, mit lauter Stimme die Wahrheit zu sagen und hinter dieser Wahrheit mit seiner ganzen Person und seinem ganzen Leben steht und bereit ist, teuer dafür zu bezahlen, hat, so erstaunlich es klingen mag, auch wenn er offiziell keine Rechte hat, eine größere Macht als Tausende anonymer Wähler.

VÁCLAV HAVEL

Ich liebe dich, wenn …

In diesem Kapitel beschreibe ich Liebe, die an Bedingungen geknüpft ist. Und ich zeige, warum eine solche Liebe emotionale Unsicherheit hervorruft und Gewalt verursacht.

5.1 Wir haben gelernt zu tun, nicht zu sein

Wir haben gelernt zu TUN, nicht zu SEIN. Die Äußerung eines Gefühls, gefolgt von „wenn du" ohne anschließende Angabe des Bedürfnisses („Ich bin freue mich, wenn du das machst, was ich dir sage, ich bin traurig, wenn du es nicht machst") von Generationen von Eltern, Erzieherinnen, Lehrern, Pfarrern und anderen, hat eine enorme emotionale Unsicherheit verursacht und verursacht sie immer noch. Die meisten Menschen, mit denen ich arbeite – angefangen bei mir selbst – haben hinter dem „Ich freue mich, wenn du …" „Ich bin traurig, wenn du …" gehört: „Ich habe dich lieb, wenn du …", „Ich habe dich nicht lieb, wenn du …"

Ich sage nicht, dass alle Eltern oder Erzieher das damit ausdrücken wollten, ich sage, dass es so verstanden wurde, und dass es den, der es gehört hat, geprägt hat. Die Wirklichkeit dieser Prägung interessiert mich, weil die gesamte Art und Weise, wie wir unsere Beziehungen gestalten und wie wir unser Leben leben, davon bestimmt wird.

„Ich hab' dich lieb, wenn du dein Zimmer aufräumst, wenn du in der Schule fleißig bist, wenn du gehorchst, wenn du artig bist, höflich, nett, etc. Ich habe dich nicht lieb, wenn du böse bist, zornig, unaufmerksam, wild, launisch, wenn du nicht machst, was ich dir sage, wenn du meinen Erwartungen nicht entsprichst …".

Wir wurden regelrecht gedrillt, die Erwartungen unserer Mitmenschen wahrzunehmen und zu erfüllen, wir passen uns an die Erwartungen an. Wir wissen, was wir tun müssen, um dem anderen eine Freude zu machen, aber wir können nicht SEIN, einfach wir selbst sein. Wir haben gelernt, alles zu tun, um dem Bild des netten Jungen, des braven Mädchens zu entsprechen, die auf den guten Vater, die gute Mutter hören. Und später neigen wir dazu alles zu tun, um dem Bild des guten Ehemanns, der guten Ehefrau, des guten Managers, des guten Angestellten zu entsprechen. Und bei diesen Bemühungen stürzen wir uns in viele Aktivitäten und Projekte, strengen uns an unserem Arbeitsplatz an, in der Familie, im sozialem Bereich, ohne auf unser inneres Wohlbefinden zu achten, weil wir es nie gelernt haben, uns dessen bewusst zu sein. Oft können wir uns nur lieben, wenn wir viele Aufgaben erledigen, unsere Liebe zu uns selbst ist abhängig von dem, was wir tun. Stattdessen bescheinigt unser Gewissen uns ständig ein Defizit. Wir stehen nicht auf der Kommandobrücke unseres Lebensschiffes, um auf dem großen Ozean unter den Sternen über unseren Kurs zu entscheiden, die Segel auszurichten oder das Ruder zu drehen und die Fahrt zu genießen – wir sitzen im Lagerraum, prüfen unsere Konten und fühlen eine leichte, aber konstante Übelkeit.

Wir fühlen uns also immer mehr oder weniger verantwortlich, vor allem für das, was unser Gegenüber fühlt. Wenn er traurig oder unglücklich ist, ist das unser Fehler, wir hätten „etwas machen sollen". Wir machen uns selbst Vorwürfe. Im Gegenzug geben wir dem anderen die Verantwortung oder die Schuld für unsere Gefühle: „Ich bin traurig oder unglücklich, weil du …" In beiden Fällen können wir nicht SEIN.

Erinnern Sie sich an den Jugendlichen, der sich wünschte, dass sein Vater ihm zuhört – dieser aber konnte nicht zuhören, sondern bot ihm tausend gute Ratschläge und Lösungen an. Jemandem zuzuhören bedeutet, in die Fähigkeit des anderen Vertrauen zu haben, dass er selbst Lösungen findet. Einen Kranken, einen Sterbenden, einen Trauernden zu begleiten, heißt akzeptieren, dass es nichts „zu tun" gibt, außer dem anderen mit ganzem Herzen Aufmerksamkeit zu schenken. Den anderen zu dem Brunnen seines Schmerzes hinabsteigen, alle Spannungen seines Leids ergründen zu lassen und ihm dabei durch unsere Bereitschaft zuzuhören und ihn zu begleiten zeigen, dass er nicht allein ist. Unser Pflichtgefühl führt zu der inneren Anspannung: „dem anderen geht es schlecht, ich muss etwas tun", so dass wir nicht in der Lage sind, einfach für den Schmerz des andern präsent zu sein.

Wir laufen Gefahr, auf unsere Leistung stolz zu sein. Wir strengen uns an, „das Richtige zu tun". Wir werden es finden, „das richtige Wort". Und laufen damit Gefahr, das Wesentliche einer Begegnung zu verpassen: die „Verbindung" von uns zu uns selbst und von dem anderen zu sich selbst.

Sich um jemanden kümmern bedeutet nicht, die Verantwortung für ihn zu übernehmen

Sich um jemanden kümmern bedeutet, ihm zu helfen, das zu durchleben, was er zu durchleben hat, nicht zu versuchen, ihm sein Leid zu ersparen, indem wir es klein reden („Das ist nicht so schlimm, denk nicht mehr daran, lenk dich ab") oder es auf uns selbst nehmen („Das ist mein Fehler, ich hätte nicht …; ich werde dies oder das für ihn tun"); es bedeutet, ihm zu helfen, sich seinen Schwierigkeiten zu stellen, sein Leid zu ergründen um daraus zu entkommen, in dem Bewusstsein, dass dies *sein* Weg ist und dass kein anderer ihn an seiner Stelle gehen kann.

Sich um jemanden kümmern bedeutet, unsere ganze Aufmerksamkeit auf die Fähigkeit des anderen zu richten, von seinem Leiden zu gesunden oder seine Probleme zu lösen – nicht, ein Heilmittel zu bringen. Es bedeutet zu vertrauen, dass der andere über alle notwendigen Mittel verfügt, seine Schwierigkeiten zu überwinden, wenn es ihm gelingt, sich selbst *mit seinem ganzen Wesen* zuzuhören oder verstanden zu werden. Wie können wir in die Lebensfähigkeit des anderen Vertrauen haben, wenn wir nicht gelernt haben, unserer eigenen zu vertrauen?

Ich denke an Viviane, eine 48-jährige Mutter, die sich für alle Schwierigkeiten ihrer 20-jährigen Tochter, einer Studentin, verantwortlich fühlte, überzeugt davon, dass diese noch nicht reif genug sei, um alleine zurecht zu kommen, dass „man immer hinter ihr her sein muss."

So hatte sie ihrer Tochter ein Zimmer im Studentenwohnheim organisiert, kümmerte sich um die Aktivitäten am Wochenende, beendete eine Freundschaft, die für ihre Tochter schwierig geworden war. Und je mehr sie ihre Tochter kontrollierte (beim Ausgehen, bei Treffen mit Freunden, der Teilnahme an Lehrveranstaltungen, Aktivitäten am Wochenende, der Urlaubsplanung), desto mehr forderte ihre Tochter ihr Recht auf Freiheit ein und desto mehr verstärkte wiederum die Mutter ihre Kontrolle. Ein Teufelskreis!

Einmal war die Tochter mit einigen Freunden im Urlaub in einem Ferienhaus. Bei der Rückkehr erfuhr die Mutter, dass ihre Tochter sich um alles gekümmert hatte, das Geld verwaltete, Einkäufe und Mahlzeiten organisierte, den Tagesablauf bestimmte, den Rauchern verbot, im Haus zu rauchen, kurz, dass sie sehr gut alleine zurechtkam (und dabei ein wohlbekanntes Modell reproduzierte). Wir besprachen diese Situation und kamen zu dem Schluss, dass die Mutter so sehr in der Vorstellung „Eine gute Mutter macht alles für ihre Tochter" gefangen war, dass sie ihrer Tochter nicht vertrauen konnte. Sie konnte nicht darauf vertrauen, dass diese ihren Weg findet, auch wenn ihr das Leben Schwierigkeiten zumutet oder ein paar Kratzer zufügt. Sobald ihre Tochter ein unangenehmes Gefühl wie „Ich bin traurig, enttäuscht, beunruhigt ..." äußerte, machte sich Viviane daran das Problem zu lösen, ohne ihrer Tochter Gelegenheit zu geben, ein bisschen darin zu schmoren, die kritische Situation durchzustehen, um umso stärker daraus hervorzugehen.

Gemeinsam mit Viviane haben wir 1.) ihr Bedürfnis nach Identität herausgearbeitet – „Kann ich wirklich ich selbst sein, ohne mich zu verausgaben, ohne bis zur Erschöpfung all das zu leisten, was eine gute Mutter, eine gute Ehefrau leisten muss … Wenn ich nicht mehr die gute Mutter bin, wer bin ich dann?" und 2.) ihr Bedürfnis nach emotionaler Sicherheit – „Kann ich mich selbst lieben und geliebt werden um meiner selbst willen und nicht wegen meiner Leistung?" – 3.) das Bedürfnis, sich selbst zu vertrauen – „Kann ich darauf vertrauen, dass die Dinge sich gut entwickeln, auch wenn ich nicht mehr alles unter Kontrolle habe?" Da Viviane selbst eine Mutter hatte, die viel forderte und kontrollierte, und sie sich als gute Tochter völlig angepasst hatte, konnte sie sich selbst nie zugestehen, so zu sein, wie sie sein wollte. Daher hatte sie unbewusst Schwierigkeiten, zuzulassen, dass ihre Tochter ihre eigene Persönlichkeit entfaltete. Die Freiheit, die ihre Tochter für sich beanspruchte, erschien ihr bedrohlich; diese Freiheit zwang sie, sich einzugestehen, dass sie selbst Gefangene ihres Bildes von einer guten Tochter, dann einer guten Mutter geblieben war. Damit diese Mutter ihrer Tochter so begegnet, wie sie ist, muss sie zuerst sich selbst begegnen. Das Schöne an dieser Entwicklung ist, dass Viviane, je mehr sie ihre eigene Persönlichkeit entfaltete, desto mehr ihrer Tochter zugestand, sie selbst zu sein anstatt das mütterliche Vorbild zu wiederholen!

5.2 Warum wir geliebt werden

Wenn wir gelernt haben, den Erwartungen der anderen zu entsprechen und uns für sie anzustrengen, erwarten wir fast unausweichlich, dass unser Nächster unseren Erwartungen entspricht und sich für uns anstrengt. Wir haben somit nicht gelernt, den anderen so zu lieben wie er ist, sondern zu lieben, wenn er unseren Vorstellungen entspricht.

Wenn wir uns in alle Richtungen verbogen haben, um dem Bild einer guten Tochter zu entsprechen, die ihrem Vater Freude macht, ist außerdem die Wahrscheinlichkeit sehr groß, dass wir von unserem Partner erwarten, dass er sich in das Bild des guten Partners einfügt, um uns zu gefallen; ebenso wie wir uns dem Bild der guten Partnerin oder der guten Mutter anpassen, um ihm zu gefallen. Wenn wir uns selbst daran gehindert haben, unsere eigene Persönlichkeit zu entfalten, besteht die Wahrscheinlichkeit, dass wir unbewusst den anderen daran hindern, seine Persönlichkeit zu leben.

Erst wenn es mir gelingt, wirklich ich selbst zu sein, ohne Rollenspiel, ohne Schubladendenken, ohne Verkrampfung, wird es mir gelingen, den anderen so zu akzeptieren wie er ist.

Wirkliche Begegnung geschieht nur von Mensch zu Mensch, nicht von Maske zu Maske.

Einander zu begegnen bedeutet vor allem zu SEIN.

Das bedeutet nicht, dass wir nicht Freude daran haben können uns zu entwickeln und zu wachsen – vor allem miteinander. Gemeinsam zu wachsen, als Paar, als Familie, als Freunde, als Team, ist sicher eine Quelle, die uns zutiefst bereichert. Den anderen so zu lieben wie er ist, bedeutet auch, dass wir uns für ihn interessieren und ihn als den annehmen, zu dem er sich entwickelt oder entwickeln kann. Es bedeutet, den anderen mit seinem ganzen Potential an Wachstum, Entfaltung und Vielfalt zu lieben. Ich sehe so viele Paare und Familien, in denen jeder in seiner Rolle gefangen ist, so dass der persönliche oder zwischenmenschliche Entwicklungsprozess stagniert oder stark eingeengt wird. Irgendwann stirbt jegliches Gefühl. Was ist Liebe ohne Respekt? Christian Bobin[20] drückt diese Abnutzung und diese Gefühllosigkeit so aus:

Das Leben ist abgenutzt, es fühlt sich noch weniger behaglich an, es scheuert auf der Seele, ruiniert den Schlaf. Man kann mit niemandem darüber sprechen. Niemandem kann man an-

vertrauen, dass man dieses Leben aufgeben wollte für ein anderes, und dass man nicht weiß, wie das zu machen wäre. Wie kannst du deinen Angehörigen sagen: Eure Liebe hat mir das Leben geschenkt, jetzt tötet sie mich. Wie kannst du denen, die dich lieben, sagen, dass sie dich nicht lieben.

Wenn dann ein Mensch beginnt, sich zu verändern, sich zu entwickeln, über sein Leben nachdenkt, bekommt der andere (oder die anderen) Panik: „Du bist nicht mehr wie früher, du hast dich verändert (zwischen den Zeilen: Das macht man nicht, man muss so bleiben, wie man immer war), du bist nicht normal, lass mich nicht alleine."

Ich liebe mein Projekt „Sohn" mehr als meinen Sohn ...

Der Film *Der Club der toten Dichter* veranschaulicht dieses Drama gut. Der Vater will unbedingt, dass sein Sohn einen angesehenen Beruf ergreift, aber der Sohn entdeckt im letzten Schuljahr sein Talent für das Theaterspielen in der Theater-AG. Sein Vater (davon überzeugt, dass er nicht gleichzeitig sein Studium fortführen und im Theater spielen kann) verbietet ihm, weiter an den Proben für das Theaterstück am Ende des Schuljahres teilzunehmen. Der Sohn nimmt trotzdem an den Vorbereitungen teil und erhält nach der Aufführung von der ganzen Schule und den Familien der Schüler tosenden Applaus, zum großen Ärger des Vaters, der auch unter den Zuschauern war.

Nach der Aufführung packt der Vater den Sohn an der Hand und führt ihn nach Hause, ohne ein Wort über den Erfolg seines Sohnes zu verlieren und ohne die Begeisterung des Publikums zu beachten. Dort hält er ihm eine Standpauke über seine Zukunft: Deine Mutter und ich haben uns aufgeopfert, um eine gute Schule für dich zu bezahlen und du wirst auf die Militärakademie gehen. Der Entschluss des Vaters ist unwiderruflich. Der Sohn geht in sein Zimmer und erschießt sich nachts mit der Pistole seines Vaters.

Dem Vater war mehr an seinem Projekt „Sohn" als an der Wirklichkeit seines Sohnes gelegen, immer in dem Glauben, es richtig zu machen, seine harte Pflicht „als guter Vater, der streng, aber gerecht ist", zu erfüllen.

Der Vater glaubt, seinen Sohn anzuhören würde bedeuten, seine Pflicht zu verletzen. Der Sohn glaubt, dem Vater zuzuhören würde bedeuten, auf sein Talent zu verzichten. Der Vater will seinen Plan mit Gewalt erzwingen, der Sohn entzieht sich ihm. Es findet keine Begegnung statt. Sie verfehlen einander auf tragische Weise.

Ich beobachte vor allem bei Paaren, wie oft der eine ein Projekt „für" den anderen hat, ein Konzept oder eine Vorstellung über die Ehe oder das Leben als Paar, an der sie mehr als an allem anderen hängen!

Wenn einer der beiden beginnt, sich zu entwickeln, das gemeinsame Projekt zu überdenken, das Konzept zu ändern, richtet der andere seine Aufmerksamkeit nicht auf den Partner, um ihm zuzuhören, ihn zu verstehen, ihn in seiner Entwicklung zu lieben, und noch weniger, die eigene Richtung in Frage zu stellen. Nein, die ganze Aufmerksamkeit richtet sich darauf, wie das Projekt und die Theorie erhalten werden kann, was zu tun ist, damit der andere sich wieder in das Basiskonzept einfügt.

Jaqueline, 51 Jahre alt, kam alleine zur Beratung. Sie war völlig orientierungslos, nachdem ihr Mann nach 25 Jahren Ehe ausgezogen war. Gleich am Anfang erzählte sie mir, dass die Ehe für sie heilig sei und eine Scheidung nicht in Frage komme. „Wenn man heiratet, dann bindet man sich für das ganze Leben", sagte sie mir.

Nach einigen Sitzungen, weil sie so häufig und beharrlich auf diesen Punkt zurückkam, versuchte ich, ihre Bedürfnisse hinter dieser Haltung herauszufinden. (Das folgende Gespräch ist stark gekürzt.)

„Jaqueline, wenn Sie mir sagen, ‚für mich ist die Ehe heilig, man lässt sich nicht scheiden, eine Ehe gilt für das ganze Leben (Bb)', fühlen Sie sich dann sehr traurig und verletzt wegen Ihrer derzeitigen Trennung (G), weil Sie die Vertrautheit und Nähe ihres Partners vermissen, die Freude, einander nahe zu sein und sich danach sehnen, sich im Vertrauen fallen lassen zu können, sich aufeinander verlassen zu können (Bd)? Ist es das, was Sie traurig macht?“

Sie sah mich mit Tränen in den Augen an und ich schwieg einen langen Moment, bevor ich wieder begann: „Es berührt Sie, wenn ich Ihnen diese Gefühle und Bedürfnisse bewusst mache?“ Ich nahm an, dass sie antworten würde: „Ja, deswegen bin ich traurig und das möchte ich so gerne wiederfinden.“ Stattdessen sagte sie mir: „Das bringt mich ganz aus der Fassung, weil ich das, was Sie beschrieben haben, in 25 Jahren gemeinsamen Lebens nicht erlebt habe. Ich werde mir bewusst, dass ich diese ganzen Jahre in einem engen Rahmen gelebt habe, und jetzt mühe ich mich damit ab, meinen Mann in diesen Rahmen zurückzuholen, anstatt zu versuchen, ihn zu verstehen.“

Es kam tatsächlich jedes Mal, wenn sie ihren Mann wieder traf, zum Streit: das Auseinanderbrechen des Rahmens hatte sie so verunsichert, dass sie nicht in der Lage war, zu verstehen, was eigentlich geschah. Je mehr sie versuchte, ihren Mann durch Argumente, Vorwürfe, Zornausbrüche zurückzuholen, desto mehr zog er sich zurück.

In einem Beratungsgespräch habe ich ihr dann vorgeschlagen – und sie war einverstanden – dass ich ihren Mann spiele und sagte ihr folgendes:

„Jaqueline, ich kann unser Rollenspiel nicht mehr ertragen. Fünfundzwanzig Jahre hinter einer Maske, ich kann nicht mehr (G). Ich sehne mich nach einer echten Beziehung, in der ich wirklich ich selbst sein kann, nicht ‚der gute Ehemann, der alles tut, was von ihm erwartet wird‘. Ich brauche Freiheit und Vertrauen, ich bin es leid, dass alles kontrolliert und vorprogrammiert wird. Aber mir fehlen die Worte, um dir das zu sagen. Ich habe nur gelernt, meine Gefühle zu verbergen und nett zu sein, das erdrückt mich seit langem. Jetzt kann ich nicht mehr, ich gehe, aber das bedeutet nicht, dass ich dich nicht liebe.“

Ich beendete das Rollenspiel und fragte sie: „Wie reagieren Sie darauf?“

– Jetzt verstehe ich es besser, wirklich. Ich sehe, welches Theater wir beide gespielt haben. Ich glaube, dass ich meine Idee vom Zusammenleben mehr geliebt habe als unser eigentliches

Zusammensein und mein Projekt „Ehemann" mehr geliebt habe als meinen Mann. Vorher dachte ich, er sei allein schuld an meinem Unglück, jetzt sehe ich, dass ich auch dafür verantwortlich bin."

Gemeinsam haben wir Jaquelines Bedürfnis nach Identität, Selbstwertgefühl und Sicherheit erarbeitet: Kann ich wirklich ich selbst sein, auch ohne meinen Mann? Kann ich allein oder in Gesellschaft anderer fühlen, dass ich lebe, auch wenn meine Ehe zerbrochen ist? Kann ich mich selbst lieben, auch wenn ich glaube, dass er mich nicht mehr liebt? Kann ich mir meiner selbst sicher sein, auch wenn meine äußeren Lebensbedingungen sich verändert haben?

Je mehr Jaqueline zu sich selbst Vertrauen fasste und nicht nur zu ihrer Rolle, desto mehr konnte sie sich selbst und nicht nur die gute Ehefrau und Mutter wertschätzen. Je mehr ihre Selbstsicherheit wuchs und sie sich von der Abhängigkeit von ihrem Mann, ihrer Familie und ihren Prinzipien löste, desto weniger kam es zum Streit, wenn sie sich mit ihrem Mann traf und desto mehr begann dieser, ganz vorsichtig, von sich selbst zu reden, seinen Schutzschild zu heben und eine echte Beziehung zu wagen. Es ist ein langer schmerzhafter Umwandlungsprozess; man muss den alten Mantel der Gewohnheiten, Klischees, Prinzipien ablegen, die Angst vor der Veränderung und der Einsamkeit überwinden und behutsam das Neue und Authentische wagen.

> Niemand weiß, ob die Raupe ihre Umwandlung in einen Schmetterling angenehm findet.

5.3 Andersartigkeit wird als Bedrohung empfunden

Steht diese Frage nicht bei vielen unserer Beziehungen im Hintergrund: „Wenn ich nicht das tue, was du sagst, wenn ich nicht mehr deinem Bild eines netten Jungen oder lieben Mädchens entspreche, wenn ich nicht mehr brav, nett und höflich bin, wenn ich nicht mehr so bin, wie du es erwartest, liebst du mich dann noch?“

Wir haben Angst davor festzustellen, dass wir anders sind. Wir versuchen, dies zu vermeiden oder zu unterdrücken. Wir tolerieren den anderen in dem Maße, in dem er „uns gleicht“ und in dem „er mich liebt“. Um das zu erreichen, suchen wir die Begegnung mit Menschen, die denken wie wir, reden wie wir, sich kleiden wie wir, glauben und beten wie wir, das Gleiche tun wie wir... Das gibt uns Sicherheit!

Liebst du mich oder deine Eigenschaften an mir?

Die Unterschiedlichkeit des anderen erleben wir oft als Gefahr, als Bedrohung: „Wenn der andere anders ist, muss ich mich möglicherweise verändern, mich anpassen, so werden, wie er es von mir erwartet, aufhören, der zu sein, der ich glaube zu sein.“ Diese innere Unsicherheit kann so ausgeprägt sein, dass sie sich in Rassismus, Fundamentalismus, Antisemitismus oder Menschenfurcht äußert, meistens jedoch führt sie zu Beurteilungen, Kritik, Vorwürfen, Misstrauen. Unterschiedlichkeit weckt nicht freundliche Neugier, sondern Zweifel und Misstrauen: „Diese Leute sind nicht wie wir!“

5.4 Das häufigste Gefühl: Angst!

Wir haben gelernt, etwas zu TUN, um unserem Gegenüber zu gefallen, aber wir sind doch nie ganz sicher, ob wir „das Richtige“ getan haben, ob der Zeitpunkt richtig war oder ob es ausreichend war. Wir leben in der Angst, dass der andere nicht mit uns zufrieden ist, wir haben Angst vor seiner Kritik oder seiner Gleichgültigkeit, wir warten misstrauisch auf seine Reaktion oder bezweifeln ständig unsere Talente und Fähigkeiten. Somit bestimmen oft Misstrauen und Zweifel unsere Art zu leben, ja sind eine Art Lebensprinzip geworden.

Wir betrachten unser Gegenüber mehr oder weniger als Richter, von dessen Billigung oder Missbilligung unser Wohlbefinden abhängt. Wir haben deshalb immer mehr oder weniger Angst, „nicht genug getan zu haben“ um seine Anerkennung oder seine Gnade zu *verdienen* (!). Marshall Rosenberg führt diesen Aspekt in seinem Buch[21] näher aus: „Wir sind in einer Kultur zu Hause, wo Kaufen, Geld verdienen und der persönliche Wert auf einer Stufe stehen und das alltägliche Kommunikationsmuster im Wesentlichen ausmachen. Deshalb fühlen wir uns oft unwohl, wenn es darum geht, einfach nur zu geben und zu nehmen.“

Wir stolpern meistens in der Zone des Misstrauens herum: Wir haben Angst davor, unseren Platz einzunehmen, wirklich zu existieren, unsere Identität zu bestätigen, weil wir nicht sicher sind, dass wir so geliebt und akzeptiert werden wie wir sind. Im Gegenzug wiederum haben wir Angst davor, dass der andere seinen Platz einnehmen könnte, wirklich existiert, seine Persönlichkeit bekräftigt, weil wir nicht sicher sind, dass wir unsererseits dann weiter existieren können! Wir betrachten den anderen, auch wenn er uns so nahe steht wie unser Ehepartner, mehr oder weniger als einen Eindringling – ich wage nicht zu sagen, einen Feind, obwohl ich diesen Vergleich oft gehört habe: Jemand, der mich daran hindert, ich selbst zu sein.

Ich höre oft folgenden Einwand: „Und Sie glauben, dass ich wirklich ich selbst sein kann mit diesem Ehemann, diesen Kindern, diesem Chef, diesen Eltern … das alles hindert mich daran, wirklich ich selbst zu sein!“

Nun, es ist nicht „das alles“, das uns daran hindert, wir selbst zu sein. Was uns hindert, ist unsere Art, „das alles“ zu betrachten und unsere Beziehungen zu leben. Der Grund dafür ist, dass unsere Bedürfnisse nach Selbstsicherheit und Vertrauen nicht ausreichend beachtet worden sind, so dass wir „das alles“ von einer höheren Stufe mit mehr Leichtigkeit betrachten können. Ich glaube nicht, dass wir die Angst völlig auslöschen können. Sie ist Teil unseres Lebens, wie das Vertrauen und auch der Schmerz und die Freude. Was uns befreit, ist, die Angst nicht mehr zu fürchten.

5.5 Schluss mit nett – seien wir ehrlich!

Dieser Satz fiel mir im Lauf eines Trainings ein, als ich ein Rollenspiel mit einer Teilnehmerin beendete, die sich gerade bewusst geworden war, dass ihre Gewalt Ergebnis ihrer Frustration war. Sie war frustriert, weil sie ihre wahren Gefühle und Bedürfnisse verbarg, um nett zu sein. Weil sie sich so sehr bemühte nett zu sein, staute sich alles auf und explodierte irgendwann.

Als ich, mehr im Scherz, sagte: „Schluss mit nett, seien wir ehrlich!“, reagierte eine andere Teilnehmerin sofort darauf und sagte: „Jetzt erkenne ich, was ich oft mit meinem Mann erlebe. Ich gehe für mein Leben gern ins Theater oder in die Oper, ich treffe dort meine Freundinnen, lasse mich von der Atmosphäre und dem Stück mitreißen, ich gehe innerlich so sehr mit, dass ich oft eine Träne vergieße, und ich finde es wunderbar, in der Pause mit anderen zu plaudern. Mein Mann dagegen verabscheut das alles; er wird ungeduldig, kritisiert laut die Darsteller, fühlt kein bisschen mit und rutscht ständig auf seinem Sitz herum und seufzt. Das ärgert mich und verdirbt mir den ganzen Abend und während der Pause und im Auto streiten wir uns. Es ist nur so, dass er, sobald ich eine Karte reserviere, Angst hat, dass ich die letzte S-Bahn verpasse oder kein Taxi bekomme und deswegen, um nett zu sein, begleitet er mich. Und ich – um nett zu sein, weil er nett ist – lasse es zu! Und wir verbringen beide einen schrecklichen Abend. Es wäre viel besser, wenn ich ehrlich wäre und ihm nächstes Mal sagen würde: ‚Ich bin sehr gerührt (G), dass du dir Sorgen darum machst, dass ich sicher und bequem nach Hause komme. Ich habe es gern, wenn ich spüre, dass dir meine Sicherheit und mein Komfort wichtig sind (Bd), und gleichzeitig bin ich nicht sicher (G), ob es dir wirklich Freude macht, mich zu begleiten (Bd). Ich möchte, dass wir beide einen schönen Abend verbringen (Bd) und vor allem, dass ich diesen Abend genießen kann, ohne mir Sorgen zu machen, ob du zufrieden bist (Bd). Ich schlage dir vor, dass du das machst, was dir wirklich gefällt, ich komme schon nach Hause (Bt). Wie fühlst du dich, wenn ich dir das sage?‘“

Diese Teilnehmerin war sehr froh darüber, sich selbst von dieser tückischen Falle befreien zu können – endlich konnte sie ihre Maske abnehmen!

Runter mit den Masken!

Wenn Sie eine Maske tragen und der andere auch, dann ist das keine Beziehung, sondern ein Maskenball! Wenn es Spaß macht und Sie die Masken und Spiele lustig finden, dann spielen Sie mit und freuen sich daran! Die Erfahrung zeigt jedoch leider, dass diese Maskenbälle traurig und öde sind. Sie führen uns nicht zueinander, wir vereinsamen; sie bringen uns nicht schöne Träume, sondern schlaflose Nächte; sie enden nicht mit einem Feuerwerk, sondern lassen uns einsam und unglücklich zurück!

Verstehen wir uns richtig, ich spreche hier über die Nettigkeit, eine nette, gefällige Haltung, die nicht von Herzen kommt, nicht aus der Freude zu geben und zum Wohlergehen des anderen beizutragen, sondern von der Angst bestimmt ist, etwas zu verlieren, abgewiesen oder kritisiert zu werden, seinen Platz zu verlieren. Diese Freundlichkeit ist oft eine Maske, hinter der sich die Wahrheit verbirgt und totgeschwiegen wird, und die auf Dauer den Fluss der Lebenskraft versiegen lässt.

> Höflichkeit ist organisierte Gleichgültigkeit
> PAUL VALÉRY

Es besteht die Gefahr, dass wir hinter dieser Maske der gefälligen Freundlichkeit uns daran gewöhnen, emotionslose, sterile Beziehungen zu leben, die wir sehr wohl für echte menschliche Beziehungen halten können. So wie wir nicht wissen können, dass es sich lohnt, Wein zu kosten, wenn wir unser ganzes Leben lang nichts anderes als Coca-Cola getrunken haben.

In den mehr als fünfzehn Jahren als Rechtanwalt und später als Berater in Firmen, habe ich die Regeln der Höflichkeit, wie sie zwischen Geschäftsleuten und Kollegen herrschen, sehr gut kennen gelernt: ein freundliches Lächeln, ein warmer Händedruck und eine herzliche Geste, die im Grunde eine tiefe Gleichgültigkeit verbirgt; es geht einfach nur darum, einen guten Geschäftsabschluss zu erzielen und friedlich miteinander auszukommen.

Manche Menschen können zu aller Welt so nett sein, dass sie gar nicht mehr wissen, wer sie sind! Wie bereits erwähnt, nennt Marshall Rosenberg so jemanden *a nice dead person*, einen netten toten Menschen! Keine Persönlichkeit, keine Präsenz, kein Leben.

Auf kurze Sicht ist es oft leichter, nett zu sein statt ehrlich. Als Kind schluckten wir unseren Zorn oder unsere Traurigkeit hinunter, um wieder bei den anderen, bei der Familie sein zu dürfen; unbewusst entschieden wir uns für den leichten Weg, dafür, lieb und nett zu sein, statt uns so zu benehmen wie uns zumute war. Wir haben also gelernt, uns selbst untreu zu sein und das kommt uns auf lange Sicht teuer zu stehen! Sich selbst wiederzufinden kostet Zeit und Energie! Es ist aber zum Glück möglich, uns die Angewohnheit, nett zu sein, abzugewöhnen, uns neu zu programmieren, wir können unser wahres Wesen, unsere wahre Persönlichkeit hinter dem Rollenspiel wiederfinden. Mit dem Zitat von Paul Valéry möchte ich ganz bestimmt nicht eine von Herzen kommende Höflichkeit schlecht reden. Lebenskunst und gute Umgangsformen tragen sehr zu unserer Lebensqualität bei.

> Wenn etwas eine Gewohnheit geworden ist,
> bedeutet es noch nicht, dass es unserer Natur entspricht.
> GANDHI

Auf Konferenzen und in Seminaren höre ich oft diese Reaktion: „Ja, aber das wirkt so künstlich, so über Gefühle und Bedürfnisse zu reden." Ich glaube, dass wir es nicht gewohnt sind, dass es aber im Grunde unserer Natur entspricht.

Ein Kind sagt: „Ich bin zornig (G), weil ich mit meinen Freunden spielen will (Bd), ich bin traurig (G), weil ich bei dir bleiben möchte (Bd)." Erst im Laufe seines Erwachsenwerdens wird es lernen, Dinge zu tun oder nicht zu tun, „weil es sein muss, weil es Zeit ist, weil das normal ist, weil das so auf dem Plan steht".

Wenn die Nettigkeit im Sinne, wie ich sie hier verstehe, nicht unbedingt gut für uns als Mensch ist, muss man auch sagen, dass die wahre Menschenliebe nicht immer nett und höflich ist. Ich persönlich bevorzuge die klare Wahrheit, ohne Umschweife über vage Maskeraden der Nettigkeit. Wie viele Lügen, nur um nett zu sein, werden bei Paaren, Familien und in beruflichen Beziehungen ausgesprochen! Wer hat nicht schon einmal geschwindelt, die Wahrheit ein ganz kleines bisschen verdreht, um sich ohne Ärger aus der Affäre zu ziehen oder um niemanden zu verletzen?

Als ob die Wahrheit anpassbar wäre, als ob man sie ohne Folgen verkleiden könnte, einfach weil es bequemer ist …

Mein Vertrauen in die menschliche Natur geht nicht so weit zu behaupten, dass es gut ist, die Wahrheit zu jedem Zeitpunkt zu sagen, ganz gewiss nicht! Zweifellos gibt es Umstände, in denen es besser ist nichts zu sagen, den richtigen Zeitpunkt abzuwarten, Anteil zu nehmen oder etwas zu überprüfen.

Ich will damit sagen, dass ich Respekt vor der Wahrheit habe, wenn ich mich entscheide, etwas zu sagen anstatt zu schweigen, und ihr nicht nur aus Gefälligkeit ein anderes Gesicht geben will. Die Frage ist: Will ich zur Verwirrung der Welt beitragen? Der Astrophysiker Hubert Reeves sagt, dass die Umweltverschmutzung nicht *ein* großes Problem sei, sondern sieben Milliarden kleine Probleme. Es scheint mir, dass die Verwirrung der Welt, ihr Chaos, ihre Unordnung nicht *ein* großes Problem ist, sondern sieben Milliarden kleine Probleme. Jeder von uns hat jeden Tag in seinem Alltag die Wahl und die Macht: zur Klarheit, zur Transparenz, zum Frieden beizutragen – oder nicht. Hätten Sie das gedacht?

Schließlich sollten wir uns bewusst werden, wie verunsichernd es ist, mit „netten“ Menschen zusammen zu sein, das heißt mit Menschen, die nicht sagen, was sie wirklich denken, aus Angst, einen Fehler zu machen, schief angesehen zu werden, ihre Zerbrechlichkeit und/oder ihre Stärke zu zeigen. Um uns in einer Beziehung wohl zu fühlen, müssen wir sicher sein, dass der andere Ja meint, wenn er Ja sagt und Nein, wenn er Nein sagt. Wenn wir ständig überlegen müssen, was die wahren Beweggründe des anderen sein könnten, weil wir kein Vertrauen haben, dass er die ganze Wahrheit sagt, ist das ermüdend und lässt uns befürchten, dass das dicke Ende irgendwann kommt.

Wir kennen den klassischen Fall, dass jemand Ihnen hilft und dabei versichert, dass es ihm Spaß macht, obwohl es ihm lästig ist. Hinterher beschwert sich dieser jemand dann, dass er so viel für Sie getan hat und so wenig Anerkennung oder so wenig Gegenleistung dafür erhalten hat …

Als Valérie und ich geheiratet haben, haben wir uns gegenseitig das Versprechen gegeben: „Ich verspreche dir, niemals nett zu dir zu sein – aber ehrlich.“ Sicher ein ungewöhnliches Eheversprechen, aber für uns, für die Qualität und Sicherheit unseres gemeinsamen Lebens grundlegend wichtig. Wenn wir also in irgendeiner Situation befürchten, dass er/sie etwas tut, das ihn/sie belastet, nur „um nett zu sein“, entlarven wir uns mit einem Augenzwinkern gegenseitig: „Bist du nett oder bist du ehrlich?“ Das gibt uns die Gelegenheit, unsere Aufgaben zu überprüfen und die Gründe unseres Handelns zu überdenken, damit keiner von uns etwas aus Pflichtgefühl tut oder „weil es gemacht werden muss“, „weil niemand anderes es tut“, sondern in der Freude, zu einem erfüllten gemeinsamen Leben beizutragen.

Wir können keine dauerhaften und befriedigenden Beziehungen gründen, ohne diese beiden Werte oder Bedürfnisse zu pflegen: Wahrheit und Authentizität. Es ist nicht immer leicht ehrlich zu sein, es erfordert Wachsamkeit und Übung, um sich ausdrücken zu können, und Flexibilität, um den anderen anzunehmen.

5.6 Wie können wir Nein sagen?

Als Therapeut fällt mir auf, dass der Grund, warum es so vielen Menschen schwer fällt, Nein zu sagen, mit unserer Erziehung zusammenhängt: Wir sind nicht dazu aufgefordert worden, anders zu sein und diese Andersartigkeit unbeschwert zu leben. Wie ich bereits erwähnte, sind wir eher damit aufgewachsen, „dasselbe zu tun", „es nachzumachen", mit Papa, Mama, der Erzieherin, den Gewohnheiten, der religiösen Praxis, dem sozialen oder beruflichen Umfeld übereinzustimmen: „Es ist höflich, Ja zu sagen; ein kleines nettes Mädchen, ein vernünftiger Junge sagt Ja; es ist nicht schön, Nein zu sagen."

Weil auf der einen Seite die Unterschiedlichkeit (der Meinung, des Charakters, der Einstellung, der Prioritäten, des Empfindungsvermögens) als bedrohlich empfunden wird (siehe Punkt 3) und auf der anderen Seite der Gehorsam lange Zeit als Tugend propagiert worden ist, fällt es uns nicht nur schwer Nein zu sagen, sondern auch uns bewusst zu werden, dass wir anderer Meinung sind.

Der Gehorsam schafft selten selbstverantwortliche Wesen, sondern eher Roboter. Die Forderung nach Gehorsam ist Ausdruck des Misstrauens und des Zweifels, dass der andere für sich selbst Verantwortung übernehmen kann und gleichzeitig Ausdruck der Unfähigkeit, in Kontakt zu dem anderen zu treten und ihn zu verstehen; in dem Maße wie es uns nicht gelingt, unser Bedürfnis geltend zu machen, so dass der andere es respektiert, verlangen wir ohne Diskussion, dass der andere unser Bedürfnis akzeptiert und erfüllt.

Automatischer Gehorsam oder verantwortungsvolle Zustimmung?

Demnach sagen wir oft Ja „um nett zu sein", obwohl wir Nein denken, und zwar meistens, um eine Auseinandersetzung zu vermeiden: „Werde ich noch geliebt, wenn wir streiten? Bin ich noch liebenswert, wenn ich anderer Meinung bin …?" Oder aber wir sagen automatisch Nein, um Widerstand zu leisten, weil wir Angst haben, uns selbst zu verlieren, weil es die einzige Möglichkeit ist, die wir gefunden haben, um unser Bedürfnis nach Identität, Sicherheit oder Anerkennung zu stillen: „Ich protestiere, also bin ich."

Lernen, Nein zu sagen ist ein Schritt, den ich besonders schätze, weil er uns auffordert, vier Werte, die mir besonders am Herzen liegen, grundlegend zu erarbeiten:

- Der *Respekt* vor den Gefühlen und Bedürfnissen meines Gegenübers und meinen eigenen;
- Die notwendige *Selbständigkeit:* Ich nehme mir Zeit, um zu überprüfen, was ich empfinde und was ich will;
- Die *Verantwortung*, alle Zusammenhänge genau wahrzunehmen und zu versuchen, alle beteiligten Bedürfnisse zu berücksichtigen; nicht nur die meines Gegenübers auf Kosten meiner Bedürfnisse und nicht nur meine auf Kosten der Bedürfnisse meines Gegenübers;
- Die *Kraft*, meine gegenteilige Meinung auszudrücken und eine Lösung oder Haltung vorzuschlagen, die vielleicht ganz anders ist als diejenige, die von mir gefordert wird.

Wir wissen jetzt, dass hinter jeder Bitte ein Bedürfnis steht und wir wissen auch, dass wir diese beiden oft verwechseln. Wir richten also unsere Aufmerksamkeit auf das Bedürfnis unseres Gegenübers, das hinter seiner Bitte steht, um klar zu verstehen, um was es wirklich geht. Hier ein einfaches, leicht nachvollziehbares Beispiel:

Germaine, eine langjährige Freundin, hat drei Nachrichten auf meinem Anrufbeantworter hinterlassen, um mich zu einem Grillabend einzuladen und ich habe noch nicht reagiert. Ich mag Germaine gerne, ich würde mich über ein Wiedersehen freuen, und gleichzeitig habe ich keine Lust, zu ihrem Grillabend zu gehen. Früher hätte ich bestimmt „Ja, natürlich" gesagt, um sie nicht zu enttäuschen (und um nett zu sein) und wäre lustlos und halbherzig hingegangen und hätte womöglich schlechte Laune gehabt und alles kritisiert: die langweiligen Gäste, angebrannte Schaschlikspieße, zu warmer Rotwein ... Erinnern wir uns: Wenn wir entgegen unseren Bedürfnissen handeln, muss jemand dafür bezahlen, wir selbst oder die anderen. Oder ich hätte auch etwas erfinden können, um mich aus der Affäre zu ziehen: „Ich habe leider keine Zeit, ich muss arbeiten." Ich hätte gelogen, um nett zu sein!

Bei Germaines viertem Anruf war ich zu Hause und nahm den Hörer ab:

– Na, du treulose Tomate, reagierst du nicht mehr auf meine Nachrichten?
– Bist du enttäuscht (G), hättest du dir gewünscht, dass ich mich früher melde (Bd)?
– Na ja, der Herr ist nie zu Hause und lässt seine alten Freundinnen fallen.
– Bist du ärgerlich (G), Germaine? Willst du dir sicher sein, dass ich dich nicht vergesse (Bd)?
– Natürlich, wenn ich dich nicht ab und zu einladen würde, würden wir uns nie mehr sehen!
– Würdest du gerne spüren, dass ich auch zu unserer Freundschaft beitrage, dafür Zeit aufbringe (Bd)?
– Ganz genau! Deswegen hoffe ich, dass du zu meinem Grillabend kommst. Hast du Zeit?
– Ich habe tatsächlich Zeit, Germaine, und ich bin wirklich hin- und hergerissen (G). Ich freue mich (G), dass du mich so beharrlich einlädst und ich möchte mir wirklich die Zeit nehmen, damit wir uns wieder sehen können (Bd), und gleichzeitig bin ich diese Woche furchtbar müde und habe mit so vielen Leuten zu tun gehabt (G). Ich brauche ein Wochenende für mich allein, um wieder zur Ruhe zu kommen und dies ist das erste freie Wochenende nach mehreren Wochen Seminaren (Bd).
– Ich sehe schon, du lässt mich im Stich!
– Warte, bis ich ausgeredet habe. Wenn ich zu deinem Grillabend komme, begegnen wir uns nicht so, wie ich es mir wünsche. Du weißt schon, wie das abläuft, man redet mit allen und

doch mit niemandem. Ich würde gerne Zeit mir dir allein verbringen und hören, was aus dir geworden ist (Bd). Was hältst du davon, wenn wir uns nächste Woche in der Mittagspause treffen und zusammen eine Kleinigkeit essen und plaudern (Bt)?
– Dafür hättest du Zeit? Du bist immer so beschäftigt, ich hätte nie geglaubt, dass du Zeit hättest, um mit mir Mittag zu essen. Deswegen hatte ich dich zu meinem Grillabend eingeladen. Natürlich bin ich einverstanden, ich würde auch lieber allein mit dir reden.

Das eigentliche Bedürfnis (unsere Freundschaft zu pflegen) jenseits der Bitte zu finden, festzustellen, dass wir dasselbe Bedürfnis zur selben Zeit hatten und dass wir es auf einem anderen Weg stillen konnten (zu zweit Mittag zu essen), war in diesem Fall einfach und angenehm.

Es kann viel schwieriger und wesentlich unangenehmer sein, wenn wir feststellen, dass wir überhaupt nicht dasselbe Bedürfnis haben, in dieser Hinsicht ganz andere Gefühle empfinden und dass wir unsere Zeit und unsere Energie ganz anders einsetzen wollen, als der andere uns vorschlägt!

Wenn wir Nein sagen – wozu sagen wir dann Ja?

Wenn wir es in einfachen Situationen üben, haben wir genug Kraft, auch in schwierigeren Situationen Nein zu sagen … Es gelingt uns leichter, Nein zu sagen, Grenzen zu setzen *und* dabei den anderen zu respektieren, wenn wir in der Art und Weise, wie wir unsere Bedürfnisse nach Selbstvertrauen, Selbstsicherheit, Anerkennung und Persönlichkeit leben, Stärke und Leichtigkeit gewinnen. Je besser wir im Grunde uns selbst kennen, desto mehr wird uns bewusst werden, zu was wir Ja sagen.

Als Ergebnis wird es uns dann leichter fallen, auf konstruktive und kreative Art Nein zu sagen, oder das Nein des anderen zu akzeptieren, ohne es persönlich zu nehmen. Anstatt trotzig Nein zu sagen, werden wir unsere Aufmerksamkeit und unsere Energie auf das richten, zu dem wir Ja sagen.

Hier einige Beispiele:

- „Nein, ich will nicht, dass du jetzt Musik hörst." Wir könnten stattdessen sagen: „Ja, ich brauche Ruhe und möchte, dass du deine Musik später oder woanders hörst."
- „Nein, ich will nicht, dass du in deinem Alter in Nachtlokale gehst." Stattdessen: „Ja, ich will darauf vertrauen, dass du dich sicher und wohl fühlst, egal mit welchen Leuten du zusammen bist und ich will dieses Vertrauen Stück für Stück mit dir zusammen aufbauen. Deshalb schlage ich dir vor, zunächst Lokalitäten zu besuchen, die ich kenne und dann sprechen wir zusammen darüber, wie es dir dabei erging."
- „Nein, du fährst nicht mehr mit dem Auto." Stattdessen: „Ja, ich will sicher sein, dass du die Risiken einschätzen kannst und ich wünsche mir, dass du ein paar Tage darüber nachdenkst, dann sprechen wir darüber, bevor du dich wieder ans Steuer setzt."

Je mehr wir uns bewusst werden, „wozu wir Ja sagen", desto mehr erkennen wir auch, wozu der andere Ja sagt, wenn er Nein sagt. Diese innere Öffnung ist wichtig, damit wir nicht in die unselige Gewohnheit zurückfallen, eine Absage persönlich zu nehmen. Denn wenn wir aus Angst vor Ablehnung ungern Nein sagen, haben wir auch Schwierigkeiten, ein Nein zu hören: Er hat mit Nein geantwortet, also liebt er mich nicht ... Wenn wir dagegen ausreichend Selbstsicherheit entwickelt haben, können wir ein Nein annehmen, ohne an uns zu zweifeln, ohne das Vertrauen zu verlieren. Wir sind in der Lage, die Gefühle und Bedürfnisse des anderen hinter seiner Haltung wahrzunehmen und herauszufinden, wozu er Ja sagt.

5.7 Angst vor Konflikten

Hinter der Angst vor Konflikten steht fast immer das Bedürfnis nach emotionaler Sicherheit. „Werde ich noch geliebt, wenn wir uns streiten, bin ich noch liebenswert, wenn ich anderer Meinung bin?" Ich habe festgestellt, dass Menschen, die über diese Angst klagen, Konflikte selten als für alle Beteiligten bereichernd, als gute Gelegenheit, um sich besser kennen zu lernen und wertzuschätzen, erlebt haben. Sie hatten vielmehr den Eindruck versagt zu haben, verarbeiteten die Anspannung schlecht, hatten einen bitteren Nachgeschmack, fühlten sich verwirrt. Es war nur um „Wer hat Recht, wer hat nicht Recht?" oder „Er/Sie ist schuld" gegangen. Das Ganze war sehr unbefriedigend.

Die Lehre von den Systemen lehrt uns, dass ein System vor allem dazu neigt sich aufrechtzuerhalten, weiterzulaufen. Das ist das Gesetz der Homöostase, der Selbstregulation eines biologischen Systems. In einem System wie der Familie, des Paares oder anderer Beziehungen, verursachen Unterschiede und Meinungsverschiedenheiten Angst, weil darin die Gefahr gesehen wird, dass das System aus dem Gleichgewicht gebracht wird und auseinanderbrechen könnte. Also wird oft versucht, die Einheit schnellstmöglich wiederherzustellen, durch Kontrolle oder Unterwerfung. Um also die familiäre oder partnerschaftliche Symbiose oder die Homöostase unseres Systems wiederzufinden, erzwingen wir unsere Lösung und fordern von allen, einverstanden zu sein oder wir geben sofort ohne zu diskutieren nach. Wir flüchten oder greifen an, wir begegnen einander nicht.

Dabei ist ein Konflikt oft eine Gelegenheit zu wachsen. Wir können daran arbeiten, selbstsicherer und selbständiger zu werden und lernen zuzuhören und Empathie zu zeigen. Wir sind eingeladen, uns selbst und dem anderen näher zu kommen, das bedeutet, innere Stärke und Flexibilität zu entwickeln. Ein Konflikt gibt uns die Gelegenheit, zusammen zu wachsen und kreativ zu sein. Ich glaube, dass sich in der Angst vor einem Konflikt die verzweifelte Suche nach Anerkennung durch den anderen spiegelt. *Ohne eine angemessene, gerechte Selbstanerkennung laufen wir Gefahr, den Rest unseres Lebens verzweifelt nach übermäßiger Anerkennung durch die anderen zu suchen.*

5.8 Wie können wir mit unserem Zorn leben?

Meines Erachtens gibt es zwei Gründe, warum es schwierig ist, Zorn auszudrücken oder anzuhören. Der erste Grund ist die Angst vor Ablehnung. Wir haben es oft genug gehört: „Ich habe dich nicht lieb, wenn du zornig bist." Dass es gesellschaftlich nicht gern gesehen ist, wenn wir uns ärgern, hat sich uns tief eingeprägt. So erleben wir unseren eigenen Zorn als Bedrohung: „Werde ich noch geliebt werden, wenn ich meinen Zorn zeige?" Und der Zorn meines Mitmenschen ist auch bedrohlich: „Bin ich noch liebenswert, wenn jemand zornig auf mich ist?" Der zweite Grund sind die dramatischen Auswirkungen von Zorn, zu denen sich Menschen hinreißen lassen: Beleidigungen, Schlägereien, Verbrechen ... Überall auf der Welt explodiert Zorn auf tragische Weise und weil die Auswirkungen zerstörerisch sind, glauben wir, dass Zorn an sich zerstörerisch ist. Im Grunde unterscheiden wir nicht zwischen dem Gefühl des Zorns und dem, wie jeder mit diesem Gefühl umgeht.

Die Auswirkungen können tragisch sein, Zorn an sich aber ist ein heilsames Gefühl, weil er uns eine große innere Lebenskraft anzeigt. Wenn unsere Gefühle wie Leuchtsignale auf einem Armaturenbrett sind, ist der Zorn das Blaulicht auf dem Einsatzwagen; er zeigt an, dass lebenswichtige Bedürfnisse nicht gestillt werden und dass alles andere stehen und liegen bleiben muss, weil niemand mehr das Steuer in der Hand hat. Der bekannte Ausdruck „Ich bin außer mir" zeigt genau, dass ich zuallererst wieder zu mir selbst zurückfinden muss. Zorn fordert uns damit auf, uns selbst intensiv und voller Empathie zuzuhören.

Zorn zu vergraben, bedeutet eine Mine zu vergraben.

Wenn in der Zeitung über einen Amokläufer berichtet wird, der mit dem Maschinengewehr in eine Menschenmenge geschossen oder seine Frau und seine Kinder umgebracht hat, bevor er sich selbst hinrichtete, berichten die Nachbarn oft, dass dieser

Mann sehr nett war, nie etwas sagte, ein sehr ruhiger Mensch war … Man kann sich vorstellen, wie oft der Zorn unterdrückt wurde und schließlich auf einen Schlag explodierte, weil ihm nicht die Gelegenheit gegeben wurde, sich nach und nach zu entladen.

Wenn wir das Gefühl des Zorns seit unserer Kindheit in unserem Innern begraben haben, wenn wir es seit dreißig, vierzig Jahren verbergen, ist es ein wenig so, als hätten wir Minen vergraben, eine nach der anderen, schön nebeneinander: von außen ein gepflegter Park, innerlich ein Minenfeld! Wir sitzen auf einem Minenfeld, das irgendwann explodieren wird! Und oft reicht ein kleiner Widerspruch, eine zusätzliche Enttäuschung, die an sich nicht schlimm ist, wie eine Feder, die zufällig auf den Auslöser der letzten, schlecht vergrabenen Mine fällt, alles auf einen Schlag explodiert! Es war der Tropfen, der das Fass zum Überlaufen brachte.

Nicht der andere ist schuld daran, dass mein Fass zum Überlaufen voll ist – ich selbst bin dafür verantwortlich. Mein Fass regelmäßig zu leeren setzt aber voraus, dass ich ehrlich bin und nicht nur nett!

Wie können wir also unseren Zorn ausdrücken ohne den anderen anzugreifen, wie können wir ehrlich sein, ohne aggressiv zu werden?

Bei einer klassischen Auseinandersetzung wird der andere für das eigene Zorngefühl verantwortlich gemacht: „Ich bin zornig, weil du …“ In dieser Verfassung neigen wir dazu, entweder uns selbst Gewalt anzutun um nicht zu explodieren oder aber unseren Zorn über dem anderen zu entladen. Der andere dient somit als Ventil für unseren Überdruck, den der Zorn verursacht hat. Oft bekommt er viel mehr ab, als die Umstände erklären, weil mehrere Minen gleichzeitig explodiert sind!

Diese Art, seinen Zorn auszudrücken (jeder entlädt seinen Zorn über dem anderen), führt entweder zu dem bekannten Ping-Pong-Spiel, was meistens in der Spirale der Gewalt endet oder einer der beiden zieht sich zurück, schließt sich ein in sein Schweigen, Schmollen, seine einsame Rebellion.

Wir haben oft die Erfahrung gemacht, dass diese Art, seinen Zorn auszudrücken, nicht befriedigend ist. Die einzige Befriedigung, die wir daraus erhalten können, ist, dass wir explodiert sind, den Überdruck des Zorns abgelassen haben, dem anderen gründlich die Meinung gesagt haben. Aber das ist doch seltsam: Müssen wir erst zornig sein, gibt uns erst der Zorn das Recht, offen und ehrlich zu reden? Warum ist es so schwierig, unsere ehrliche Meinung behutsam und entgegenkommend zu sagen? *Sind wir sprachlich so eingeschränkt, dass wir die Energie des Zorns brauchen, um das ausdrücken zu können, was in uns brodelt?*

Sich um seinen Zorn kümmern

Nach der Methode der GFK an unserem Zorn zu arbeiten bedeutet zum einen, unsere Verantwortung wahrzunehmen und zum anderen uns zu vergewissern, dass unser Gesprächspartner *uns* zuhört. Zu diesem Zweck kommen wir zu uns selbst zurück, wir hören auf, außer uns zu sein!

■ **1.** Der erste Schritt besteht darin, *unseren Mund zu schließen*, zunächst *zu schweigen,* nicht zu explodieren. Nicht um unseren Zorn zu verstecken oder zu unterdrücken, sondern um ihm vielmehr seine ganze Kraft zu geben. Wir wissen, dass wir, wenn wir unseren Zorn über dem anderen entladen, keinen Gesprächspartner haben, der uns zuhört und versucht, uns zu verstehen, sondern einen Rebell, der seinen Widerstand vorbereitet, einen Gegner, der seinen Gegenangriff vorbereitet oder der schon auf der Flucht ist! Aber was ist unser Bedürfnis, wenn wir zornig sind? Dass der andere uns zuhört, das Ausmaß unserer Enttäuschung und unserer unerfüllten Bedürfnisse versteht. Und damit er uns gut zuhört, wissen wir, dass wir zuerst uns selbst richtig zuhören müssen.

■ **2.** Der zweite Schritt besteht darin, innerlich *unseren ganzen Zorn anzunehmen, seine Größe, alle seine Facetten ohne Vorbehalt zu akzeptieren.* Ich habe an mir selbst die Erfahrung gemacht, dass der Zorn so tabu ist, dass es sogar schwer fällt sich einzugestehen, dass man zornig ist. Wir sagen eher, dass wir traurig sind, enttäuscht oder besorgt, und drücken so lieber ein gesellschaftlich akzeptables Gefühl aus, als den Zorn bewusst in uns aufsteigen zu lassen.

Ich halte diesen zweiten Schritt für grundlegend wichtig: uns einzugestehen, dass wir zornig sind oder wütend und alle Vorstellungen und Bilder zu akzeptieren, die uns durch den Kopf gehen: den anderen aus dem Fenster zu werfen, in ganz kleine Stücke zu zerschneiden, mit unserem Auto zu überfahren, unser altes Gewehr hervorzuholen …

Diese Bilder der Gewalt innerlich zu akzeptieren hat dieselbe Auswirkung wie ein Stapel Teller, den wir zu Boden werfen oder ein Stuhl, der an die Wand gefeuert wird: Es erleichtert und dient als Ventil für den Überdruck der Energie, den der Zorn in uns bewirkt und der uns hindert, uns selbst zuzuhören. Erst wenn wir uns durch die emotionale Entladung, die diese Bilder und Projektionen ermöglichen, etwas beruhigt haben, können wir versuchen, zu unserem Brunnen hinabzusteigen. Dieser Schritt ist auch schwierig, weil er so gar nicht zu dem Bild eines netten Jungen und braven Mädchens passt: „Die Vorstellung, dass ich, ein so netter Junge, ein so höfliches Mädchen, den Kopf des anderen an einer Wand zerschmettern wollte – also diese Gewalt, vielleicht könnten andere so gewalttätige Wünsche empfinden, aber ich bestimmt nicht!“ Um unseren Zorn und unsere Gewalt loszuwerden, müssen wir ihnen direkt ins Gesicht sehen können.

■ **3.** Der dritte Schritt besteht darin, *das ungestillte Bedürfnis oder die ungestillten Bedürfnisse zu identifizieren.* Wenn die Anspannung durch den vorherigen Schritt etwas nachgelassen hat, sind wir eher in der Lage, in uns hineinzuhören um wahrzunehmen, was in uns vorgeht und nicht den anderen dafür verantwortlich zu machen. Wir können dann die Bedürfnisse nennen, die uns zuerst in den Sinn kommen.

■ **4.** Der vierte Schritt besteht darin, *die neuen Gefühle wahrzunehmen,* die dann emporkommen können. So wie der Zorn manchmal von gesellschaftlich korrekten Gefühlen verdeckt wird, kann der Zorn seinerseits auch andere Gefühle verdecken. Solche Gefühle sind oft Traurigkeit, Angst oder das Gefühl, eine Situation, die sich wiederholt, leid zu sein. Wenn wir diese Gefühle genauer wahrnehmen, zeigen sie uns unsere Bedürfnisse und wir können Bilanz ziehen oder eine Bestandsaufnahme von allem machen, was der Zorn uns anzeigt. Das Gefühl, etwas leid zu sein, kann unser Bedürfnis nach Veränderung, nach Entwicklung anzeigen; Traurigkeit unser Bedürfnis nach Verständnis, danach, angehört zu werden, nach Unterstützung; Angst unser Bedürfnis nach emotionaler oder materieller Sicherheit.

■ **5.** Nun sind wir schließlich bereit für den fünften Schritt: *unseren Mund aufzumachen, unseren Zorn dem anderen zu sagen* und zwar auf eine Art und Weise, die jetzt eher eine Chance hat, von ihm gehört zu werden. Im wirklichen Leben wird es nicht immer leicht sein, in der Gegenwart des anderen so genau in sich hineinzuhören. Es könnte also angebracht sein zu sagen: „Ich bin zu zornig, um jetzt mit dir zu reden und dir wirklich zuzuhören.. Ich spreche später wieder mit dir." Wenn der Druck zu stark war und Sie trotz allem Ihren Zorn über dem anderen entladen haben, hindert Sie nichts daran, innerlich Ihren Zorn von Grund auf zu erarbeiten. Anschließend können Sie wieder auf den anderen zugehen und ihm sagen, dass es Ihnen leid tut, Ihren Frust ihm gegenüber mit solchen Worten und in diesem Ton ausgedrückt zu haben (G), dass Sie gerne eine freundschaftlichere Art finden würden, ihm mitzuteilen, was Sie nicht wollen und was Sie wollen (Bd) und ihn schließlich fragen, ob er bereit ist, jetzt Ihre Gedanken dazu anzuhören (Bt).

Lassen Sie Zorn nie lange in Ihnen oder zwischen Ihnen und Ihrem Gegenüber schwelen. Nehmen Sie sich Zeit, um ihn loszuwerden, sonst besteht die Gefahr, dass er früher oder später die ganze Beziehung vergiftet. Erinnern Sie sich: Wenn wir dauerhafte und befriedigende Beziehungen wollen, müssen wir sie pflegen. Viele Menschen tragen einen Zorn in sich, den sie nicht wahrhaben wollen. Sie mobilisieren oft unbewusst ihre ganze Energie, um diesen Zorn zu unterdrücken, so dass sie nicht wirklich verfügbar sind für die Erfahrung von Nähe, Zärtlichkeit, dauerhaften und befriedigenden Beziehungen, innerem Frieden, Kreativität. Ihre Lebenskraft ist gefesselt und nur wenn sie an sich selbst arbeiten, wird der Weg wieder frei werden.

Wenn es darum geht, den Zorn des anderen zu empfangen, reagieren wir oft mit einem der beiden Reflexe: Angriff oder Flucht. Selten haben wir in uns die nötige Geduld und Selbstsicherheit, um den Zorn des anderen empathisch entgegenzunehmen, weil wir oft glauben, dass seine Haltung gegen uns gerichtet ist: „Er/sie ist zornig, also liebt er/sie mich nicht mehr; also bin ich nicht liebenswert." Und um uns vor diesem Risiko zu schützen, greifen wir an oder fliehen. Aber diese Reaktion erweist sich als wenig befriedigend. Im besten Fall wird es uns von unserer inneren Spannung befreien, unserem Zorn freien Lauf zu lassen, im schlimmsten Fall reißt uns die Spirale der Gewalt beide mit sich fort.

Wir wissen jetzt, dass unangenehme Gefühle Ausdruck von nicht gestillten Bedürfnissen sind. Zorn wird als unangenehmes Gefühl erlebt und wir können daher, wenn wir feststellen, dass unser Gegenüber zornig ist, unsere Aufmerksamkeit auf seine ungestillten Bedürfnisse richten und versuchen, sie zu benennen: „Bist du zornig, weil du dir Respekt, Rücksichtnahme, Aufmerksamkeit, Unterstützung, Vertrauen etc. wünschst?" Möglicherweise treffen wir nicht sofort das richtige Bedürfnis. Unser Gegenüber wird jedoch bestimmt feststellen, dass wir nicht argumentieren um uns zu rechtfertigen, unsererseits anzugreifen oder zu fliehen, sondern bereit sind zuzuhören. Diese Haltung ist ungewöhnlich, sic überrascht. Meistens ändert sich der Ton schon nach der ersten Frage. Der andere antwortet: „Ja, genau, ich hätte mir gewünscht, dass du ..." oder „Nein, das ist es nicht, ich wollte dass du ..." und ganz langsam können wir den „Tanz der Begegnung" beginnen. Ich wiederhole: Wir akzeptieren oder erfüllen das Bedürfnis des anderen nicht unbedingt, wenn wir es wahrnehmen, aber wir bemühen uns wenigstens gemeinsam, einander zu begegnen.

Es bereitet mehr Freude, Konflikte zu lösen, als sie zu verschärfen.

Ich sage nicht, dass es leicht ist, ich sage, dass es machbar ist. Ich sage: nicht immer, ich sage: Es lohnt sich es zu versuchen! Warum? Weil der Versuch, unsere Konflikte zu lösen, uns mehr Freude macht, als wenn es uns gelingt, sie zu verschärfen; weil es uns mehr Freude macht, wenn wir einander wirklich begegnen und unsere Verantwortung wahrnehmen, als wenn wir uns verzweifelt verteidigen oder angreifen um Recht zu behalten. Es gibt tatsächlich Menschen, die um jeden Preis Recht haben wollen, auch auf die Gefahr hin, dass sie sich mit ihrer ganzen Umgebung überwerfen. Sie können einfach nicht akzeptieren, dass es zwei Ansichten gibt!

Ich wünsche uns allen, dass es uns gelingt, unseren Zorn mit Stärke und Sympathie anzunehmen und auszudrücken, damit in Zukunft niemand mehr auf ein Minenfeld tritt.

6. Sich mitteilen und Werte teilen

Mir wurde nicht gesagt „Komm",
sondern „Geh wohin du willst".

WILLIAM SHELLER
(Französischer Sänger)

Auf fast jedem Seminar höre ich: „Das ist ja sehr schön, einander so zuzuhören, aber man muss doch Grenzen setzen!" Das ist richtig. Wir müssen in Bezug auf Dinge, Menschen und Ereignisse einen klaren Standpunkt beziehen. Ist es jedoch dafür nötig, etwas zu erzwingen, Druck auszuüben?

6.1 Du musst, du hast keine Wahl, es ist halt so!

Dieses „Du musst" habe ich im ersten Kapitel als „Verantwortung ablehnende Sprache" bezeichnet, eine der vier vernunftbezogenen Gewohnheiten, die Gewalt verursachen. Diese Art zu sprechen – und vor allem die Haltung, die dahinter steht – lässt dem anderen keine Freiheit und erklärt ihm nicht den Sinn. Noch schlimmer, sie lähmt das Gewissen und das Verantwortungsbewusstsein.

Vor einigen Jahren wurde in Südafrika eine Amnestie für die Henker und Folterknechte der Apartheid durchgeführt. In einer englischsprachigen Zeitschrift las ich ein Interview mit mehreren dieser Peiniger, denen man Straffreiheit angeboten hatte, wenn sie über ihre Taten sprechen würden. Einer von ihnen, ein Familienvater und Freizeit-Musiker, den man gefragt hatte, wie er tagsüber Menschen im Gefängnis foltern und dann abends nach Hause gehen und mit seinen Töchtern spielen oder musizieren konnte, antwortete: „Das war mein Job! Dafür wurde ich bezahlt! Das musste ich tun!" Die Zeitung ist mir buchstäblich aus der Hand gefallen! War es möglich, dass das Zusammenwirken von Pflicht und Gehorsam aus diesem Menschen eine seelenlose Foltermaschine gemacht hatte? Die Verbrecher des Naziregimes gaben auf die Frage nach ihren Motiven ähnliche Antworten. Dieselbe Lähmung des Gewissens und des Herzens, dieselbe Verwandlung in einen seelenlosen Roboter.

Unsere Taten haben keine so tragischen Auswirkungen, Gott behüte, aber in unserem alltäglichen Leben handeln wir doch häufig mechanisch oder erwarten es von den anderen; das sind Handlungen ohne Leben, ohne Seele, ohne Sinn: „Ich muss es schaffen. Du musst arbeiten. Du musst zur Schule gehen. Die Mülleimer müssen rausgestellt werden. Ich muss meinen Lebensunterhalt verdienen. In dieser Situation habe ich keine andere Wahl …"

Vom Zwang hin zur Freiheit: Muss ich oder will ich?

In einem meiner ersten Trainings in gewaltfreier Kommunikation mit Marshall Rosenberg formulierte er diese Frage folgendermaßen: „Jetzt werde ich Ihnen zeigen, wie Sie aus der Sklaverei entkommen können, wie Sie dieses „Ich muss, ich habe keine andere Wahl" loswerden. Dann fragte er uns, ob es Dinge gäbe, die man tun müsse, ob man wolle oder nicht. Ich reagierte sofort:

– Natürlich gibt es Dinge im Leben, die man tun muss, ob man will oder nicht.

– Kannst du mir eine Sache nennen, die du glaubst, tun zu müssen?"

– Ja, natürlich! Ich muss arbeiten. Ich habe keine Wahl, es ist so! Ich verfüge nur über das Geld, das ich mit meiner Arbeit verdiene, und um als Selbständiger zu überleben, muss man ganz schön schuften!

– Wenn du sagst, ‚Ich habe nur das Geld, das ich mit meiner Arbeit verdiene und ich muss ganz schön schuften um zu überleben (Bb)', wie fühlst du dich dann?

– Nun, erschöpft und besorgt!

– Und deine Bedürfnisse (Bd)?

– Ich bin erschöpft, weil ich meine Zeit gerne kreativer und uneigennütziger ausfüllen würde und besorgt, weil ich materielle Sicherheit brauche. Ja, ich habe das Bedürfnis, mich sicher zu fühlen, zu wissen, dass ich meine Wohnung bezahlen kann, weil ich keine Lust mehr habe, in einem Studentenzimmer zu wohnen; zu wissen, dass ich in eine zusätzliche Altersvorsorge für Selbständige investieren kann, weil ich keine Lust habe, mit 65 zu verhungern; zu wissen, dass ich mein Auto bezahlen kann, weil ich keine Lust habe, alle Strecken zu Fuß zu gehen oder mit dem Zug zu fahren; zu wissen, dass ich mir gelegentlich Urlaub leisten kann, eine Reise, ein Fest mit Freunden oder eine Weiterbildung.
– Wenn du dir bewusst wirst, dass du arbeitest, weil es dir ermöglicht, in einer Wohnung zu leben, die komfortabler ist als ein Studentenzimmer, eine Altersvorsorge zu finanzieren, Auto zu fahren, in Urlaub zu gehen oder eine Weiterbildung zu besuchen, wie fühlst du dich dann?
– Sehr überrascht. So hatte ich die Sache noch nicht betrachtet. Es stimmt, dass ich jeden Morgen die Entscheidung treffe, in Anzug und Krawatte zur Arbeit zu gehen. Niemand, höchstens ich selbst, hindert mich daran, für den Rest meines Lebens in die Mongolei oder nach Feuerland zu gehen. Ich habe ein bestimmtes Maß an Komfort gewählt, an sozialer und familiärer Anerkennung, an Freiheit, auf die ich, wenn ich wollte, verzichten könnte. Es ist nur so, dass ich nicht wirklich Lust habe, heimat- und mittellos in Feuerland oder in der Mongolei zu landen. Gleichzeitig stelle ich fest, dass ich ein großes Bedürfnis nach beruflicher Orientierung habe und ich bin froh, dass ich dieses Training besuche.

Sobald ich dieses „Ich muss“, von dem ich überzeugt war, analysiert und die Zusammenhänge erkannt hatte – das Bedürfnis nach materieller Sicherheit auf der einen Seite und das Bedürfnis nach einem neuen, erfüllenderen Beruf auf der anderen Seite – wusste ich, dass ich der Falle des Entweder-Oder-Denkens entkommen konnte. Dieses Denken hielt mir nämlich vor: Entweder in materieller Sicherheit vor Langeweile umkommen oder etwas verändern und dabei vor Angst sterben. Ich begann in kleinen Schritten mein Leben zu verändern. Nach und nach reduzierte ich meine Arbeitszeit als juristischer Berater und weitete meine therapeutische Tätigkeit aus. Der Zwang („Ich muss meinen Lebensunterhalt verdienen.") wurde zum Sprungbrett: „Meine Arbeit gibt mir die finanzielle Sicherheit um meinen Beruf zu wechseln!" In den Jahren der Umwandlung steckte ich voller Energie, weil mir der Wert (oder das Bedürfnis), den ich anstrebte, klar und deutlich vor Augen war.

Wir fürchten die Freiheit mehr als den Zwang

So empfehle auch ich sehr, alle Formulierungen mit „Ich muss, ich habe keine Wahl" im Hinblick auf die Werte, die dahinterstehen, gut zu überprüfen. Das hilft uns beim Aussortieren. Wir schleppen oft alte „Ich muss" mit uns herum, die nicht mehr zeitgemäß sind. Wenn hinter dem „Ich muss" nicht wirklich ein „Ich möchte wirklich" steht, ist es veraltet und entspricht eher einem automatischen Reflex als einem verantwortungsvollen Gewissen.

Dieses Aussortieren kann wesentliche Veränderungen nach sich ziehen. Ich habe zum Beispiel Freunde, die, nachdem sie alle „Wir müssen, ich muss" analysiert hatten, alles aufgegeben haben: Arbeitsplatz, Haus, vertraute Gewohnheiten und ein Jahr mit den Kindern in einem Pferdewagen durch Frankreich gefahren sind. Und die Schule? Im Pferdewagen, beim Schein der Petroleumlampe. Und das Geld? Gelegenheitsjobs unterwegs: Man kann mit wenig auskommen. Und wie finden sich die Kinder danach wieder zurecht? Wir leben jetzt, wir leben im Vertrauen.

In einem Seminar, an dem mehrere Familien, Eltern und Kinder, teilnahmen, warf eine berufstätige Mutter, eine Lehrerin, ein:

– Aber Thomas, es gibt im Leben doch Dinge, die man tun muss, ob man will oder nicht!

– Kannst du mir eine Sache nennen?

– Natürlich. Als Mutter muss ich jeden Abend das Essen vorbereiten. Ich habe keine Wahl.
– Wie fühlst du dich, wenn du das sagst und welches Bedürfnis steht dahinter?
– Müde und lustlos, weil ich gerne die Zügel ein bisschen lockerer lassen – auch wenn es nur an einem Tag pro Woche wäre – und gleich nachdem ich von der Schule heimkomme, entspannt ein Bad nehmen würde.
– Du fühlst dich also müde und lustlos (G), weil du nach der Arbeit gerne ein bisschen Zeit für dich haben würdest (Bd)?
– Ja. Aber verstehst du, wenn ich nicht koche, essen die Kinder irgendetwas und sie müssen doch etwas Ordentliches essen.
– Es ist dir wichtig (G), dass sie sich ausgewogen ernähren und es ist dein Bedürfnis, dass sie etwas Gesundes essen (Bd)?
– Ja! Für mich ist das eine Priorität.
– Fühlst du dich also hin- und hergerissen zwischen dem Bedürfnis, Zeit für dich selbst zu haben, zum Beispiel um ein Bad zu nehmen, und dem Bedürfnis, für eine gesunde und ausgewogene Ernährung zu sorgen?
– Ganz genau. Aber du glaubst doch nicht, dass sie das verstehen würden, dass ich ein Bad nehme und sie auf ihr Abendessen warten müssen!
– Es fällt dir also schwer zu glauben, dass sie das einsehen?
– Und ob! Ich bin überzeugt, dass sie das nicht verstehen können.
– Da deine Kinder ja hier sind, schlage ich dir vor, sie selbst zu fragen, wie sie sich dabei fühlen, anstatt für sie zu entscheiden, dass sie das nicht verstehen können, sagte ich und wandte mich an ihre Töchter, zwei Jugendliche, die auch an dem Seminar teilnahmen:
– Wie reagiert ihr, wenn eure Mutter uns das erzählt?
– (Einstimmig) Wir sagen ihr schon seit Jahren, dass sie sich entspannen soll, bevor sie anfängt zu kochen, oder uns kochen lassen soll. Wir wissen genau, dass sie nicht nur am Abend ein bisschen Ruhe nötig hat, sondern auch, dass sie Kochen hasst. Das gibt immer miese Stimmung, wenn sie so widerwillig kocht! Das verdirbt oft den ganzen Abend. Sie könnte es uns

doch zutrauen, dass wir alleine zurecht kommen, selbst das Abendessen vorbereiten, etwas Gutes zustande bringen. Die Zeit, als wir den ganzen Keksvorrat oder zehn Nutellabrote gegessen hätten, ist doch längst vorbei!
– (Ich wandte mich wieder an die Mutter.) Wie fühlst du dich, wenn deine Töchter sagen, dass sie sich wünschen, dass du es ihnen entweder zutraust, das Essen alleine vorzubereiten oder dir ein bisschen Zeit gönnst, um dich zu entspannen, bevor du selber kochst?
– Ein bisschen durcheinander und auch erleichtert. Es stimmt, dass sie mir das schon oft gesagt haben und ich nicht darauf gehört habe. Ich habe so sehr meine Mutter vor Augen, wie sie sich abgearbeitet hat, um alles richtig zu machen, um eine gute Mutter zu sein, dass ich Schwierigkeiten habe, mich davon zu lösen, obwohl meine Töchter mich selbst dazu aufgefordert haben, weil ihnen diese Routine nicht passt.

Dieses Gespräch zeigt unsere außerordentliche Fähigkeit, uns in Überzeugungen über uns selbst („Eine gute Mutter muss ...") und über andere („Sie werden das nie verstehen, ich wage es nicht einmal, mit ihnen darüber zu reden, ich kenne ihre Antwort ...") einzusperren. Nur die echte Begegnung mit unseren Mitmenschen ermöglicht uns, dieser Falle zu entkommen.

Zwänge kennen wir gut, sie sind vertraut – unbequem, aber vertraut. Die Freiheit dagegen, du liebe Zeit! Sie ist neu und weckt die Angst vor dem Unbekannten! Nachdem Generationen zur Pflicht oder zur Gewohnheit erzogen wurden, fällt es schwer, aus freier Wahl oder aus Herzensüberzeugung zu handeln. Es ist aber lebensnotwendig. Jeder von uns kann es wieder lernen, aus dem Herzen heraus zu leben und zu handeln.

Du musst deine Hausschuhe anziehen!

Während eines Trainings sagte eine Mutter: „Ich schaffe es einfach nicht, meiner sechsjährigen Tochter verständlich zu machen, dass sie ihre Hausschuhe anziehen muss, wenn sie im Schlafanzug zu Hause rumläuft." Ich bat sie, mir zu zeigen, wie sie sich dabei verhält und mich als ihre Tochter anzusprechen.

– Ich habe dir schon hundert Mal gesagt, dass du deine Hausschuhe anziehen sollst, ich weiß nicht, wie ich es dir noch sagen soll, damit du das endlich verstehst. Zieh jetzt sofort deine Hausschuhe an!", sagte sie zu mir (und lachte, als sie sich ihres Tonfalls bewusst wurde).

– Wenn ich deine Tochter wäre und das hören würde, hätte ich nur Lust, das Gegenteil zu tun, und das aus zwei Gründen. Erstens verstehe ich den Sinn deiner Bitte nicht: Ich finde es schön, barfuß zu laufen!

– Aber ich habe es am Anfang schon gesagt: Ich habe Angst, dass sie kalte Füße bekommt, krank wird und ich Urlaub nehmen muss, um zu Hause zu bleiben. Aber es stimmt, wenn ich es ihr ein Mal gesagt habe, denke ich, dass sie es auch verstanden hat, und ich ärgere mich, ohne klar gemacht zu haben, welches Bedürfnis hinter meiner Bitte steht.

– Bestimmt kannst du feststellen, dass sie dein Bedürfnis für weniger wichtig hält als du. Wir können es uns sehr leicht vorstellen, dass es für ein kleines Mädchen nicht so lästig ist, sich zu erkälten und mit der Mama zu Hause zu bleiben wie für die Mama! Es könnte also angemessen sein, das Bedürfnis deutlicher zu formulieren und es zu wiederholen, als einfach davon auszugehen, dass sie es genau verstanden hat und genauso wichtig nimmt wie wir. Könntest du jetzt deine Bitte wiederholen und dein Bedürfnis benennen und dabei ihre Freiheit, nicht einverstanden zu sein, akzeptieren?

– (Lachend.) Nein, das ganz bestimmt nicht!

– Das ist der zweite Grund, warum ich, wenn ich deine Tochter wäre, keine Lust hätte, meine Hausschuhe anzuziehen: Ich will, dass meine Freiheit respektiert wird, auch wenn ich ein kleines Mädchen bin!

– Das ist aber schwierig! Zu akzeptieren, dass der andere nicht einverstanden ist!

– Natürlich ist das nicht leicht. Aber wenn wir unsere Bitten als Forderungen weitergeben, erreichen wir entweder Unterwerfung oder Widerstand – und keine Begegnung. Wenn du sagst, dass es schwierig ist, hilft es dir dann nicht, dass du eine

andere Meinung deiner Tochter akzeptieren kannst, ohne dass du deine eigenen Bedürfnisse aufgeben musst?
– Eigentlich ja. Im Grunde will ich, dass sie gesund bleibt und anfängt, selbst für diese Sachen zu sorgen: zum Beispiel Hausschuhe anzuziehen, wenn man kalte Füße bekommt.
– Willst du es schaffen, ihr Vertrauen zu schenken, ihr zuzutrauen, dass sie nach und nach selbst entscheiden kann, wann sie ihre Hausschuhe anzieht?
– (Langer Seufzer und Schweigen.) Das ist der entscheidende Punkt: ihr vertrauen zu können! Es fällt mir sehr schwer zu vertrauen, deshalb versuche ich, alles zu kontrollieren! Das ist anstrengend!“

Im Laufe des Seminars ist es der Mutter immer mehr bewusst geworden, wie schwer es ihr fällt zu vertrauen. Sie hat auch begriffen, dass sie an sich selbst arbeiten muss, um ihre Beziehung zu ihren Kindern und zu ihrem Mann zu verbessern. Das Seminar dauerte mehrere Tage. Eines Morgens kam sie ganz glücklich auf mich zu und sagte: „Es ist mir noch nicht gelungen, mein Bedürfnis klar auszudrücken, aber gestern Abend konnte ich meine Tochter, anstatt mich zu ärgern, doch fragen, ob sie eigentlich weiß, warum sie ihre Hausschuhe anziehen soll. Sie gab mir eine klare Antwort: ‚Damit ich keine kalten Füße bekomme und mich nicht erkälte.‘ Es ist mir gelungen, es dabei zu belassen und nichts zu erzwingen und einige Minuten später habe ich festgestellt, dass sie ihre Hausschuhe angezogen hatte!“

Wenn wir ein „Du musst“ entlarven, finden wir zu uns selbst zurück, und können an unserer eigenen Verantwortung arbeiten.

Ein Politiker, der in einer Landesbehörde aktiv war, kam in die Beratung, weil er Schwierigkeiten hatte, mit seinem Team zu kommunizieren. Es war ihm selbst aufgefallen, dass sein Ton häufig ein wenig schroff war, und sich seine Mitarbeiter gegen diese Form der Autorität auflehnten; sie widersetzten sich der Arbeit, obwohl er sich einfach nur effiziente und gute Zusammenarbeit wünschte. Als nach den Wahlen das Team neu zusammengestellt wurde, wollte er seine Art, seine Pläne und Wünsche zu formulieren, überarbeiten. Er wünschte sich insbesondere, dass sich für sein Projekt nur Leute engagierten, denen öffentliche Einrichtungen und die Ortsgemeinde wirklich am Herzen lagen. Er wollte nicht mehr mit Menschen zusammenarbeiten, die nur an ihre Karriere denken. Ein edles Ziel, zu dem ich nur zu gerne beitragen wollte.

Sein Entwurf war voll von „Es muss unbedingt …; Wir müssen …; Es ist höchste Zeit, dass …; Es ist ein Skandal, dass …“ – also lauter Pflichten und moralische Appelle oder vernunftbezogene Erwägungen; ich war überhaupt nicht überrascht, welche Diskussionen seine Haltung auslöste: Er vermittelte den Eindruck, als ob er wüsste, was für die anderen gut war, und dass er für sie in ihrem Namen Entscheidungen traf. Wir haben gemeinsam seine Gefühle und Bedürfnisse erarbeitet, damit er sich in Worten ausdrücken konnte, die bei jedem ankamen: „Ich bin erschöpft, und ich bin ein bisschen entmutigt, ich wünsche mir Effizienz in unserer Teamarbeit und daher will ich mich vergewissern, ob wir alle dasselbe Ziel haben – die Einrichtungen und die Anliegen der Gemeinde. Ich möchte, dass jeder von uns sich Zeit nimmt, um innerlich genau seine Prioritäten zu bestimmen. Ich wünsche mir vor allem, dass unsere Aussagen mit unserer Haltung übereinstimmen: Wir wollen eine Politik, die sich der Auswirkungen ihrer Taten langfristig und global gesehen bewusst ist und Verantwortung zeigt; entspricht die Art und Weise, wie jeder von uns mit seinen täglichen Aufgaben umgeht, diesem Ideal?“

Durch diese Herangehensweise an das Thema konnten die Mitarbeiter wirklich einander begegnen; bei Formulierungen wie „Es muss / Ihr müsst“ hingegen fühlten sie sich gezwungen oder verurteilt etwas zu tun. Der Politiker war übrigens mit dem Verlauf der späteren Sitzung sehr zufrieden.

Die Mülleimer müssen raus!

Wenn Sie das nächste Mal sagen: „Die Mülleimer müssen raus!“, halten Sie inne und entspannen Sie sich: Kein Polizist wird Sie abführen und kein jüngstes Gericht Sie verdammen, wenn Sie Ihre Abfälle Woche für Woche in der Küche, dann im Wohnzimmer, sogar im Badezimmer anhäufen! Wenn sie Ihre Mülleimer rausstellen, dann doch deswegen, weil Sie Ordnung, Sauberkeit, Hygiene, Komfort, also ein schönes Zuhause wollen, oder nicht?

Überprüfen Sie, welche Lebenskraft Sie in sich spüren, wenn Sie sich in Verbindung mit den Werten setzen, die sie motivieren, anstatt sich dem Zwang „Sie müssen …“ zu unterwerfen.

Ich habe keine Wahl und ich habe keine Zeit!

Ich weiß, dass es natürlich Umstände gibt, in denen die Wahlmöglichkeiten stark eingeschränkt sind oder gar keine andere Wahl besteht. Ich denke, dass zum Beispiel Gewalt oder physischer Zwang die Handlungsfreiheit aufheben können. Ich bewundere jedoch den Mut der Menschen, die anerkennen, dass sie nicht die Kraft haben, etwas zu entscheiden, abzulehnen oder etwas zu verändern, und die deshalb beschlossen haben, eine Situation zu akzeptieren. Auch wenn ihnen die Situation nicht passt, werden dadurch doch einige Bedürfnisse befriedigt – darunter oft das Bedürfnis nach materieller oder emotionaler Sicherheit. Ich finde es mutig, seine Verantwortung anzuerkennen statt die Umstände oder die anderen dafür verantwortlich zu machen.

Ich denke, dass wir aber häufig nur aus Gewohnheit sagen „Ich habe keine Wahl“ genauso wie „Ich habe keine Zeit“. Wenn wir uns unsere Bedürfnisse mehr bewusst machen, sehen wir deutlicher, wie wir unsere Prioritäten setzen und unsere Zeit dementsprechend einteilen können. Unser Terminkalender spiegelt wider, was für uns Vorrang hat und welche Entscheidungen wir treffen. Entscheidend ist jedoch nicht, was wir tun, sondern welche Bedürfnisse wir damit befriedigen. Wer zehn bis zwölf Stunden pro Tag arbeitet und sagt „Ich habe keine Zeit, bei meinem Beruf habe ich keine andere Wahl“, könnte das anders formulieren und zum Beispiel sagen: „Meine jetzige Priorität ist meine materielle Sicherheit und die meiner Familie. Ich habe noch keinen Arbeitsplatz gefunden, der besser bezahlt ist und der mir mehr Freizeit ermöglicht" oder „Es ist mir wichtig, Verantwortung zu übernehmen und mich einzubringen. Das erfüllt mein Bedürfnis, nützlich zu sein, eine Arbeit zu haben, die mich herausfordert und die mir Spaß macht und die meine materiellen Ansprüche erfüllt; im Moment entscheide ich mich daher, meiner Arbeit die meiste Zeit zu widmen." Die Formulierungen „noch nicht" und „im Moment" lassen die Möglichkeit der Veränderung offen.

Wieder stellen wir fest, dass wir zuerst die Verantwortung für unsere Entscheidungen übernehmen müssen und dafür, wie wir unsere Zeit einteilen, bevor wir etwas verändern können. Wie in dem englischen Sprichwort *Love it, leave it or change it:* Wenn du es nicht gerne machst, lass es sein oder ändere es!

6.2 Wellenbrecher oder Boje, Hirte oder Stacheldraht?

> *Wenn ich unbedingt zwischen Gewalt oder Feigheit entscheiden müsste, würde ich die Gewalt vorziehen (...), aber ich glaube, dass die Gewaltlosigkeit der Gewalt unendlich weit überlegen ist.*
>
> GANDHI

Bei einer Autofahrt durch ein kleines Dorf wurde ich von einem Polizisten angehalten – gerade nach einer scharfen Kurve, in der ich die durchgezogene weiße Linie am Straßenrand überfahren hatte. Beim Anblick des Polizisten wurde mir mein Fehler blitzartig bewusst und löste in mir die typische Wut gegen die „sture Obrigkeit aus, die blind ihre Pflicht erfüllt"! Von diesem alten Vorurteil ganz eingenommen erwartete ich eine behördliche Belehrung im Stil: „Ihnen wird zur Last gelegt, gegen den Paragraphen XY der Straßenverkehrsordnung verstoßen zu haben, das Bußgeld beträgt 250 Euro, bitte zahlen Sie den Betrag sofort" oder eine geharnischte Ansprache, um mir ein schlechtes Gewissen zu machen: „Sind Sie verrückt, so in einem Dorf zu fahren, Sie handeln vollkommen rücksichtslos!"

Ich brachte mein Auto zum Stehen. Der Polizist näherte sich und grüßte mich sehr höflich: „Guten Tag, ich bin sehr beunruhigt, weil ich für die Sicherheit hier im Dorf verantwortlich bin (Bd) und wenn ich sehe, dass Sie die weiße Linie überfahren, bin ich mir nicht sicher (G), dass Sie sich der Gefahren für die Kinder bewusst sind (Bd), die hier nach Schulschluss laufen und vielleicht unachtsam die Straße überqueren. Was meinen Sie dazu?"

Ich hätte ihn am liebsten gebeten, seinen Satz zu wiederholen, so wenig traute ich meinen Ohren. Dieser Polizist hatte eine Situation beobachtet, ohne mich zu beurteilen, er teilte mir sein Gefühl und sein Bedürfnis mit und bat mich, ihm zu sagen, was ich darüber dachte! Ich bewunderte, wie sehr sich dieser Mann seiner Verantwortung bewusst war: Er war nicht da um zu bestrafen, zurechtzuweisen oder mich zu etwas zu zwingen, sondern um mir einen Wert und ein Bedürfnis ins Gedächtnis zu rufen: die Sicherheit. Er appellierte an mein Verantwortungsbewusstsein. Ich antwortete ihm, dass ich meine Fahrlässigkeit bedauerte, dass die Sicherheit von Menschen und besonders von Kindern mir sehr wichtig wären und dass seine gewissenhafte und verantwortungsvolle Haltung mich aufforderte, selbst gewissenhafter und verantwortungsvoller zu fahren. Er wünschte mir gute Fahrt und ich fuhr sehr zufrieden weiter.

Dieser Polizist, der auch eine „Wellenbrecher-Mentalität" hätte zeigen können (und zum Beispiel sagen „Sie sind im Unrecht, Sie müssen zahlen"), ist mir heute noch in Erinnerung wie eine wegweisende Boje, die sich mit den Wellen bewegt – alles in allem eine Begebenheit, an die ich mit Respekt und Freundschaft zurückdenke und die mich weiter anregt, wachsam zu fahren. Viel mehr, als wenn ich ein Bußgeld hätte zahlen müssen, um den juristischen Frieden zu erkaufen.

Eine Regel zu beachten setzt voraus, dass man sie versteht.

„Wenn Jugendliche Regeln nicht beachten, bedeutet dies, dass sie sie nicht verstehen." Das hat mich Pierre-Bernard Velge,

Gründer der Vereinigung *Flics et Voyous (etwa: Cops und Harte Jungs)* gelehrt. Ich sage „gelehrt", weil das für mich als Jurist einen Lernprozess in Gang setzte: Weil eine Regel existiert, bedeutet es noch nicht, dass sie sinnvoll ist und schon gar nicht, dass ihr „Sinn" von allen gleich verstanden wird.

Wenn wir etwas verstehen, können wir handeln: Statt darauf zu achten, dass die Regeln von allen blind befolgt werden, können wir wahrnehmen, ob der Sinn der Regel, der Wert, der darin zum Ausdruck kommt, von allen gleich interpretiert wird. Solange wir nicht wissen, dass eine Regel ein Versuch ist, einen Wert im täglichen Leben auszudrücken oder zu verdeutlichen, ist die Wahrscheinlichkeit groß, dass wir sie nur als lästige Beschränkung empfinden.

Wir waren mit einer Gruppe von Jugendlichen, alle sogenannte Problemfälle, zu einer Expedition in die Sahara aufgebrochen, als die Stimmung unter den Jugendlichen immer angespannter und aggressiver wurde. Uns kam zu Ohren, dass sich die Jugendlichen angeblich gegenseitig beklauten; andere beschwerten sich, dass sie alle Aufgaben übernehmen mussten, während die anderen sich ausruhten; aber wir ließen sie eine Zeit lang in diesen Spannungen „schmoren". Als wir eines Abends nach dem Essen um das Feuer herum saßen, schlugen wir ihnen vor, dass einer nach dem anderen sagen konnte, was er auf dem Herzen hatte. Jedem stand dafür eine bestimmte Zeit zur Verfügung, was durch einen Stab symbolisiert wurde, der weitergereicht wurde.

– Thierry, möchtest du etwas sagen?

– Ja, jemand hat meine Sachen gestohlen. Diese Idioten, denen werde ich die Fresse polieren!

– Bist du zornig, weil du willst, dass dein Eigentum und du selbst respektiert werden?

– Ja, ich will, dass die anderen mich respektieren und ehrlich sind.

– Jeanine, willst du reden?

– Ja, ich hab' die Schnauze voll. Ich und zwei, drei andere sind die einzigen, die helfen, die LKWs abzuladen und das Camp

aufzubauen! Die anderen machen überhaupt nichts und sitzen nur herum!
– Bist du empört, weil du willst, dass wir uns gegenseitig helfen und die Aufgaben gerecht verteilt werden?
– Ja, das wäre viel angenehmer, wenn alle mit anpacken würden, dann wären wir auch schneller fertig und hätten mehr Zeit, danach unsere Sachen einzuräumen.
– Und du, Jean-Luc, willst du etwas sagen?
– Ja, es reicht mir, dass die anderen hinter meinem Rücken reden. Corine und Angela erzählen ständig Dinge über mich, die überhaupt nicht wahr sind.
– Bist du zornig und enttäuscht, Jean-Luc, weil du willst, dass sie es dir ehrlich und direkt sagen, wenn es etwas gibt?
– Ja, ehrlich und nicht hinter meinem Rücken. Und dass sie nichts erfinden, was gar nicht stimmt.

So haben wir einen nach dem anderen reden lassen und zugehört, seine Gefühle und Bedürfnisse wiederholt, ohne sie zu beurteilen. So formulierten die Jugendlichen selbst alle Werte, die zu unserer Lebensqualität beitragen: Respekt, Ehrlichkeit, gegenseitige Hilfe, gerechte Verteilung der Aufgaben, Aufrichtigkeit, Wahrheit … Die meisten der jungen Leute hatten dicke Akten mit schweren Straftaten. Einige wurden nur unserer Aufsicht überlassen, nachdem wir unterschrieben hatten, dass wir die Verantwortung übernahmen, weil sie als notorische Wiederholungstäter bekannt waren. Aber allein in der Wüste, abgeschieden von jeder Zivilisation und weit weg von den gewohnten Zwängen und dem typischen Rebellieren, ließen sie uns daran teilhaben, welche guten Absichten sie wirklich in sich trugen. Die Jugendlichen, die in der Gesellschaft keinen Platz fanden, zeigten uns, dass sie diese Werte schätzten, auch wenn sie den Eindruck gegeben hatten, sie mit Füßen zu treten. Auf einmal bekamen diese Werte einen klaren Sinn: Die jungen Menschen konnten selbst feststellen, dass es ohne sie nur Leid und Streit gibt.

Stellen Sie sich vor, wir hätten den Aufseher gespielt, Typ „Wellenbrecher“ und gesagt: „Ihr müsst euch gegenseitig respektieren und einander helfen, wenn ihr das nicht tut, werdet ihr bestraft oder mit dem ersten Kamel, das hier vorbeikommt, zurück nach Hause geschickt ..." Wir hätten nur Grinsen, höhnisches Achselzucken oder als Krönung einen hübschen Mittelfinger als Reaktion erhalten! Schlimmer noch, wir hätten sie in ihrer Überzeugung bestätigt, dass sie anders sind, Außenseiter, die nicht wirklich wichtig sind. Wahrscheinlich hätten sie ihr Verhalten nur noch verstärkt, weil Streit und Zoff, wie Misstrauen und Unbehagen ihnen wenigstens das Gefühl geben zu existieren. An diesem Abend und während der ganzen restlichen Reise konnten sie feststellen, dass man auch „im Guten" leben kann, im gegenseitigen Respekt, im Vertrauen.

Wenn wir von Kindesbeinen an in Spannungen, Streit und emotionalen Defiziten aufgewachsen sind, wenn wir seit der Kindheit glauben, dass Aggression die einzige Möglichkeit ist, uns einen Platz zu verschaffen, wird sich in uns, wie diese Begebenheit zeigt, eine Art Widerstand gegen „das Gute" festsetzen, weil dieses weniger intensiv erscheint als das Unbehagen und weniger Sicherheit vermittelt, weil es schlichtweg unbekannt ist.

Es besteht also die Gefahr, dass wir unbewusst Umstände provozieren, die uns vertraut sind, um das Vertraute und diese Intensität wiederzufinden.

Ich kenne einen ausgesprochen höflichen Geschäftsmann, freundlich und elegant, der als Kind sehr unter einem extrem autoritären Vater gelitten hat. Dieser Vater hatte seinen Sohn zu schrecklichen Härtetests gezwungen, um ihn daran zu gewöhnen Schmerzen auszuhalten. Was diesem Geschäftsmann in seinem jetzigen Leben zu schaffen machte, war sein Verhalten gegenüber der Obrigkeit. Er war sich bewusst geworden, dass er sich selbst in Schwierigkeiten brachte, um gegen die Amtsgewalt kämpfen zu können! Er missachtete bei seiner Arbeit systematisch alle rechtlichen oder verwaltungstechnischen Einschränkungen und verbrauchte ungeheuer viel Energie, um allen Beamten oder Abteilungsleitern zu widersprechen, die ihn einfach aufgefordert hatten, sich an die Vorgaben der Behörden zu halten. Er war sich auf einer Polizeistation darüber klar geworden, nachdem er einen Polizisten beleidigt hatte, der nur eine Verkehrskontrolle durchgeführt hatte.

Als er seine Bedürfnisse erkannt hatte, wurde ihm bewusst, dass er in diesen besonderen Momenten eine Lebensintensität und Gewissheit verspürte, die ihm sonst fehlte. Wir haben dann gemeinsam seinen ganzen Zorn und die nach innen gekehrte Auflehnung, die in der Haltung seines Vaters wurzelten, analysiert. Später, als er dazu bereit war, haben wir über die mutmaßlichen Bedürfnisse seines Vaters gesprochen, warum sich dieser wohl so verhalten hatte. Schließlich formulierten wir folgendes Bedürfnis: „Ich habe heute das Bedürfnis, mich intensiv lebendig zu fühlen, aber nicht in der Rebellion und der Aggression. Ich will mir selbst das Recht zu leben gewähren und mir den Respekt entgegenbringen, den mir mein Vater nicht hat zuteil werden lassen."

Ob wir nun Angestellter, Straßenkind oder erfolgreicher Geschäftsmann sind, wir suchen alle nach Sinn und intensivem Lebensgefühl. Und wir merken, dass wir noch lange Stacheldrahtzäune brauchen werden, wenn wir uns nicht bemühen, uns selbst und die Funktionsweise unserer Gewalt zu verstehen.

Beeil dich, wir haben keine Zeit!

Der Untertitel „Hirte oder Stacheldraht" ist mir vor zwei Jahren in den Sinn gekommen, als ich durch eine Gegend in Frankreich reiste, in der ich vor 25 Jahren schon einmal gewesen war. Damals war diese Gegend abgelegen und unberührt – für viele Inbegriff der intakten Natur. Als Jugendlicher war ich von den Hirten fasziniert, die dort lebten, sie wirkten auf mich wie „in sich versunkene Dichter, die im Universum baden". Sie führten ihre Herden frei über die raue Heidelandschaft, durch kleine Schluchten über Hügel und Geröllfelder hin zu Äckern, mit einer sicheren, schlichten Herzlichkeit. Die Stille wurde nur durch einige fröhliche Befehle, aufmunternde Zurufe unterbrochen, die zeigten, wie gut der Hirte jedes einzelne seiner Schafe kannte – und vor allem wie viel Zeit er hatte! Der Hirte achtete darauf, sein Schritttempo und den Wegverlauf auf das Wohlergehen der Herde abzustimmen. Als ich 25 Jahre später wieder in diese Region kam, war ich entsetzt, als ich die vielen eingezäunten Weiden sah, auf denen jetzt die Herden grasten. Niemand hatte mehr Zeit, über die Felder zu laufen, ein bisschen Stacheldraht und das Problem war gelöst! Und die Herde tritt auf der Stelle. Der Hirte ist Gatterwärter geworden, aus Mangel an Zeit!

Ich arbeite regelmäßig im schulischen Bereich und höre immer wieder dieselbe Klage: „Aber wir haben keine Zeit!" Der Direktor einer großen Schule in Brüssel sagte mir nach einer Konferenz, in der ich das Bild des Hirten beschrieben hatte: „Sie haben völlig Recht, weder die Eltern noch die Schüler wissen, was es bedeutet, sich Zeit zu nehmen. Zwei Dinge hören die Schüler ständig und zwar: ‚Beeil dich!' und ‚Schnell, schnell!'"

Haben wir tatsächlich keine Zeit oder wollen wir nur bestimmte Prioritäten nicht setzen? Oft lassen wir uns von den organisatorischen Aufgaben im Haushalt unter Druck setzen. Einem Ehepaar wurde bewusst, dass sie ausschließlich beim Abendessen Zeit für ihre Kinder hatten, weil sie damit beschäftigt waren, ihr Haus zu renovieren. Sie hatten eine neue Küche ausgesucht und ein neues Wohnzimmer und den Garten neu angelegt. Außerdem „war es dringend nötig geworden", ein neues Auto anzuschaffen und sie hatten den neuesten Turbodiesel-Familienvan gekauft! Die Kinder beschwerten sich, dass ihre Eltern nie für sie da waren und wurden verhaltensauffällig: Zornausbrüche, Leistungsabfall in der Schule, Rückzug und Schmollen ... Die Eltern, die zunächst ihren Kindern Mangel an Disziplin und Respekt vorgeworfen hatten, erkannten, dass sie selbst die Prioritäten vertauscht hatten, indem sie das Haus und den materiellen Komfort an die erste Stelle setzten; sie hatten sich sowohl finanziell als auch hinsichtlich des Arbeitspensums übernommen. Nachdem ihnen das bewusst geworden war, haben sie ihre Prioritäten und ihre Zeit-Einteilung neu festgelegt.

Was nützt uns in der Tat eine neue Küche, wenn jeder alleine isst oder dabei ein Gesicht zieht? Was nützt uns ein neues

Sofa, wenn niemand Zeit hat, sich dort hinzusetzen? Was nützt uns ein neues Auto, wenn wir uns auf jeder Fahrt streiten und sowieso nie Zeit haben einen Ausflug zu machen, im Wald spazieren zu gehen oder in Urlaub zu fahren?

Was hat Priorität – neue Stühle oder Zuhören?

Vor einigen Jahren rief mich François an, der an mehreren Seminaren über gewaltfreie Kommunikation teilgenommen hatte und bat um Hilfe. Er war zum Leiter eines Jugendhauses ernannt worden, das sich in einem sozial schwachen Viertel in Brüssel befand und man hatte ihm das Milieu in den schlimmsten Farben geschildert. Offensichtlich hatten die Jugendlichen des Viertels randaliert und im Aufenthaltsraum, der für Treffen und Workshops genutzt wurde, alles kurz und klein geschlagen. François war zwar sehr erfahren im sozialen und humanitären Bereich, aber er hatte noch nie mit Jugendlichen von der Straße zusammengearbeitet. Ich traf mich mit ihm und seinen Mitarbeitern, die ihrerseits das Viertel sehr gut kannten. Ich erfuhr den Hintergrund dieses Randalierens und nahm mir Zeit, um mit einigen Jugendlichen zu diskutieren. Anscheinend hatte die vorherige Leitung Versprechungen gemacht, die nicht eingehalten worden waren. Bei den Jugendlichen waren große Erwartungen geweckt und enttäuscht worden, und als eines Tages angekündigt wurde, dass das Programm endgültig gestrichen sei, ist ihnen die Sicherung durchgebrannt und sie haben alle Stühle und Sessel im Aufenthaltsraum kaputt geschlagen!

François sagte mir, dass seine Vorgesetzten in der Verwaltung darauf bestünden, dass das Haus sofort wieder in einen guten Zustand versetzt und das fehlende Mobiliar gekauft werden sollte und fragte mich nach meiner Meinung. Ich antwortete ihm: „Warum ein Haus wieder aufbauen, wenn die Bombe noch nicht entschärft ist? Das ist ja fast eine Provokation: Die Jugendlichen werden feststellen, dass Geld vorhanden ist, um Dinge zu ersetzen, aber nicht, um sich um sie als Menschen zu kümmern! Das ist die beste Möglichkeit, erneut auf den Auslöser zu drücken: Sie hatten den Eindruck – zu Recht oder zu

Unrecht – dass sie nicht beachtet werden, als Spielfiguren angesehen werden, die von einem Programm zum anderen geschoben werden können. Es ist dringend notwendig, ihnen menschliche Beachtung zu schenken, ihnen zuzuhören und zu versuchen, ihren Frust zu verstehen."

Ich nahm seinen Vorschlag an, mit den Jugendlichen zu reden und zu versuchen, den Frieden wiederherzustellen. Er bat mich, einen detaillierten Kostenvoranschlag zu machen, den er seinen Vorgesetzten vorlegen konnte. Ohne mir genau darüber im Klaren zu sein, wie viel Zeit das kosten würde, schlug ich vier Einheiten à vier Stunden vor, um insgesamt etwa 15 Jugendliche zu treffen, das gesamte Budget hätte sich auf etwa 500 Euro belaufen.

François rief mich eine Woche später an und teilte mir mit, dass sein Vorschlag abgelehnt worden war. Das Budget für dieses Jahr sei schon ausgeschöpft, weil die Direktion dafür gestimmt hatte, 2.800 Euro für die Renovierung des Aufenthaltsraums und die Anschaffung von Stühlen zu investieren. Außerdem sagte er mir, dass die Direktion dies als Priorität ansehe: Damit sich die Jugendlichen wohlfühlten, müsse der Raum ansprechend gestaltet sein, aber sie planten, die Kontrollen zu verstärken, um die Einrichtung vor Vandalismus zu schützen.

Natürlich ist es wichtig, dass ein Raum ansprechend gestaltet ist, aber was nützt den Jugendlichen eine ansprechende Gestaltung, wenn sie Rebellion und Hass in ihrem Herzen tragen? Das ist nett, aber dient das dazu einander menschlich zu begegnen? Es ist natürlich wichtig, sicherzustellen, dass auf das Mobiliar Rücksicht genommen wird, aber ist es wirklich ein geeignetes Mittel, die Überwachung zu verstärken?

Diese Begebenheit zeigt uns, wie sehr sich unsere Institutionen in diesem Punkt ähneln, dass sie noch nicht den Menschen in den Mittelpunkt ihrer Bemühungen gestellt haben, sondern sich von den Programmen um den Menschen herum ablenken lassen.

Einmal führten wir mit etwa zwanzig Jugendlichen, die als Problemfälle galten, eine zweitägige Kletter- und Abenteuerexkursion auf den Luftbrücken und Seilen im Trainingslager des Para-Commando-Regiments durch. Dieses Lager befindet sich in der freien Natur und ist nicht eingezäunt. Wir hatten von den Betreuern der Jugendlichen viele Warnhinweise erhalten: „Sie sind gefährlich, bewachen Sie sie gut, passen Sie auf, dass sie nicht abhauen ...“ oder „Sie sind verrückt, sie werden sich in der erst besten Kneipe betrinken und Randale machen, bringen Sie die Kerle am Abend wieder zurück!“

Wir sind voll Vertrauen losgefahren. Und aus gutem Grund. Wenn diese Jugendlichen immer in den vier Wänden eines Heims oder auf der Straße leben und dann einen Tag in der Natur erleben und nur mit einem Seil gesichert hundert Meter über dem Erdboden über ein Drahtseil balancieren oder Seilbrücken über den Wipfeln der Tannen überqueren, wenn sie geschwitzt haben, Hunger, Durst und Angst hatten, sie am Abend am Lagerfeuer mit Erwachsenen, die Zeit für sie haben, diskutiert, sich geärgert und gelacht haben, wenn die Zelte stehen und das Abendessen am Feuer brutzelt, dann will nicht ein einziger von ihnen woanders sein. Warum? Weil sie sich einfach gut fühlen, weil sie einen Sinn in dem sehen, was sie machen und sie spüren, dass sie leben.

Jeder von uns ist gefährlich, wenn seine Lebenskraft keine Gelegenheit hat, sich zu entfalten, wenn wir unsere Probleme nicht mitteilen können und sie nicht verstanden werden. Wenn Leben unterdrückt wird, explodiert Gewalt wie eine Bombe.

6.3 Sinn und Gefühl

Wir brauchen Sinnerfüllung wie das Brot zum Leben.

Ich diskutiere mit Jugendlichen häufig über Sinn und Freiheit. Ich beobachte, dass sie gerne beides wollen, aber nicht wissen wie, und selbst feststellen, dass es nicht unbedingt einen Sinn hat, wenn man alles machen kann, was man will; und umgekehrt, dass einen Sinn zu wählen mit Einschränkungen verknüpft sein kann, weil wir auf etwas verzichten müssen. Um den Jugendlichen klar zu machen, dass frei zu sein nicht bedeutet, alles Denkbare machen zu können, sondern eher etwas machen zu können, für das man sich entschieden hat, schlage ich ihnen dieses Bild vor:

– Stellt euch vor, dass ihr zu zwölft nachmittags auf einem freien Platz seid, in der Sonne. Was macht ihr?
– Pf, wir sitzen rum, schlafen oder laufen durch unser Viertel, wir langweilen uns!
– Stellt euch vor, dass ich euch ein paar Einschränkungen gebe: mit Kreide ein großes Rechteck auf den Boden malen; das Rechteck in der Mitte teilen und zwei Gruppen bilden; nur einen einzigen Ball für beide Teams verwenden und das in einer bestimmten Zeit und dabei einige Regeln beachten, was passiert dann?
– (Erstaunt) Cool, wir spielen Fußball!
– Ihr seht, dass die Regeln oder die Begrenzungen der Rahmen für das Spiel sind. Sie geben euch die Möglichkeit, etwas zu spielen, eure Freiheit besser zu gestalten. Wie die rote Ampel und die Verkehrsregeln unsere Freiheit, Auto zu fahren, in sichere Bahnen lenken. Solange wir den Sinn der Regeln nicht begreifen, haben wir vielleicht Lust, außerhalb des Rahmens zu spielen. Wenn wir den Sinn der Regeln begreifen, ist die Wahrscheinlichkeit größer, dass wir Spaß daran haben, uns an dem Spiel zu beteiligen.

Jemandem den Sinn zu vermitteln ist schwierig, wenn man sich nicht selbst nach dem Sinn gefragt hat. Ich beobachte hier die Orientierungslosigkeit vieler Eltern und Lehrkräfte: Wenn Jugendliche oder sogar kleine Kinder sie nach dem Sinn dessen fragen, was sie tun, sind sie oft bass erstaunt! Ich persönlich freue mich, dass so viele Jugendliche sich selbst nach dem Sinn fragen und sich nicht mehr mit „So ist es, weil es so ist. Du gehst zur Schule, weil du gehen musst. Man muss arbeiten um seinen Lebensunterhalt zu verdienen ..." abfinden lassen.

Die Jugendlichen fordern die Erwachsenen durch ihre Fragen auf, ihre Prioritäten zu überdenken oder neu zu formulieren und neu zu definieren, was für sie sinnvoll ist. Ich sehe darin ein Zeichen für eine Entwicklung hin zu mehr Sinnerfüllung, mehr Verantwortung und Wahrheit. Das erschüttert natürlich die alten Orientierungspunkte und Gewohnheiten, und es ist gewiss nicht immer einfach, sich so in Frage stellen zu lassen!

Dem Menschen fehlt die Intensität

CARL JUNG

Vor einigen Jahren sprach mich auf einer Geschäftsstraße in Quebec, mitten im eisigen November, ein Jugendlicher freundlich lächelnd an. Er stand an eine Mauer gelehnt, war 16 oder 17 Jahre alt und schien auf etwas zu warten. Er sagte: „Na, wie geht's? Suchst du jemanden?" Ich verstand sofort, was er da wollte, in der Kälte, dem Aussehen nach ein Gymnasiast, der von der Schule heimkam. Ich antwortete ihm: „Nein, ich suche niemanden. Aber ich bezahle dir gerne einen Kaffee, wenn du möchtest." Es war wirklich schrecklich kalt und irgendetwas an dieser unerwarteten Begegnung rührte mich. Er war einverstanden. Wir gingen in ein Café in der Nähe und redeten über Gott und die Welt.

„Tim", sagte ich, „von Jugendlichen wie dir habe ich viel gelernt und das wende ich in meinem Beruf an. Bist du einverstanden, wenn ich dich etwas frage?

– (Zwischen zwei Zigarettenzügen.) Kein Problem, schieß los.

– Was hat dich dazu gebracht, auf der Straße Geschäfte zu machen?

– Der Koks.

– Und was hat dich dazu gebracht, Rauschgift zu nehmen?

– Das Leben.

– Und was in deinem Leben?

– (Er stößt einen langen Seufzer aus, zieht an seiner Zigarette und drückt sie gereizt aus.) Ich kann es nicht mehr hören, wenn mein Vater sagt, dass ich in die Schule gehen muss, weil es eben so ist. Er kann mir nicht einmal sagen, warum er arbeitet! Er soll keinen Mist reden, dass ist doch völlig sinnlos!

– Ist es dir wichtig, dass die Dinge im Leben einen Sinn haben?
– Natürlich! Und außerdem ist das Leben fade, mein Vater ist langweilig, unser Dorf ist öde. Ich will Spaß haben, also gönne ich mir diese Trips … (Er lacht.)
– Du willst, dass dein Leben intensiver, lebendiger ist?
– (Regt sich auf.) Ja, ich will, dass sich etwas bewegt, sich verändert. Wenn du die Atmosphäre bei mir zu Hause erleben könntest! Alles steht an seinem Platz, alles ist tot. Kein Platz für Gefühle!
– Du willst fühlen, dass du lebst?
– Ja genau, fühlen, dass ich wirklich lebe. Aber das fühle ich nicht in meinem Leben. Also nehme ich Koks, rauche Joints und habe Spaß mit Fremden. Ich habe noch keine anderen Abenteuer gefunden, obwohl ich weiß, dass das kommen wird.

In wenigen Worten hatte Tim zwei grundlegende Elemente unseres Lebens angesprochen: Wir haben das Bedürfnis, den Sinn unseres Lebens zu sehen, zu wissen, wo es langgeht, welche menschliche, philosophische und spirituelle Bedeutung es hat. Und wir haben das Bedürfnis, mit allen Fasern zu spüren, dass wir leben, das pulsierende Leben zu fühlen und uns daran zu freuen, auf der Welt zu sein. Wenn wir uns nicht bemühen, diese Bedürfnisse auf konstruktive Art zu stillen, besteht die Gefahr, dass wir es auf destruktive Art tun.

Drei Tage nach unserer Begegnung, als ich nach einem Training, das ich geleitet hatte, gerade abreisen wollte, traf ich Tim wieder, der auf einer großen Straße bettelte. Ich konnte es kaum fassen. Er sah ein bisschen verstört aus und hatte offensichtlich sein letztes Geld ausgegeben. Ihm fehlten 20 Dollar, um die Busfahrt zurück nach Hause zu bezahlen.

– Nur 20 Dollar, sage ich dir, brauch' ich, um nach Hause zu kommen. Es sind 400 Kilometer!
– Ich bin gerne bereit, dir zu helfen, aber wer sagt mir, dass du die 20 Dollar nicht für Joints ausgibst?
– Komm mit und kauf mit mir zusammen die Fahrkarte. Ich muss weg, sag ich dir!“

Wir liefen zum Busbahnhof und Tim erklärte mir:

– Ich habe Angst, den Bus zu verpassen, meine Eltern erwarten mich morgen und bei meinem Freund hier kann ich nicht mehr übernachten. Also habe ich gebetet. In solchen Momenten bete ich immer.

– Und deine Gebete werden immer erhört?

– Na, schau doch, du bist hier vorbeigekommen und du zahlst mir meine Fahrkarte!

– Glaubst du daran ...?

– An was? An Gott?

– Ja.

– Na klar! Er antwortet mir immer.

Er war voller Vertrauen. Glaubte daran, dass er eines Tages eine Frau, Kinder, einen Job haben würde. Über das, was er jetzt erlebte, sprach er wie von einer Phase des Übergangs. Ich bin Tim für diese Lebens- und Glaubenslektion dankbar. Eine Begegnung wie diese fordert mich heraus, nach dem Schatz des wahren Lebens zu suchen, auch wenn er unter dem Schlamm und Leid des Alltags verborgen ist.

Julien dagegen war ein 17-jähriger Jugendlicher, der so wenig sprach, dass man ihn für autistisch halten konnte. Er hatte Drogenprobleme und wir luden ihn zum Wildwasser-Rafting ein, das wir mit Schlauchbooten in einer einsamen Bergregion durchführten. Während der ersten Tage blieb er im hinteren Teil des Boots, ohne ein Wort zu sagen und bewegte sich während der ganzen Fahrt nicht, während die anderen abwechselnd nach vorne kamen, um rittlings auf den Luftpolstern des Bootes sitzend über die Wellen des Flusses zu springen. Julien kam aus sehr bescheidenen Verhältnissen, der Vater, ein Ausländer, war längst in sein Heimatland zurückgekehrt. Julien war traurig und einsam. Er taute trotzdem langsam auf, als er sah, wie viel Spaß die anderen hatten. Schließlich wagte er sich nach vorne, setzte sich auch rittlings auf die Luftpolster und wartete gespannt auf die nächste Stromschnelle. Dann kam die nächste Welle – viel größer als erwartet. Sie ergoss sich großzügig über das ganze

Boot und der Sog hätte um ein Haar das Boot zum Kentern gebracht. Julien jubelte: „Mann, habt ihr diese Welle gesehen? Habt ihr sie gesehen? Und wie ich mich festgehalten habe! Was für eine Welle, war das klasse!“ Er hielt inne, selbst überrascht und wir starr vor Staunen, so viele Worte auf einmal in einem so lebhaften Ton zu hören. Er hatte sich selbst noch nie so viel reden hören und sich noch nie so wohl gefühlt. In dem Moment brach das ganze Team in Jubelgeschrei aus, als ob wir eine Geburt feierten! Mit dem Wasserschwall hat Julien eine Welle des Lebens überspült und dadurch konnte er Besitz von seinem Körper nehmen, den traurigen Peter Pan verlassen und sich bewegen, tanzen, zum Leben erwachen. Julien hat nach und nach aus seiner Stumpfheit und seinem Schweigen herausgefunden. Tag für Tag konnten wir zusehen, wie er mehr und mehr Kontakt zu den anderen suchte, seinen Platz in der Gruppe fand und zu lachen begann. Acht Jahre später habe ich Julien wiedergesehen, der jetzt berufstätig ist und selbst einen Sohn hat.

Das ist ein Bestandteil meiner Arbeit, der mir besonders gefällt: das Heute und Jetzt wiederzufinden, die Freude und Lust am Leben, durch die schwierigsten Probleme hindurch, ohne sie zu leugnen oder zu verdrängen. Ohne zu glorifizieren oder zu verteufeln, einfach die Erfahrung unseres Menschseins so bewusst wie möglich zu machen und dabei zu versuchen, solche Fallen zu vermeiden: in unseren alten Gewohnheiten, in unseren Prinzipien und alten Verletzungen, die nicht oder schlecht behandelt wurden oder in der Flucht in die Idealisierung oder in die weltfremde Spiritualität stecken zu bleiben.

Zum Abschluss dieses Kapitels möchte ich das Leben in all seinen Formen feiern, in all seinen Bewegungen und Augenblicken, das Leben, das uns dazu bringt, das zu suchen, was wir wirklich wollen, jenseits der Beschränkungen, die uns auferlegt werden. Das Leben, das uns dazu bringt, unseren Kindern zu vertrauen und lieber ein Bad zu nehmen, als widerwillig am Herd zu stehen; das es uns wagen lässt, lieber mit einem Überlebenspaket auf dem Pferdewagen loszuziehen, als griesgrämig das tägliche Einerlei zu Hause zu ertragen; das das kleine Mädchen sich weigern lässt, ihre Hausschuhe anzuziehen, weil sie den

Sinn verstehen und Respekt vor ihrer Freiheit will; das Eltern ermutigt, ihre Prioritäten neu zu definieren und den Garten, das Haus, das Auto hintenan zu stellen, um bei ihren Kindern zu sein; das Leben, das uns dazu bringt, zu ändern, was wir nicht mehr lieben und zu lieben, was wir nicht ändern können; das bewirkt, dass wir uns unserer Werte bewusst sind und sie leben, wie der Polizist, der den Ausgang der Schule im Dorf beaufsichtigt; das uns dazu einlädt, uns mit Jugendlichen zusammenzusetzen, um uns gegenseitig unsere Werte mitzuteilen, um die Stichhaltigkeit und die Effizienz zu überprüfen; das uns die alte, unter einer freundlichen Fassade versteckte Rebellion erkennen und überwinden lässt; das uns in unserem wilden Jagen anhält und einander zuhören lässt; das Tim wieder zum Leben erweckt, auch wenn der Nebel noch so undurchdringlich scheint; das Julien eine freundliche Ohrfeige verpasst, um ihn aus seiner Abgestumpftheit herauszuholen und in die Welt zu bringen; das uns eines Tages dazu bringen wird, das Budget für „Renovierung, Anschaffung von Stühlen und Innenausstattung" an den Nagel zu hängen, um uns, wenn nötig, auf den blanken Fußboden und in den Bauschutt zu setzen, um einander wirklich zuzuhören.

Meine Großmutter, eine großzügige und gläubige Frau, hatte im Zweiten Weltkrieg Juden im Keller ihres Hauses versteckt. Als wir im Alter von zehn, zwölf Jahren in allen Ecken ihres Hauses spielten, fiel es uns schwer zu glauben, dass sich dort Menschen verstecken mussten, weil sie um ihr Leben fürchteten. Wenn sie uns diese Geschichte erzählte, warteten wir mit klopfendem Herzen auf den Moment, als die deutschen Truppen kamen und das Haus durchsuchten. Meine Großmutter hatte es gewagt, dem Kommandanten ohne ein Zittern in der Stimme zu sagen, dass sich im Haus nur Familienmitglieder und sonst niemand befände. Ich bewunderte ihre Würde und ihren Mut und hatte doch einen Zweifel:

– Aber Großmama, du hast den Deutschen nicht die Wahrheit gesagt und du sagst doch, dass man immer die Wahrheit sagen muss?

– (Sie hielt inne um zu überlegen und schloss kurz die Augen.) Du hast Recht. Ich glaube, dass man immer versuchen muss, die Wahrheit zu sagen. Aber in diesem Moment gab es wirklich etwas, das wichtiger war als die Wahrheit: das Leben. Man muss Respekt vor dem Leben haben."

So zeigte mir meine Großmutter, dass über den Worten, Prinzipien und Gewohnheiten noch etwas anderes steht.

Und was ist mit Macht und Strafe?

Wenn ich sehe, dass mein Kind auf eine viel befahrene Straße rennt, werde ich es einholen und ohne viel Federlesens auf den Gehweg zurücktragen. Das ist nicht der Zeitpunkt, ihm zu erklären, wie ich mich fühle oder was meine Bedürfnisse sind: Das ist ein Notfall! Wenn das Kind dann in Sicherheit ist, kann ich ihm erklären, dass ich sehr große Angst hatte (G), dass ich nicht sicher war, ob es die Gefahr erkannt hat und dass ich es, um einen Unfall zu verhindern (Bd), zurückgerissen habe. Ich frage es, *ob es einverstanden ist*, in Zukunft besser aufzupassen (Bt), anstatt es grob durchzuschütteln, zu schimpfen und ihm Vorwürfe zu machen oder, schlimmer noch, es zu bestrafen. Das ist die beschützende Anwendung von Macht!

Wenn ich auf der Straße angegriffen werde und ich keine andere Möglichkeit habe, als einen Schlag auszuteilen um nicht einen einzustecken, würde ich es machen – nicht um anzugreifen, sondern um mein Leben zu schützen. Das Leben und nur das Leben ist das Maß für legitime Verteidigung. Was wollen wir: unterwerfen, einschränken, das Leben unterdrücken, oder das Leben bewahren, zulassen und ermutigen?

Was den Gebrauch von körperlicher Gewalt „aus Erziehungsgründen" betrifft, ob es eine Ohrfeige, ein Klaps auf den Hintern oder Einsperren in ein Zimmer ist – Mittel, die durchaus noch üblich sind – kann ich es immer noch nicht fassen, dass Eltern, die vorgeben, ihre Kinder zu lieben, in der Lage sind, die Hand gegen ihre Kinder zu erheben, wenn diese anderer Meinung sind. Verhalten sie sich bei Freunden oder Anverwandten, wenn Meinungsverschiedenheiten entstehen, genauso?

Ich kann natürlich verstehen, dass man als Eltern durch das Verhalten der Kinder an seine äußersten Grenzen gebracht werden kann und nicht mehr weiß, wie man sich verhalten soll.

Wenn wir jedoch ein Kind schlagen, auch wenn es nur ein kleiner Klaps ist, geschieht das aus der alten Überzeugung heraus, dass Gewalt ein legitimes Mittel ist, um Konflikte zu lösen. Auf diese Weise erfährt der junge Erwachsene von morgen, wie er den anderen zum Nachgeben zwingen kann: „Bist du nicht willig, dann brauch ich Gewalt!“ Damit wird die Illusion aufrechterhalten, dass man Gutes bewirken kann, indem man Böses tut.

Der Schritt zur Tat ist ein Eingeständnis der eigenen Hilflosigkeit, dem Unvermögen, sich Gehör zu verschaffen und dem anderen Gehör zu schenken. Sie sehen, wie dringend wir eine neue Sprache lernen müssen, um einander zu verstehen und verstanden zu werden. Ich sage nicht, dass es nicht wichtig ist, Handlungen zu sanktionieren, das heißt als gut oder schlecht zu bewerten, je nachdem ob sie einem Wert dienen oder dagegen verstoßen. Diesen klaren Orientierungspunkt halte ich für unverzichtbar, nicht nur für die Erziehung, sondern insgesamt für ein gutes Zusammenleben.

Muss man denn überhaupt bestrafen? Gibt es nicht Mittel, eine „schlechte“ Handlung zu sanktionieren, die den anderen mehr in die Verantwortung nimmt? Wir bestrafen oft aus Mangel an Phantasie, an Kreativität und an Vertrauen, dass eine konstruktive Lösung wirksam ist, dass sie dem Leben dient.

Gerichte beginnen, das zu verstehen und legen dem Verurteilten statt einer Strafe sogenannte gemeinnützige Arbeiten auf. Ich sage nicht, dass dies leicht ist, ich verurteile nicht die Eltern, die erschöpft und am Ende ihrer Erziehungsmittel sind. Ich stelle nur fest, dass wir alle verantwortlich für das Fortführen eines Erziehungsmodells sind, das die Gewalt legitim erscheinen lässt.

Ich stelle praktisch jeden Tag fest, wie sehr die Angst vor Strafe und die Suche nach Anerkennung viele Menschen von ihren Mitmenschen abhängig macht, in lähmenden Schuldgefühlen und dem systematischen Misstrauen jeder Initiative,

Neuerung, Andersartigkeit und Verantwortlichkeit gegenüber gefangen hält; ich erlebe so viele Situationen, in denen die Angst einen Fehler zu machen, bestraft zu werden oder nicht die erhoffte Anerkennung (als Belohnung) zu erhalten, wieder hochkommt. Mit dem System von Zuckerbrot und Peitsche schafft man weder emotionale Sicherheit noch Selbstvertrauen. Unbewusst bewirkt es vielmehr die ständige verzweifelte Suche nach Pluspunkten oder die Angst vor Minuspunkten. Ich konnte diese Wirkungsweise vor allem innerhalb von Unternehmen beobachten und war betroffen, wenn ich den Schaden sah. Hier bricht sich eine Erziehung Bahn, die in letzter Instanz ihre Werte aufgibt und auf Angst und Schuldgefühle setzt statt auf Begeisterung und Gemeinschaftssinn.

Wir sollten uns über unsere Ziele klar werden: Was wollen wir von unseren Mitmenschen – automatischen Gehorsam ohne das Gewissen zu befragen, gegründet auf Angst oder Scham und mit der einzigen Sorge „nett zu sein um des lieben Friedens willen" oder dass sie verantwortlich an Werten festhalten, die uns am Herzen liegen, aus Lust, Dinge aus Überzeugung und für das Gemeinwohl, aus moralischem Engagement zu tun?

Als ich 25 Jahre alt war, war der Militärdienst noch Pflicht in Belgien. Zu dieser Zeit konnte ich mir nicht vorstellen, etwas anderes zu tun und ich hatte vor allem noch keine Vorstellung von Macht oder der Wirksamkeit der Gewaltlosigkeit. Ich hatte gerade mein Jurastudium beendet und wollte mir den Wind um die Nase wehen lassen und das Leben kennen lernen. Ich verpflichtete mich also als Offizier im Regiment Para Commando. Nach einem sechsmonatigen, körperlich sehr anstrengenden Training fand ich mich als junger Offizier wieder, der noch ziemlich feucht hinter den Ohren war, vor meiner Truppe mit 27 Soldaten, die alle größer und kräftiger waren als ich und zum Teil mehrere Jahre Berufserfahrung hatten! Mir wurde sofort klar, dass ich nie gegen sie ankommen würde, auch wenn ich von der Hierarchie her die Autorität dazu gehabt hätte. Ich wollte nicht, dass diese Männer aus Pflicht oder Gehorsam handelten, sondern aus Überzeugung und Verantwortungsbewusstsein. Mir war klar, dass sie den Sinn der Befehle verstehen mussten und dass ich sichergehen musste, dass sie die nötige Motivation hatten. Alles andere hätte unsere Beziehungen gelähmt. Ich wünschte mir lebendige Beziehungen und soweit wie möglich Gleichheit, dabei wollte ich ganz klar die festgelegten Aufgaben eines jeden respektieren, was ihnen auch wichtig war. Ich kann mich nicht daran erinnern, dass ich jemals schreien musste.

Unser Team funktionierte prächtig in gegenseitigem Vertrauen. Auch wenn die Erfahrung in der Armee mich viel über mich selbst und darüber, wie der Mensch funktioniert, gelehrt hat, möchte ich bestimmt nicht das Militär verteidigen. Ich träume oft davon, was alles bewirkt werden könnte, wenn auch nur zehn Prozent des nationalen Verteidigungsbudgets für Gesprächs- und Intervisionsgruppen in allen gesellschaftlichen Schichten investiert würden, für die Ausbildung an Schulen in Kommunikation und Mediation, also für die gewaltfreie Lösung von Konflikten, damit Menschen die Andersartigkeit respektieren lernen und das Selbstvertrauen der Kinder gefördert wird. Stellen Sie sich vor, dass nur zehn Prozent des Geldes, das weltweit für Waffen ausgegeben wird, für die Werkzeuge des Friedens verwendet würden! Wenn ich an die erstaunlichen Ergebnisse denke, die meine Kollegen und ich mit lächerlich wenig Geld erzielen können, lässt mich der Gedanke erschauern, welche umwerfende Macht in unserer aller Hände ist, um aktiv Frieden zu schaffen.

Seit dieser Erfahrung in der Armee bin ich mir vor allem bewusst, dass eine Machtposition,wenn das Leben uns eine solche zuteil werden lässt, nur eine dienende Autorität sein kann, um voranzubringen und den Zusammenhalt zu erleichtern, etwa wie ein Dirigent. Wird der Dirigent den Violinisten oder den Flötisten wegen ein paar falscher Töne bestrafen? Nein, er wird den Sinn der Musik und den Respekt vor der Partitur wieder ins Gedächtnis rufen und die Lust am gemeinsamen Musizieren anregen, oder sich vergewissern, ob die Musiker nicht Lust haben, sich in einer Jazzimprovisation auszutoben, bevor sie die Noten wieder hervornehmen! Ich habe erfahren, dass man hierarchische Beziehungen in gegenseitigem Respekt und Wertschätzung leben kann, ohne seine Identität oder Würde zu verlieren. Wiederum ist nicht das *was* man tut, sondern *wie* man es tut entscheidend.

Ich sage schließlich nicht, dass Deutlichkeit und Bestimmtheit nicht manchmal notwendig wären. Aber können wir nicht lernen, bestimmt zu sein, ohne aggressiv zu sein, zu sagen oder zu rufen „Nein, das reicht!" ohne zu beurteilen, sondern nur indem wir entschlossen ausdrücken, was wir wollen und dabei das Recht des anderen anerkennen, nicht einverstanden zu sein?

Wenn wir erschöpft sind, denken wir schnell, dass der andere ganz schön anstrengend ist. Nach der Geburt unserer ersten Tochter, Camille, waren die Nächte für Valérie und mich natürlich sehr kurz und häufig unterbrochen. In einer Nacht war das Weinen von Camille, die ihren Schlaf- und Trinkrhythmus noch nicht gefunden hatte, wirklich schwer zu ertragen. Meine Frau und ich standen auf und waren beide ärgerlich: „Sie ist wirklich anstrengend, es ist unerträglich." Wir haben uns sofort verbessert: „Nein, *wir* sind erschöpft und *uns* fällt es schwer, ihr Weinen zu ertragen. Sie ist lebendig und sie zeigt es. Wir erwarten doch bestimmt nicht von ihr, dass sie so nett ist und uns schlafen lässt … Es liegt an uns, unser Bedürfnis nach Schlaf auf andere Weise zu stillen."

Der Soziologe Albert Jacquart sagt, dass wir selbst Verantwortung übernehmen sollen für die Sanktionen, die wir ausüben: Das Vorhandensein eines Gefängnisses sei der Beweis, dass etwas in der ganzen Gesellschaft nicht stimme. Im selben Sinne ist die Zuflucht zur Strafe – was gut von der Sanktion unterschieden werden muss – das Zeichen, dass etwas in unserer Art zu erziehen, zu arbeiten oder zusammenzuleben nicht stimmt.

7. Methodik

In den letzten Jahren ist uns mehr denn je bewusst geworden, dass zwischen allen lebenden Organismen tiefe Übereinstimmungen bestehen ... Jedes Leben ist ähnlich und wir ähneln einander mehr als wir uns vorgestellt haben.

George Wald
(Biochemiker, Nobelpreisträger)

7.1 Drei Minuten, dreimal pro Tag

Nietzsche sagt, dass die Macht in der Methode liegt. Wenn ich eine neue Sprache, eine neue Sportart oder irgendeine andere neue Technik erlernen will, muss ich eine Methode exakt und diszipliniert anwenden. Ich persönlich hatte nach einem zweiwöchigen Intensivtraining den Eindruck, dass ich die gewaltfreie Kommunikation relativ sicher anwenden konnte. Das heißt, nach dem gleichen Zeitraum, der auch nötig wäre, um die Grundlagen einer Fremdsprache zu erlernen, wie zum Beispiel Portugiesisch oder Schwedisch. Ich sage das hier so deutlich, natürlich nicht um Sie zu entmutigen, sondern um Sie daran zu erinnern, dass das Lesen eines einzigen Buches uns nicht dauerhaft und tiefgreifend verändern kann. Das ist zumindest meine Auffassung. Dies kann nur durch Praxis und Ausprobieren bewirkt werden.

Sicherlich kann oder möchte nicht jeder an einem Training teilnehmen. Abgesehen von der Tatsache, dass es interessant wäre herauszufinden, warum Sie keine Zeit oder keine Lust dazu haben, sind Seminare nicht die einzige Möglichkeit, diese Kommunikationsmethode zu erlernen. Ich erteile zwar nur dann persönliche Ratschläge, wenn mich ausdrücklich jemand darum bittet, weil ich darauf vertraue, dass jeder innerlich über das notwendige Handwerkszeug verfügt, wenn er sich selbst mit seinem ganzen Wesen und in allen Bereichen zuhört, und weil ich mir bewusst bin, dass ein Ratschlag oft echtes Zuhören ersparen soll; wenn aber die Teilnehmer an einem Training wirklich auf einem Rat bestehen, wie sie die GFK regelmäßig üben können, schlage ich die folgende Methode vor:

Drei Minuten, dreimal am Tag! Drei Minuten lang in sich hineinhören, ohne Bewertung, ohne einen Vorwurf, ohne einen Ratschlag zu erteilen, ohne zu versuchen, eine Lösung zu finden. Drei Minuten vollständig gegenwärtig sein, für die eigene Person und nicht für Projekte oder Aufgaben. Drei Minuten, um sich über den inneren Zustand bewusst zu werden, ohne zu versuchen etwas zu verändern. Drei Minuten, um mit sich selbst in Verbindung zu treten, sicherzustellen, dass Sie bei sich zu Hause sind, dass Sie auf die Frage: „Ist da jemand?“ wirklich mit Ihrem ganzen Sein antworten können: „Ja, ich bin da“ und das dreimal am Tag! Aus dieser Qualität der Präsenz Ihnen selbst gegenüber kann die Qualität der Präsenz Ihrem Nächsten gegenüber entstehen.

Diese Formel, die wie ein homöopathisches Rezept klingt, ist natürlich nicht das Abrakadabra der guten Fee. Es ist eine Einladung, mit einem Augenzwinkern sich bewusst zu werden, dass es nichts bringt, sich zu große Veränderungen vorzunehmen, da sie sehr wahrscheinlich niemals realisiert werden. Ich kann wiederum nur von mir selbst berichten, dass diese einfache und regelmäßige Frage: „Bin ich mir selbst gegenüber präsent?“ grundlegend für die Veränderung meines beruflichen und emotionalen Lebens war. Wenn wir uns auf diese Art zuhören, erkennen wir nach und nach, wohin unser innerer Kompass zeigt und wir können unser Bewusstsein und unsere Aufmerksamkeit darauf richten, wie sich das Leben in uns entfaltet: „Wo ist das Leben, was sagt das Leben in mir, welche Bedürfnisse wurden gestillt, welche nicht?“. Das funktioniert allerdings nur, wenn wir uns von der Vorstellung befreit haben, ein Problem sofort lösen oder schnell ein Ergebnis erzielen zu müssen. Wenn wir die Bedürfnisse wirklich geklärt und nach ihrer Priorität geordnet haben, dann beginnen Lösungen sichtbar zu werden. Mit Hilfe dieser Übung können Sie an Ihrem Fundament arbeiten: Je mehr Sie sich bewusst werden, was Ihr eigener Zorn anzeigt, desto mehr sind Sie in der Lage, den Zorn Ihres Nächsten wahrzunehmen, je mehr Sie mit Ihrer eigenen Hilflosigkeit oder Unsicherheit vertraut sind, desto mehr liebevolle Aufmerksamkeit und Verständnis bringen Sie den Schwächen Ihres Nächsten entgegen. Unsere eigene Verletzlichkeit anzunehmen und zu schätzen, befähigt uns, die Verletzlichkeit des anderen anzunehmen und zu schätzen. Bis heute kenne ich keine andere Methode, um die alte und tragische Gewohnheit abzulegen, unsere menschlichen Beziehungen als Beziehungen der Gewalt zu leben.

7.2 Hygiene des Bewusstseins

Und schließlich empfehle ich, dankbar zu sein; Dankbarkeit für alle Bedürfnisse, die gestillt worden sind, in sich zu tragen und auszudrücken – auch wenn alles zusammenstürzt und das einzige Bedürfnis, das erfüllt wird, das Bedürfnis ist, am Leben zu bleiben, den nächsten Atemzug machen zu können, Augen zu haben um zu sehen oder Hände um zu fühlen. Ich verstehe, wie naiv dieser Vorschlag klingen mag. Das akzeptiere ich; für mich ist diese Dankbarkeit von grundlegender Bedeutung.

Wenn wir in uns die Energie fördern durch alles, was gut gelingt, finden wir die Kraft, allem entgegenzutreten, das nicht gelingt. Damit schützen wir uns: Wenn unsere ganze Energie von dem Ärger „aufgefressen" wird, weil ein Zug zu spät ankommt und wir dadurch alle Züge vergessen, die pünktlich waren, laufen wir Gefahr, alles aus einem verengten Blickwinkel zu betrachten und früher oder später daran zu ersticken. Es ist also dringend notwendig, an unserer weltweiten Sicht, unserem globalen „Atmen" zu arbeiten. Im täglichen Leben, in der Paarbeziehung, als Familie und warum nicht auch im Leben in der Schule oder in der Arbeit ist die Dankbarkeit das Vitamin der

Beziehung. Aber Achtung: Es geht keinesfalls darum, nett zu sein, sondern ehrlich!

Müssen wir erst unsere Angehörigen verlieren, um unsere Liebe auszudrücken? Müssen wir erst im Krankenhaus sein, bevor wir unsere Gesundheit wirklich schätzen lernen? Müssen wir erst einsam sein, bevor wir die Gesellschaft anderer wertschätzen? Muss erst „alles schief gehen", bevor wir merken, dass „alles gut lief"? Wenn wir nicht wachsam sind, lässt sich unser Bewusstsein mit allen schlechten Nachrichten füllen, bis kein Platz mehr vorhanden ist, um gute Nachrichten aufzunehmen. Wir können auf diese Hygiene des Bewusstseins achten, auf die Verschmutzung unseres inneren Motors aufpassen, die Zündkerzen reinigen, die Zündung überprüfen, und vor allem auf die Qualität unseres Treibstoffs achten: Tanken wir eher gute oder schlechte Nachrichten?

7.3 Bewusstsein für das Miteinander

Ein Beduinenführer sagte mir einmal: „Die Traurigkeit ist ein Virus, das bei uns nicht überlebt. Wenn jemand traurig ist, hört ihm sofort jemand zu und ermutigt ihn, so dass er bald die Freude daran wiederfindet, sich um andere zu kümmern."

Im Laufe der Exkursionen in Wüstenregionen, die ich leite, bin ich immer wieder erstaunt über das Bewusstsein für das Miteinander der Menschen in der Wüste. Unter den Kameltreibern oder den Maultiertreibern gibt es einen Zusammenhalt, ein Zugehörigkeitsempfinden, das ich bewundere. Es ist, als ob jeder eine Antenne hätte, um die Bedürfnisse des anderen wahrzunehmen ohne den Respekt vor sich selbst aufzugeben. Es scheint mir, dass die Lebensbedingungen, die zum einen äußerst anspruchsvoll und zum anderen ohne jeden Überfluss sind, zu einer Schärfe des Bewusstseins und des Herzens geführt haben, das ich das Bewusstsein für das Miteinander nenne. Dieses Bewusstsein vereinigt Eigenschaften, die einander ergänzen: Würde und Demut, Selbständigkeit und Zugehörigkeit, Integrität und Integration, Freiheit und Verantwortung, die

Präsenz sich selbst und dem anderen gegenüber, das Bewusstsein des Einzelnen und das globale Bewusstsein.

Wir können diese Sensibilität entwickeln, diese Schärfe des Bewusstseins und die Aufmerksamkeit des Herzens. Das ist ein Gewinn der Gesprächsgruppen oder Intervisionsgruppen, von denen ich im vorigen Kapitel gesprochen habe: ein gemeinsames Bewusstsein entwickeln, ein Bewusstsein für das Miteinander.

In unserer sich schnell verändernden Welt halte ich diese Arbeit des Zusammenhalts und der Zusammengehörigkeit in unseren Gruppen, auf allen Gesellschaftsebenen, für die oberste Priorität, um dem Automatismus des Ausgrenzens, der Isolierung und der offenen oder versteckten Gewalt Einhalt zu gebieten.

Epilog: Den Frieden pflegen

Denn was ist das Böse anderes als das Gute,
das von seinem eigenen Hunger und Durst
gequält wird?

KHALIL GIBRAN
Libanesischer Philosoph

Gewalt entspricht nicht unserem Wesen

Im Gegensatz zu dem, was ich stets in der Schule gelernt, in den Psychologiekursen an der Universität studiert und auf der ganzen Welt gehört habe, neige ich immer mehr zu der Überzeugung, dass Gewalt nicht Ausdruck unseres Wesens ist. Sie ist der Ausdruck unserer Frustration. Das ist meine Arbeitshypothese. Die Gewalt dient dazu, unsere Bedürfnisse auszudrücken, wenn sie nicht anerkannt oder nicht gestillt werden. Wenn unsere Bedürfnisse anerkannt oder auch gestillt werden, wozu brauchen wir dann Gewalt? Ich glaube immer weniger an die Bösartigkeit der Menschen und immer mehr an die Macht der Verbitterung und der Angst und somit an die Macht, die aus der Frustration erwächst. Im Grunde ist böswilliges Verhalten der Ausdruck der Verbitterung von Menschen, die ihr Leid nicht aufgearbeitet haben, oder keine Gelegenheit dazu hatten. Wenn wir unsere Verbitterung oder unsere Ängste ausdrücken können, auch die tief verborgenen und tabuisierten, unsere Enttäuschungen – auch die, die wir nicht zugeben wollen – mitteilen oder daran arbeiten, meinen Sie nicht, dass wir dann mit Kraft und Phantasie miteinander leben können ohne einander anzugreifen? So viele Überreaktionen beruhen darauf, dass Frustrationen nicht bewusst sind und schon gar nicht einem aufmerksamen Zuhörer gegenüber ausgedrückt oder mitgeteilt werden.

Die Gewalt, eine alte Angewohnheit

Wir haben die Information gespeichert, dass Gewalt das äußerste Mittel ist, um einen Konflikt zu lösen. Wir wissen jetzt, dass es andere Möglichkeiten gibt, Konflikte zu lösen, wir können also das alte Denken beiseite legen, das alte System löschen und davon träumen, dass es eines Tages neben dem Museum für Kriegsführung ein Museum für Gewalt in der Familie, in der Ehe und im politischen, ethnischen und religiösen Bereich gibt, in dem unsere Ur-Ur-Urenkel erfahren können, dass die Mehrheit der Menschen zur Zeit der E-Mails und des Internets noch nicht wussten, wie man sich ausdrückt und zuhört und schon gar nicht, wie man einander wirklich versteht.

Nichts macht mich so wütend wie die alten Glaubenssätze: „Der Mensch ist dem Menschen ein Wolf" oder „Es gab schon immer Krieg" oder „Den Menschen kann man nicht ändern". Diese Resignation, ja dieser Zynismus bereitet den Weg für zukünftige Gewalt, den nächsten Kinderschänder, die nächste bewaffnete Auseinandersetzung. Es ist mir wichtig, dass jeder Einzelne sich seiner Macht bewusst wird, zur Veränderung beizutragen, das alte Denken zu verlernen und an einem neuen gemeinsamen Bewusstsein zu arbeiten.

Ich habe einen Traum, an dem ich jeden Tag festhalte, überzeugt, dass es die Träume sind, die uns dazu bringen, Meere und Wüsten zu durchqueren, um neue Kontinente zu entdecken. Wenn Jeans, Coca-Cola und die zweischneidige Rasierklinge innerhalb weniger Jahre auf der ganzen Welt verbreitet wurden, so dass sie geradezu eine Art globale gemeinsame Kultur darstellen, dann aus dem Grund, weil sie einem Bedürfnis entsprechen: Komfort, Lebensgefühl, Schlichtheit, Identität und Zugehörigkeit zur Weltgemeinschaft bei Kleidung und Coca-Cola; Hygiene, Bequemlichkeit und Effizienz bei den Rasierklingen. Ich habe viele Menschen auf unterschiedlichen Kontinenten der Welt getroffen, die diese Elemente der gemeinsamen Kultur angenommen haben und die trotzdem mit Überzeugung an ihren lokalen oder familiären Traditionen festhielten. Warum sollten wir also nicht zu einer Kommunikationswelt beitragen, die global ist ohne die Individualität zu zerstören?

Mit ihrem allgemeingültigen Charakter, den ich in der Einleitung beschrieben habe und weil sie der inneren Beziehung zu sich selbst, der zwischenmenschlichen Beziehung bei Paaren, in Familien, im beruflichen und sozialen Umfeld angemessen ist, weil sie alle religiösen, spirituellen, philosophischen und politischen Empfindungen respektiert und die Werte hochhält, die ich für das gemeinsame Erbe der Menschheit halte, gehört die bewusste und gewaltfreie Kommunikation, zusammen mit anderen ähnlichen Methoden, zum Lösungsansatz für die Frage, die sich im Zeitalter des „Global Village" aufdrängt: Wie können wir echte Beziehungen leben? Ich wünsche mir, dass die Kommunikation auf der ganzen Welt auf den allgemeinen Lehrplan gesetzt wird, wie ein Kurs, der so wichtig ist wie Fremdsprachen oder Informatik. Wie würde wohl die Welt aussehen, wenn alle, die heute eine Fremdsprache studieren, auch die Sprache des Herzens lernen würden!

Ich hoffe, dass ich eines Tages Minister mit Visionen kennen lernen werde, den Minister für Bildung, den Gesundheitsminister, den Minister für Innere Sicherheit, den Justizminister, und warum nicht auch den Verteidigungsminister, die endlich bereit sind, in die dauerhafte Veränderung unserer Beziehungen zu investieren, weil ihnen bewusst geworden ist, dass keine dauerhafte Veränderung der Welt möglich ist, die nicht aus dem Innern der Menschen kommt, und die bereit sind, sich selbst zu engagieren und an ihrem eigenen Bewusstsein zu arbeiten. Stellen Sie sich vor, dass immer mehr Menschen sich bewusst werden – um noch einmal Hubert Reeves zu zitieren – dass die Gewalt und der Mangel an Kommunikation nicht ein großes Problem, sondern sieben Milliarden kleine Probleme sind. Immer mehr Menschen würden sich dazu einladen lassen, die Verantwortung für ihre innere Haltung zu übernehmen und auf die Hygiene ihres Bewusstseins zu achten: „Trägt das, was ich sage, was ich mache, tragen meine Gedanken, meine Pläne, meine Projekte zur Einheit oder zur Trennung bei, zur Überwindung von Unterschieden oder zur Verstärkung von Gegensätzen, unterstütze ich den Frieden oder den Krieg?“

Dieses Bewusstsein führt uns zu der Hoffnung, unbeschwert, sicher und mit Freude den neuen, noch so unbekannten Kontinent zu bewohnen: die Beziehung. Ist das nicht ein schönes Vorhaben für das dritte Jahrtausend?

Den Frieden pflegen

Ich bin davon überzeugt, dass jeder einzelne zusammen mit seiner Menschenwürde seinen Teil dieser Verantwortung anvertraut bekommt. Ich wünsche mir – das ist mein Traum – dass immer mehr Männer und Frauen sich dessen bewusst werden und mit Freude ihre Verantwortung erkennen und in ihrem täglichen Leben übernehmen, glücklich darüber, dass sie, dort an ihrem Platz, mit ihren Mitteln zum Wohlergehen der Menschheit beitragen können. Ich glaube in der Tat, dass es keinen Frieden auf der Welt gibt, solange nicht jeder einzelne den Frieden in seinem Innern pflegt, wie ein Gärtner seine Blumen – jeden Tag. Lasst uns damit beginnen, den Frieden in unserem eigenen Herzen zu pflegen. Er wird sich verbreiten, ausstrahlen: Frieden steckt an!

Danksagung

Ich flattere von Stange zu Stange
in einem Käfig, der immer kleiner wird –
und dessen Tür offen steht, weit offen.

GYULA ILLYES
(Ungarischer Dichter, 1902–1983)

Meine Geschichte beginnt an dem Tag,
als ich beschloss nicht mehr zu leben wie einer,
der eine nach unten führende Rolltreppe
hinaufläuft.

PASCAL DE DUVE
(Belgischer Dichter, 1964–1993)

Mein Dank gilt zuerst Marshall Rosenberg. Die Begegnung mit ihm selbst und die Ausbildung in Gewaltfreier Kommunikation haben mich wieder zum Leben erweckt, gerade als ich im Begriff war, *a nice dead person* zu werden! Seine Klarheit, seine Integrität, und die innere Stimmigkeit seiner Lehre haben entscheidend dazu beigetragen, dass ich mich selbst und meine Mitmenschen besser verstehe – und das hat mein berufliches und emotionales Leben verändert.

Dankbar bin ich auch Anne Bourrit, Trainerin für Gewaltfreie Kommunikation. Ohne ihre Hilfe wäre es mir nie gelungen, zu erkennen und zu verstehen, was mir das Leben in meinem Inneren schwer gemacht hat. Meine Frau Valérie und ich schätzen sie sehr, sie hat einen besonderen Platz in unseren Herzen.

Zutiefst dankbar bin ich außerdem Guy Corneau für das Vorwort zu diesem Buch – und für die Ausdauer, mit der er mich immer wieder zum Schreiben dieses Buches ermutigt hat. Seine große Achtung vor dem Menschen und sein Glaube an das Leben hat mich in den vielen Jahren unserer Freundschaft und unserer gemeinsamen Arbeit immer wieder berührt und inspiriert. Er hat mich angesteckt mit seiner Begeisterung und Freude, scheinbar komplizierte psychologische Zusammenhänge in einfache Worte zu fassen und somit dazu beizutragen, dass jeder sich selbst besser verstehen und lieben kann und wirklich Mitschöpfer seines eigenen Lebens wird.

Pierre Bernard Velge, Gründer und Betreuer des gemeinnützigen Vereins „Flics et Voyous“ (etwa: „Cops und Harte Jungs“) bin ich dankbar, weil ich von ihm während unserer Arbeit mit verhaltensauffälligen Jugendlichen, die sich mittlerweile über mehr als zehn Jahre erstreckt, gelernt habe, mit dem Herzen zuzuhören: Zuhören ohne zu bewerten, Zuhören, um besser zu verstehen und mehr zu lieben.

Dankbar bin ich natürlich auch all denen, die mir in Seminaren, Einzelgesprächen oder Konferenzen ihr Vertrauen schenken. Aus all den Begegnungen und den wunderbaren Veränderungen, die ich miterleben durfte, ist dieses Buch entstanden.

Schließlich danke ich allen Trainerinnen und Trainern der GFK, mit denen ich zusammenarbeiten konnte, für ihre Freundschaft und ihre Unterstützung.

Ich bin auch Liliane Magi unendlich dankbar für ihre Geduld beim Entziffern meines Manuskripts.

Liste der Bedürfnisse

Überleben

Bewegung
Luft
Nahrung
Ruhe, Beständigkeit
Sicherheit, Schutz
Unterkunft
Wasser

Nahrung (im weitesten Sinn)

Berührung
Komfort
Zärtlichkeit
Präsenz
Sorge und Pflege, Aufmerksamkeit und Präsenz
Wärme
Zuneigung

Ausdruck der eigenen Persönlichkeit

Beherrschen, Meisterschaft, Können
Erreichen, Durchführen
Handeln
Kreativität, schöpferisch tätig sein
Lernen
Schaffen, die Ursache sein, Teilnahme
Wachstum, Entwicklung,
Aktualisierung, Weiterkommen,
Heilung

Autonomie, Selbständigkeit

Alleinsein, Ruhe
Aneignung der eigenen Macht
Bestätigung
freie Wahl, selbst Entscheidungen treffen
Freiheit
Privatsphäre (räumlich und zeitlich)
Unabhängigkeit

Integrität

Authentizität, Ehrlichkeit
Ziel, Richtung und Weg wissen
Selbstkenntnis
Bestimmung der (eigenen) Werte, Träume, Visionen
Gleichgewicht, innere Ausgeglichenheit
Selbstrespekt
Selbstwertschätzung
Rhythmus, Zeit für Integration
Selbstwertgefühl, seinen Platz finden

Mentaler Art

Bewusstsein
Einfachheit
Entdecken
Genauigkeit
Gewissen
Herausforderung
Information, Wissen
Klarheit, Verstehen, Einsicht (durch Überlegen, Analysieren, Unterscheiden, Erfahren)
Kohärenz, Stimmigkeit
Prägnanz, Knappheit
Stimulation

Sozialer Art

Annahme
Ausdruck (der eigenen Persönlichkeit)
Dankbarkeit, Anerkennung (Feed-back, Rückmeldungen)
Ehrlichkeit, Transparenz
Empfangen
Freundschaft
Geben, Dienen, Beitragen
Gegenseitige Abhängigkeit, Wechselbeziehung, Verflechtung
Gesellschaft, Gemeinschaft
Gleichwertigkeit, Gerechtigkeit
Kommunikation
Kontakt
Liebe, Zuneigung
Mitteilen, Austausch, Zusammenarbeit
Nähe, Intimität
Präsenz
Respekt, Rücksichtnahme
Sicherheit (Verlässlichkeit, mit jemandem/etwas rechnen können, Vertraulichkeit, Diskretion, Stabilität, Treue, Dauerhaftigkeit, Kontinuität, klare Strukturen, Orientierungspunkte etc.)
Toleranz, Akzeptanz der Andersartigkeit, Offenheit
Unterstützung, Hilfe, Trost, Zuspruch
Verbundenheit
Verständigung, Absprache
Vertrauen
Wertschätzung
Zugehörigkeit
Zuhören, Verständnis, Empathie

Spiritueller Art

Ehrfurcht
Ernst
Freude
Friede
Harmonie
Hoffnung
Inspiration
Liebe
Ordnung
Schönheit, ästhetisches Empfinden
Sein
Stille
Transzendenz
Vertrauen, Loslassen
Zweckbestimmtheit, Finalität

Das Leben feiern
(die unterschiedlichen Lebensabschnitte und Aspekte des Lebens akzeptieren)

Dank sagen
die Intensität des Lebens in sich spüren
Feste feiern
Geburt
Gemeinschaft
Humor
Rituale einsetzen
Spiel
Trauer, Verlust

Liste der Gefühle

Gefühle, die wir empfinden, wenn unsere Bedürfnisse gestillt wurden

abenteuerlustig
angenehm
angeregt
atemlos
aufgeblüht, offen
aufgemuntert
aufgeweckt, wach
aufmerksam
ausgeglichen
beeindruckt
befriedigt
begeistert
belebt
belustigt
berauscht
bereichert
beruhigt
berührt
besänftigt
beteiligt
betroffen
bewegt
bezaubert
dankbar
elektrisiert
empfindsam
energiegeladen
enthusiastisch
entlastet
entspannt
entzückt
erfreut
erfüllt
ergriffen
erleichtert
ermutigt
erquickt
erregt
erstaunt
erwartungsvoll
fasziniert
frei
freundschaftlich
friedvoll
fröhlich
gebannt
gelassen
gelöst
gespannt
gestärkt
getröstet
glücklich
glühend
gut gelaunt
heiter
hilfsbereit
hingerissen
hocherfreut

hoffnungsvoll
humorvoll, heiter
humorvoll, schelmisch
im siebten Himmel
in etwas vertieft
in Ekstase
in Frieden
in Harmonie
inspiriert
interessiert
jubilierend, jauchzend
klar
konzentriert
lebendig
leidenschaftlich
liebevoll
lustig
mit einbezogen
mit Feuereifer dabei
mit sich zufrieden
mitfühlend
mutig
nah
neugierig
offenherzig
optimistisch
ruhig
schwungvoll
sensibilisiert
sicher
spritzig, prickelnd
stimuliert
stolz
strahlend
teilnahmsvoll
temperamentvoll
tiefbewegt
überrascht
überschwänglich
überströmend vor Freude
überwältigt
unbesorgt
ungeduldig
verblüfft
verdutzt
vergnügt
verliebt
verrückt vor Freude
versichert
vertrauensvoll
voller Bewunderung
voller Energie
voller Lebenslust
voller Wertschätzung
voller Zärtlichkeit
voller Zuneigung
von Freude getragen
wachsam
wohl
zärtlich
zentriert
zufrieden

Gefühle, die wir empfinden, wenn unsere Bedürfnisse nicht gestillt wurden

abgeschlagen
abgespannt
alarmiert
allein
angeödet
angespannt
angewidert
voller Angst
ängstlich
apathisch
ärgerlich
argwöhnisch
auf dem seelischen Tiefpunkt
auf der Hut
aufgewühlt
aufmerksam
aus der Fassung
ausgehungert
außer sich
bedauernd
bekümmert
beleidigt
beschämt
besorgt
bestürzt
betroffen
betrübt
bitter
blockiert
depressiv
deprimiert
die Nase voll haben
durcheinander
dürstend, lechzend
eifersüchtig
eine Heidenangst haben
einsam
energielos
entmutigt
entsetzt
enttäuscht
entwaffnet
erbost
erregt
erschöpft
erschrocken
erschüttert
erzürnt
fassungslos
faul
feindselig
finster
frustriert
furchtsam
geängstigt
gebrochenes Herz (haben)
gefühllos
gekränkt
gelangweilt
genervt
gequält
gerädert sein
gereizt
getrennt
gleichgültig
voller Groll

hasserfüllt
hilflos
hin- und hergerissen
in Panik, panisch
innerlich zerrissen
interessiert
irritiert
nach Luft ringend
kummervoll
labil
lau
leblos
leidend
leidenschaftlich
leiderfüllt
leidgeprüft
lethargisch
melancholisch
misstrauisch
mittellos
müde
mürrisch
neidisch
nervös
niedergedrückt
niedergeschlagen
ohne Schwung
panisch
passiv
peinlich berührt
perplex
pessimistisch
rachsüchtig
rasend vor Wut
satt haben
schläfrig
schlapp
schlecht
schlecht gelaunt
in der Seele wund
schmerzhaft
schockiert
schwankend
voll schwarzem Humor
schweigsam
schwer
schwerfällig
skeptisch
sprachlos
starr vor Schreck
still
stutzig
träge
traurig
überdrüssig
überholt, veraltet
überlastet
überrascht
übersättigt
unbehaglich
unbeständig
unbeweglich
unentschlossen
ungeduldig
ungläubig
unglücklich
unruhig
unsicher
unzufrieden
verängstigt
verärgert
verbittert

verdrießlich
verdrossen
verletzlich
verletzt
verschlossen
verschwiegen
verstimmt
verstört
verunsichert
verwirrt
verwundert
verzweifelt
voller Abneigung
wachsam
widerwillig
zerbrechlich
zerschlagen
zitternd
zögernd
zornig

Liste der Gefühle, die eine Interpretation oder ein Werturteil beinhalten

Die folgenden Begriffe werden oft als Gefühle gebraucht, obwohl sie eine Beurteilung oder eine Interpretation dessen, was der andere tut, beinhalten

abgelehnt
abgestoßen
abgewertet
abgewiesen
angegriffen
angeklagt
armselig
bedrängt
bedroht
beherrscht
beleidigt
bemuttert
benutzt
beschuldigt
beschützt
beschwindelt
besiegt
bestohlen
bestürmt
betrogen
dominiert
dumm
eingeschüchtert
eingesperrt
eingezwängt
erbärmlich
erniedrigt
erstickt

fallengelassen
gebraucht
geringgeschätzt
getäuscht
herabgesetzt
herausgerissen
ins Abseits gestellt
in die Enge getrieben
in die Falle gelockt
inadäquat
ignoriert
inkompetent
irregeführt
isoliert
lächerlich gemacht
links liegen gelassen
manipuliert
missachtet
missbraucht
mit den Füßen getreten
nicht akzeptiert
nicht geglaubt
nicht gehört
nicht geliebt
nicht gewollt
niedergetreten
reingelegt
schlechtgemacht
schmutzig
schuldig
überarbeitet
überbeansprucht
überfahren
übers Ohr gehauen
unpassend
unsichtbar
unter Druck gesetzt
unterbewertet
unverstanden
unwichtig
unwürdig
verabscheut
vergewaltigt
verhasst
verlassen
verleugnet
vernachlässigt
verraten
verurteilt
weggeworfen
wertlos

Gewaltfreie Kommunikation in Deutschland, Österreich und der Schweiz

Marshall Rosenberg gründete im Jahr 1966 in den USA die gemeinnützige Organisation Center for Nonviolent Communication (CNVC, www.cnvc.org). Ziel ist es, weltweit, insbesondere in Krisengebieten die Möglichkeit aufzuzeigen, miteinander in Frieden zu kommunizieren.

Inzwischen besteht in etwa zwanzig Ländern eine Zusammenarbeit des CNVC mit nationalen Teams oder Trainern in Gewaltfreier Kommunikation (GFK).

Um weitere Auskünfte zu erhalten, die Arbeit zu unterstützen, Informationsmaterial anzufordern oder Termine für Seminare und Trainings zu erfahren, können Sie sich an folgende Adressen wenden:

Deutschland:

Zentrum Gewaltfreie Kommunikation Berlin e.V.
c/o Klaus-Dieter Gens, Elfriede-Kuhr-Str. 37, 12355 Berlin,
Tel.: 030–664 605 27
Fax: 030–664 605 37
www.gewaltfrei.de

Netzwerk Gewaltfreie Kommunikation e.V. in München
Ingrid Holler, Sommerstr. 12, 81543 München
Tel.: 089–651 55 02
Fax: 089–651 55 07
www.lets-train.de
www.netzwerk-gewaltfrei.de

Österreich:

Zentrum Gewaltfreie Kommunikation Austria
Zeinlhoferg. 12/2
A–1050 Wien
Tel./Fax.: 0043 (1) 5 81 47 81
www.gewaltfrei-austria.org

Schweiz:

Orchidea Lodge
Wasserfallen
CH–4418 Reigoldswil
Tel.: 0041 619412060
Fax: 0041 619412079
www.orchidealodge.ch

Anmerkungen

[1] aus: Antoine de Saint-Exupéry. *Die Stadt in der Wüste.* Berlin, Ullstein, 1998.

[2] Marshall Rosenberg hat in klinischer Psychologie promoviert und ist ein international anerkannter Konfliktmediator und Gründer des internationalen Center for Nonviolent Communication in den USA. Ich empfehle sehr, sein Buch, *Gewaltfreie Kommunikation. Aufrichtig und einfühlsam miteinander sprechen* (Junfermann Verlag) zu lesen.

[3] Guy Corneau. *Kann denn Liebe glücklich sein?* Berlin, Rowohlt, 1999, S. 217 und S. 208.

[4] Guy Corneau, ebd., S. 253.

[5] aus: André Gide. *Uns nährt die Erde.* Stuttgart, Deutsche Verlags-Anstalt, 1973, S. 29.

[6] Guy Corneau, Psychoanalytiker und Autor des Buches *Abwesende Väter, Verlorene Söhne.* Düsseldorf und Zürich, Walter, 1993.

[7] Auszug aus Tao de Rajneesh.

[8] Coelho, Paolo. *Der Alchimist*. Zürich, Diogenes, 2003.

[9] Miller, Alice. *Am Anfang war Erziehung.* Frankfurt a. M., Suhrkamp, 1980.

[10] Rilke, Rainer Maria. *Das Stundenbuch.* Frankfurt a. M., Insel, 1991.

[11] Delaunay, Michèle. *L'ambiguïté est le dernier plaisir*. Arles, Actes Sud, 1987.

[12] Ich empfehle, hierzu das entsprechende Kapitel (S. 167) in dem Buch von Guy Corneau, *Kann denn Liebe glücklich sein?* zu lesen.

[13] Dieser Dialog wurde formuliert, um dem Leser das Verständnis der Gewaltfreien Kommunikation in Workshops zu erleichtern. Im täglichen Leben kann es uns mit ein bisschen Übung gelingen, unsere unterschiedlichen Gefühle und Bedürfnisse in normaler Umgangssprache zu formulieren.

[14] Bobin, Christian. *Das Kind, der Engel und der Hund.* Freiburg, Herder, 1994.

[15] Saint-Exupéry, Antoine. *Der kleine Prinz.* Düsseldorf, Rauch, 2000.

[16] Rosenberg, Marshall. *Gewaltfreie Kommunikation. Aufrichtig und einfühlsam miteinander sprechen.* Paderborn, Junfermann, 2002.

[17] „El Desdichado" von Gérard de Nerval in: *Französische Dichtung. Band II: Von Corneille bis Gérard de Nerval.* Beck, München, 1990, S. 391.

[18] Le Cri d'alarme de Yehudi Menuhin: *Notre civilisation court au suicide collectif,* Le Figaro Magazine, 14. 11. 1998.

[19] Dieser Ausdruck stammt von Guy Corneau: Alle Schöpfung entspringt einer Bewegung und daher einer Reibung: der Bogen auf den Saiten, die Finger auf dem Ton, die Feder auf dem Papier, der Körper im Raum.

[20] Bobin, Christian. *Das Kind, der Engel und der Hund.* Freiburg, Herder, 1994.

[21] Rosenberg, Marshall. *Gewaltfreie Kommunikation. Aufrichtig und einfühlsam miteinander sprechen.* Paderborn, Junfermann, 2002, S. 181.

Literatur

Bobin, Christian. *Das Kind, der Engel und der Hund.* Freiburg, Herder, 1994. (Originaltitel: *Le très bas.*)

Coelho, Paolo. *Der Alchimist*. Zürich, Diogenes, 2003.

Corneau, Guy. *Kann denn Liebe glücklich sein?* Berlin, Rowohlt, 1999.

Delaunay, Michèle. *L'ambiguïté est le dernier plaisir*. Arles, Actes Sud, 1987.

Holler, Ingrid. *Trainingsbuch Gewaltfreie Kommunikation*. Paderborn, Junfermann, 2003.

Miller, Alice. *Am Anfang war Erziehung.* Frankfurt a. M., Suhrkamp, 1980.

Rilke, Rainer Maria. *Das Stundenbuch.* Frankfurt a. M., Insel, 1991.

Rosenberg, Marshall. *Gewaltfreie Kommunikation. Aufrichtig und einfühlsam miteinander sprechen.* Paderborn, Junfermann, 2002.

Saint-Exupéry, Antoine. *Der kleine Prinz.* Düsseldorf, Rauch, 2000.

Salomé, Jacques et Sylvie Galland. *Si je m'écoutais, je m'entendrais*. Montréal, les éditions de l'homme, 1990.